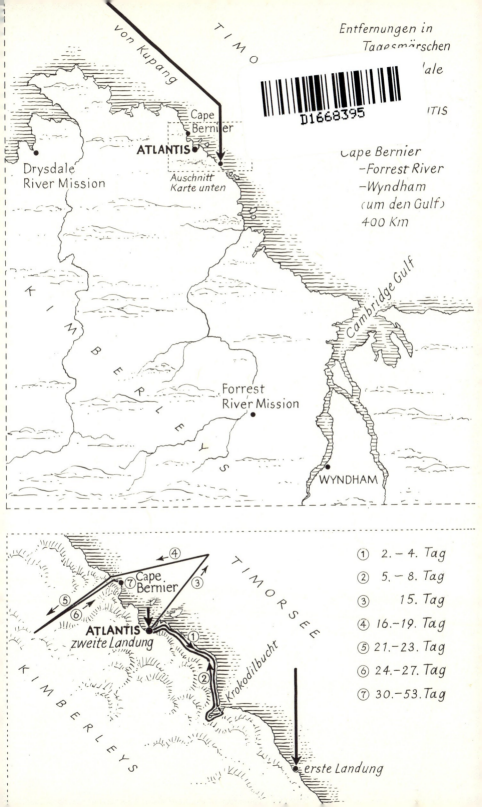

Bertram · Flug in die Hölle

Hans Bertram

Flug in die Hölle

Mein großes Abenteuer

Herbig

Weltauflage über 2,5 Millionen

Überarbeitete Auflage 1986

© by F. A. Herbig Verlagsbuchhandlung München
Alle Rechte an den 60 Bilddokumenten bei Hans Bertram
Die Luftaufnahmen sind freigegeben durch R. L. M. unter Nr. 2977/37/1a
Übersetzung der australischen Polizeiberichte: Thomas Piltz
Umschlagentwurf: Christel Aumann
Geographische Karten von Wilhelm Heinold
Druck: Jos. C. Huber KG, Dießen
Binden: R. Oldenbourg, München
Printed in Germany 1988
ISBN 3-7766-1242-8

*Bekenntnis eines jungen Menschen,
der fürchten lernte und beten*

Inhalt

Die Vorgeschichte 9

1. Teil
Ein Kampf von dreiundfünfzig Tagen

Der Nachtflug 15
Der erste Tag in Australien 22
Wassernot und Krokodile 27
Ein Grab im Sand 32
Alarm 35
Ein Segelboot, ein Fisch und ein Regen 38
Der dreizehnte Tag 46
Ein Schiff fährt vorüber 49
Wir rudern 54
Der Weg in die Hölle 60
Der Busch 68
... und wieder „zurück" 75
Das Buschfeuer 81
Das Kabel 85
Ein Flugzeug fliegt vorüber 90
Die Zahnoperation 95
Sieben Tage 99
Eine Höhle am Cape Bernier 116
Constable Marshall 128

2. Teil
Das neue Leben

Die erste Nacht 145
Mein Flugzeug ATLANTIS 167
Richtung Heimat 182

3. Teil
Ein Blick zurück

Vorwort zu einem Nachwort   225
Bomben und Banditen   237
Das Telegramm   264
Ich lernte fürchten und beten   275

Bilddokumente nach Seite 128

Die Vorgeschichte

Am 6. Juni 1932 kabelte der deutsche Generalkonsul aus Sydney, Australien, nach Berlin:

»suche nach bertram und klausmann eingestellt stop alle maßgebenden stellen halten weitere bemühungen für aussichtslos stop«

Was war geschehen?

Hier die Vorgeschichte:
Im Februar 1932 startete das Wasserflugzeug *Atlantis* von Köln zum Flug um die Erdteile Europa, Asien, Australien, Richtung Amerika, rund um die Welt.
Von den üblichen Schwierigkeiten einer solchen Expedition (damals, im Jahre 1932) abgesehen, verlief der Flug planmäßig. Navigation nach Sichtflug – Funk war nicht an Bord. Flugstrecke: von Köln rheinaufwärts, über die Alpen zur adriatischen Küste, Italien, Griechenland, Kleinasien, immer entlang der Küsten, Sprung über die Wüste zum Euphrat, zum Tigris, mit den Wüstenflüssen der biblischen Geschichte zum Persischen Golf, dann rund um Asien, ganz einfach: immer Land links, Wasser rechts, Persien, Indien, Burma, Siam, Hinterindien, dann Sumatra, Java – damit war die Südsee erreicht und die Flugkarten für den nächsten Erdteil wurden hervorgeholt: Australien.
Am 15. Mai startet die *Atlantis* zum Flug über die Timorsee Richtung Australien – und plötzlich ist es aus. Die Maschine wird in Port Darwin erwartet – sie kommt nicht. Als die Flugzeit, die sie mit ihrem Benzinvorrat in der Luft bleiben kann, verstrichen ist, besteht kein Zweifel mehr: die *Atlantis*, das erste deutsche Wasserflugzeug, das den Erdteil Australien besuchen will, ist kurz vor dem Ziel ausgefallen – notgelandet oder abgestürzt –, jedenfalls

irgendwo heruntergegangen auf der berüchtigten Timorsee – berüchtigt wegen ihrer Stürme und ihrer Haie.
Sofort setzt die Suchaktion ein, mit Schiffen. Nichts. Die *Atlantis* bleibt verschollen. Die Suche wird erweitert, Flugzeuge werden eingesetzt, eine Polizeistreife bricht auf, um die riesigen und menschenleeren Küstengebiete der Kimberleys im Nordwesten Australiens zu durchsuchen. Nichts. Von den Schiffen nichts, von den Flugzeugen nichts – die *Atlantis* ist und bleibt verschollen.
Nach drei Wochen wird die Suche ergebnislos eingestellt. Mit dem Telegramm des deutschen Generalkonsuls vom 6. Juni werden Bertram und Klausmann offiziell totgesagt.

*

Die Totgesagten wurden dann später von australischen Eingeborenen gefunden, nachdem sie vierzig Tage gehungert und um ihr Leben gekämpft hatten. Als sie nach dreiundfünfzig Tagen in die Zivilisation zurückkamen, hatte die Weltpresse ihre Sensation.
Danach schrieb ich – noch vibrierend und zitternd von dem, was hinter uns lag – meinen Tatsachenbericht »Flug in die Hölle«. Ich erzählte, was wir erlebt hatten und versuchte, auch die Gedanken und Erkenntnisse eines jungen Menschen wiederzugeben, der um sein Leben kämpfte und glaubte, sterben zu müssen.
Mein Bericht hatte eine weite Verbreitung. Er wurde in zahlreiche Sprachen übersetzt, in den Schulunterricht übernommen und Teile selbst von der Kanzel verlesen.
In den folgenden Jahren kam das große Elend, der Krieg, und viele werden wohl Schlimmeres erlebt haben als wir im australischen Busch. Doch auch in den Jahren und Jahrzehnten danach wollte eine neue Generation meinen Bericht lesen, unverändert.

Inzwischen jedoch sind mir von vielen Seiten Unterlagen zugegangen, die mir nicht bekannt waren, als ich unmittelbar nach der Rettung »Flug in die Hölle« schrieb. Damals konnte ich nur davon erzählen, was *wir* erlebt hatten – heute kenne ich auch die andere Seite, die, die uns suchte.

Da sind die sachlichen Akten der australischen Buschpolizei, die Bordbücher von Schiffskapitänen und Flugzeugführern.
Da sind die Presseberichte, die schließlich mit einem Nachruf endeten, als man die Suche ergebnislos und hoffnungslos aufgab.
Vor allem sind da die Erzählungen der australischen Eingeborenen, der Aborigines, für die es heute am Lagerfeuer zur Heldensaga geworden ist, wie sie vor vielen Jahren zwei weiße Flieger an der Nordwestküste gerettet haben, nachdem die weißen Menschen die Suche eingestellt hatten.
Mit dem Abstand von heute zu damals, und nunmehr mit dem Wissen um alle Tatsachen, die ineinander verzahnt das Wunder jener Rettung ermöglichten, vervollständige ich mein Buch »Flug in die Hölle«, um gleichzeitig nochmals zu betonen, daß ich einen *Tatsachenbericht* schreibe – und weiter: Es ist nicht wichtig, *daß* seinerzeit zwei junge Menschen vom Tode errettet wurden, aber es ist wichtig zu wissen, *wie* sie gerettet wurden.
Hier mein Bericht – das Bekenntnis eines Mannes, der in seiner Jugend fürchten lernte und beten.

München 1977   Hans Bertram

Erster Teil

Ein Kampf von dreiundfünfzig Tagen

Der Nachtflug

Südsee – ein Dichter müßte man sein, ihre Schönheit zu besingen! Seit vielen Jahren reist man umher: China, Indien, Persien, Siam – was weiß ich, wieviel Länder man gesehen hat. Da besteht die Gefahr, daß das Auge abstumpft, müde wird vom vielen Sehen, die Eindrücke nicht mehr verarbeiten kann. Diese Zeilen schreibe ich in einer großen Stadt, eingeengt von einem kalten, sonnenlosen Himmel, von erdrückenden Steinhaufen moderner Baukunst. Wie soll man da von der Südsee erzählen, von den Trauminseln, den Farbsymphonien von Wasser, Strand, Palmenwald und Himmel? Aber ich brauche nur die Flugkarte herzunehmen, ein roter Strich geht quer durch den Inselarchipel der Südsee: Java, Bali, Lombok, Sumbawa, Bima. Sprechen die Namen nicht schon von etwas Geheimnisvollem?
13. Mai – Insel Bima – Ruhetag. Die *Atlantis* liegt bewegungslos an der Boje. Die Bucht ist vollkommen geschützt, ringsum eingeschlossen von Vulkanbergen, nur durch ein enges Felsenloch ist Verbindung mit der See – ein herrlicher Wasserflughafen. Unbeschreiblich schön ist das Bild unserer Umgebung. Dunkle Berge, wie angeklebt Reisfelder, saftig-grün. Eingeborenenhütten verstecken sich unter und hinter den Palmenwäldern, darüber ein wolkenloser Himmel. Ein schneeweißer Sandstrand trennt dieses Bild von der scharfen Widerspiegelung im tiefblauen, kristallklaren Wasser. Dünne Rauchwolken steigen zwischen den Palmen senkrecht empor – es ist die einzige Bewegung. Hier ist der große Friede. Menschen scheint es außer Klausmann und mir nicht zu geben. Wir liegen auf den Schwimmern, lassen uns von Zeit zu Zeit ins Wasser fallen, liegen auf dem Rücken und treiben. Zum Schwimmen sind wir viel zu müde. Dann kriecht man auf die Tragflächen und läßt die Sonne brennen. Die Tropensonne kann uns nicht mehr schaden, wir sind schwarz verbrannt wie Neger.

In die Stille kommt ein leises Plätschern, sicherlich ein Fischerboot, das vorüberfährt. Ich bin zu faul, auch nur die Augen aufzumachen, und döse weiter.
»Ja, Menschenskinder, was macht denn ihr hier?«
Vor Schreck falle ich beinahe vom Flugzeug ins Wasser, springe auf. Da kommt das Boot heran, zwei Eingeborene rudern – und im Boot stehend ein – ja, was ist er – Eingeborener, Weißer, Seeräuber?
»Kann man mal zu euch an Bord kommen? Ihr müßt mir etwas vom alten Berlin erzählen!«
Aber der spricht ja deutsch! Hier auf der Südseeinsel lebt meines Wissens kein weißer Mensch. Hier trifft man einen Landsmann – und ausgerechnet einen Berliner?
»Ich habe auch etwas mitgebracht – Kaffee und Berliner Pfannkuchen – selbstgebacken!«
»Raufkommen – nur ran!«
Klausmann ist auch aufgewacht, hat die Situation rascher erfaßt als ich, als er etwas von Pfannkuchen hört. Dann ist er heran, der Berliner Seeräuber – denn daß er das ist, davon bin ich immer noch überzeugt.
Nachmittagskaffee auf der Tragfläche eines Flugzeugs in der Südsee. Wir sind vornehm heute: Ein Handtuch wird über das Metall gedeckt, Kaffee in der Thermosflasche gereicht, dann gibt's Pfannkuchen, eine gute Havanna – und dazu ist Besuch aus Berlin gekommen. Es ist alles so unwahrscheinlich wie die Geschichte, die unser Gast auftischt:
»Wie ich hierher kam? Na, eben mit einem Schiff vor drei Jahren von Europa bis Java. Was ich hier tue? Im Augenblick liegt mein eigenes Schiff zur Reparatur drüben auf dem Strand. Ich hatte keine Lust mehr, dieses Theater im alten Europa mitzumachen, habe mir von den letzten Groschen in Java ein Boot bauen lassen und schipper nun seit dieser Zeit hier zwischen den Inseln umher, habe drei Eingeborene an Bord – na, und so.«
Der Besucher schmatzt zufrieden seine Pfannkuchen, erzählt die tollsten Dinge von Stürmen, Kämpfen mit allen möglichen Tieren, begeistert sich an den eigenen Worten.
»Dann vor allem die Nächte! Sind Sie schon mal durch eine

Südseenacht geflogen? Nein? Aber das ist doch das Schönste, was es auf dieser Seite der Erdkugel geben kann!« Er ereifert sich ordentlich. »Sie sollten unbedingt einmal nachts losbrummen. Wann wird diese Gelegenheit für Sie wiederkommen?«
So geht es stundenlang. Mir schwirrt der Kopf von all den Schönheiten, womit uns der phantasiereiche Berliner überhäuft. Etwas enttäuscht ist er, daß es keinen Schnaps bei uns gegeben hat. Er versteht nicht, daß an Bord Alkoholverbot herrscht.
»Kann bei mir nie passieren«, versichert er. »Wenn ich auch keine Berliner Weiße habe, irgendwas Brennbares gibt's immer. Sollten Sie auch tun, das kann sonst auf die Dauer nicht gut gehen.«
Kopfschüttelnd verabschiedet er sich, läßt seine Heimat grüßen: »Es war doch manchmal schön im ollen Berlin, der Reichshauptstadt, aber an die Südsee – nee –, an die Südsee kann der Wannsee nich tippen!«

Es ist Abend geworden. Nur eine kurze Dämmerung, dann erscheinen die ersten Sterne. Ich liege noch immer auf der Tragfläche und starre in die Nacht.
»Wir sind tatsächlich noch nicht durch eine Südseenacht geflogen!« Das ist es, stets kommt dieser Gedanke zurück und bohrt.
»Muß ja wirklich schön sein«, meint Klausmann. Er liegt neben mir, unsere Gedanken waren mit dem Gleichen beschäftigt.
»Unsinn! Erstens ist heute der Dreizehnte – es wird also nicht geflogen, und dann haben wir keinen Wetterbericht.«
»Es braucht ja nicht heute zu sein. Morgen fliegen wir eine Tagesetappe, lassen uns einen Wetterbericht beschaffen und können die nächste Nacht fliegen.«
Das würde allerdings gut ins Flugprogramm passen. Morgen geht es weiter durch den Archipel nach Kupang, Insel Timor. Dann liegt vor uns die Timorsee, achthundertvierzig Kilometer Seestrecke. Wenn wir in der Nacht fliegen, könnten wir beim Morgengrauen die australische Küste erreichen. Es wäre fein, bei Sonnenaufgang im fünften Erdteil zu landen. Es ist ein Sonntag.
Der Entschluß wird gefaßt. Morgen Nachtflug – und wir können nicht wissen, daß dieser Entschluß der Auftakt zu einer Tragödie

ist. Wir selbst stoßen mit diesem Nachtflug an das Rad des Schicksals, das jetzt seinen Weg rollt.

*

Die See ist unruhig. Wir müssen vorsichtig tanken. Das schwere Tankboot schlägt gegen die Schwimmer. Die Benzinfässer sind nicht zu öffnen, die Füllstutzen festgerostet. Dazu arbeiten die Eingeborenen zu langsam und umständlich. Ein Saustall ist dieser ganze Betrieb hier, wie überhaupt dieser vierzehnte Mai ein Pechtag zu sein scheint. Schon am Morgen hat's angefangen. In Bima drei erfolglose Startversuche. Zum Schluß stellt sich heraus, daß ein Schwimmer leckt. Auspumpen, abdichten, gegen Mittag endlich geht's los, Richtung Timor. Kostbare Zeit ist verloren, es dunkelt bereits, als die Insel vor uns liegt.
Im ungeschützten Hafen von Kupang steht schwere Dünung. Auch das noch! Ich muß weiter südlich in einer geschützten Bucht landen, zehn Meilen vom Hafen entfernt. Es dauert Stunden, bis das Boot mit dem Betriebsstoff herankommt, wird bereits Nacht. Und in dieser Nacht wollen wir doch fliegen. An Schlaf ist nicht mehr zu denken. Punkt zwölf Uhr, Mitternacht, soll's losgehen.
»Weshalb wollen Sie sich so sehr beeilen, weshalb wollen Sie nicht ein paar Tage hierbleiben, die schöne Insel Timor ansehen?« – fragt ein Reporter, der mit dem Boot an Bord gekommen ist.
Eigentlich hat er recht. Man fliegt im wahrsten Sinne des Wortes an den Schönheiten der Welt vorüber, sieht für Minuten aus der Vogelschau ein neues Land, und schon ist man viele Meilen weiter.
»Wenn wir zurückkommen. In drei Wochen wollen wir rund um Australien, dann den gleichen Weg zurück durch die Südsee nach China. Heute nacht wollen wir über die Timorsee.«
Der Pressemann ist begeistert. Der Nachtflug bedeutet für ihn eine interessante Schlagzeile. Reporter sind überall gleich, ob in Berlin, New York oder in der Südsee.
10 Uhr 30 haben wir getankt. Die Benzinmenge reicht für siebeneinhalb Flugstunden. Port Darwin – das Ziel an der australischen Küste – können wir in fünfeinhalb Stunden erreichen,

wir haben also zwei Stunden Reserve. Ich hatte beabsichtigt, unseren Proviant in Kupang zu ergänzen. Da die Arbeit des Tankens so spät nachts beendet ist, kann ich nicht mehr zum Einkauf in die Stadt fahren. Wir müssen uns mit ein paar Bananen begnügen, die uns der Pressevertreter schenkt. Für die Nacht reichen die Bananen aus, und am nächsten Morgen werden wir ja ein gutes Frühstück in Port Darwin haben – so denken wir.
»Hals- und Beinbruch!« Man wünscht uns das Beste, dann verschwindet das Boot in der Dunkelheit.

Ich kann heute nicht mehr mit Bestimmtheit sagen, welche Gedanken wir in der letzten Stunde vor dem Nachtstart hatten, ich weiß nur, daß die Spannung auf etwas Ungewöhnliches in uns war. In Decken gehüllt, liegen wir auf den Tragflächen, über uns leuchtet der Sternenhimmel der südlichen Erdhalbkugel – eine wundervolle Nacht – der Zauber der Südsee.

11 Uhr 30 beginnt die Arbeit, 11 Uhr 45 ist der Anker eingeholt, 11 Uhr 50 läuft der Motor. Punkt 12 Uhr gebe ich Vollgas zum Start. Der Motor dröhnt mit einem Mißton in die Ruhe der Südseenacht. Ein paar leichte Sprünge über das Wasser, schnell und schneller jagt die Maschine in die Dunkelheit – dann fliegen wir. Unter uns die vom Mondlicht silberne See, die dunklen Wälder der Insel Timor, über uns funkelnde Sterne – die Unendlichkeit.

Kurs 105 Grad, Richtung Port Darwin, Flughöhe 300 Meter. Timor liegt hinter uns, vor uns die 840 Kilometer lange Seestrecke. Im Süden hängen einzelne Wolkenfetzen – schon nach wenigen Minuten größere Wolkenballen. Schlechtwetter kann's nicht geben, da die letzten Wetterberichte vom Abend gut waren. Es kommt anders.

12 Uhr 45 liegt vor uns in Flugrichtung eine geschlossene Wolkenbank. Ein Umfliegen ist unmöglich, es würden vielleicht Stunden dazu nötig sein. Wir müssen über die Wolken, um Mondlicht oder den Sternenhimmel zu haben. Die Maschine steigt gut – 1500, 2000 Meter. Es ist bitter kalt im offenen Führerraum. Wir tragen den Fluganzug für Tropenflüge: Lederweste, kurze Hose, Strümpfe und Schuhe. Wer hätte gedacht, daß wir in den Tropen frieren würden, nachdem beim Flug rund um Asien die

Sonne unsere Körper fast ausgedörrt hatte? Klausmann geht zurück in die Kabine, zieht einen Bademantel an. Ich habe keine Zeit dazu. Es ist böig geworden. Ich kann das Steuer nicht loslassen.
2500 Meter. Die Wolkenbank – jetzt dicht vor uns – ist noch höher. Vor der Wolkenbank drehe ich bei, fliege eine größere Kurve, um Höhe zu gewinnen; aber kostbare Zeit geht verloren, und es hilft nichts. Ich muß durch die Wolken – also Blindflug!
Ein letztes Überprüfen der Instrumente. Sie arbeiten alle gut. Im nächsten Augenblick ist es dunkel um uns – wir sind in der »Waschküche«. Ein Blindflug ist immer unangenehm. Das fliegerische Gefühl lehnt sich dagegen auf, den Instrumenten zu gehorchen; da man aber beim Fliegen keinen Gleichgewichtssinn hat, wenn man den Horizont nicht sieht, muß man so handeln, wie es der künstliche Horizont, das Kreiselinstrument, vorschreibt.
Ich steige weiter, versuche nach oben durchzustoßen.
1 Uhr 30. 3000 Meter – 3100 – 3200 Meter Höhe. Der oberste Wolkenrand ist noch nicht erreicht. Wir können kaum länger in dieser Höhe bleiben. Ich habe nicht die Zeit, den Bademantel anzuziehen. Aber auch Klausmann ist vollkommen starr, der dünne Mantel kann die Kälte in dieser Höhe nicht abhalten. Pelzsachen bedeuten beim Tropenflug unnützen Ballast, sind also nicht an Bord.
Kurz vor zwei Uhr sind wir auf 3400 Meter Höhe, immer noch blindfliegend, aber nun am Ende unseres Widerstands gegen die Kälte. Wir müssen hinunter, müssen Körperwärme haben, um durch die Nacht zu kommen.
Ich gehe vorsichtig tiefer, will nach unten durchstoßen. Hoffentlich ist der untere Wolkenrand nicht zu dicht über der See, denn unterhalb der Wolken wird es tiefdunkel sein. Das Flugzeug wird umhergeworfen. Ein starker Wind bläst aus unbekannter Richtung. Ohne die Sterne oder die Wasserfläche zu sehen, können wir die Abtrift der Maschine nicht feststellen, die Windrichtung nicht wissen. Aber das soll im Augenblick noch nicht meine Sorge sein, da ich mich jetzt darauf konzentrieren muß, das Flugzeug zu halten und den Blindfluginstrumenten zu gehorchen.
1000 Meter, 500 – 400 – 300 Meter. Die Wolken gehen bis aufs Meer

hinunter. Tiefer können wir nicht, da ich nicht weiß, ob unser Höhenmesser noch stimmt. Der Luftdruck kann im Augenblick anders sein als bei der Einstellung des Höhenmessers am Abend vorher. Vielleicht fliegen wir in Wirklichkeit nur wenige Meter über der pechschwarzen See. Die Uhr geht unendlich langsam. Erst gegen 5 Uhr 20 wird die Dämmerung einsetzen. Wir teilen uns die Arbeit des Fluges. Klausmann hält Kompaßkurs. Ich fliege weiter nach Instrumenten. Eine gefährliche Situation gegen drei Uhr. Wir sind übermüdet. Der eintönige Lauf des Motors ist wie ein Schlaflied. Beide sind wir einen Augenblick nahezu eingenickt – es gibt ein jähes Erwachen, als sich das Flugzeug aufbäumt. Ein Abrutschen der Maschine über den Flügel würde in dieser Höhe das unbedingte Ende bedeuten, wir würden in wenigen Sekunden auf dem Meeresspiegel zerschellt sein, bevor wir abfangen könnten.

Der Kampf gegen den Schlaf ist fast schwerer als der gegen Dunkelheit und Sturm. Die Lippen sind wund von den tiefeingegrabenen Zähnen. Man stößt und kneift sich dauernd – und die Uhr geht nur im Schneckentempo unendlich langsam weiter. Es ist gefährlich, Gedanken zu folgen, sie führen aus der Wirklichkeit heraus und versetzen mich in eine Art Traumzustand – beim Blindflug so gefährlich wie ein hypnotischer Schlaf.

Gegen fünf Uhr scheint die Dunkelheit im Osten weniger tief als im Westen. Es ist nur Einbildung, aber die Einbildung weckt mich. Jetzt sind es noch Minuten, bis die Dämmerung kommt und die Sonne aus dem Meer auftauchen wird. Ich glaube, daß wir beide die Sonne nicht oft so dankbar begrüßt haben wie an diesem Morgen. 5 Uhr 20 ist Licht genug, um zu erkennen, daß wir in Wirklichkeit kaum fünfzig Meter über einer wilden See geflogen sind, auf der die Maschine bei der leichtesten Berührung zerschlagen worden wäre. Die Nacht ist zu Ende. Es ist wie eine Neugeburt. Ich habe Zeit, in die Kabine zu gehen, Klausmann das Steuer zu überlassen. Das Wichtigste ist jetzt, unseren Standort festzustellen, die Windrichtung beim ersten Tagesschimmer aus den Schaumköpfen der Wellen zu erkennen: starker Südost. Während des Nachtflugs konnte ich die Windrichtung nicht wissen, doch vermute ich, daß es der gleiche

Wind auch während der Nacht war, wir also nördlich unserer Kurslinie sein müssen.
Um den starken Südost auszugleichen, halte ich 20 Grad südlicher. Jetzt müssen wir in jedem Augenblick Land sehen. Wolkenbänke in der Ferne täuschen uns die ersehnte Küste vor. Die Zeit vergeht. 6 Uhr – 6 Uhr 30 – immer noch kein Land. Unser Benzin wird um 7 Uhr 20 zu Ende sein. Eine Landung auf der wilden See würde das Ende der Maschine bedeuten.
Nur nicht nervös werden – nur Ruhe! Unser gutes Prismenglas geht von Hand zu Hand, abwechselnd suchen wir den Horizont vor uns nach einem Schimmer der Küste ab.
6 Uhr 35 – 6 Uhr 40 – noch nichts! Wenn in den nächsten Minuten kein Land auftaucht, wird es nicht ausreichen, nach Australien zu kommen.
6 Uhr 42 der langersehnte, befreiende Ruf: »Land im Süden!« Klausmann hat es gesehen. Nur einen schwachen gelben Schimmer – aber es genügt. Scharf wendet die Maschine gegen Süden. Mit Vollgas nähern wir uns der rettenden Küste. Ich habe keine Zeit zu überlegen, wo wir sein könnten. In der ersten geschützten Bucht muß ich landen, da der letzte Tropfen Benzin in jedem Augenblick verbraucht sein kann.
7 Uhr 15 liegt die *Atlantis* verankert vor einer Sanddüne. Das ging um Haaresbreite. Der einzige Wunsch ist jetzt Schlaf. Es dauert nicht lange, bis wir die Hängematten ausgespannt haben. Da gibt es keinen Gedanken, wo wir gelandet sind. Es ist nur wichtig, an Land zu sein und die Maschine gut verankert in der geschützten Bucht zu wissen. Bald schlafen wir.

Der erste Tag in Australien

Ein Schrei weckt uns. Was ist los? Wir wissen nicht, wie spät es ist, wie lange wir geschlafen haben. Der Schrei hat uns in die Wirklichkeit zurückgerufen. Raus aus der Hängematte, aus der

Kabine. Die Sonne steht schon hoch, wieder an einem wolkenlosen Himmel. Der Sturm scheint ein Nachtspuk gewesen zu sein.
Wieder ertönt der Schrei. Am Ufer, in zwanzig Meter Entfernung, steht ein schlanker, gutgebauter Australneger. Er ist nicht sehr sorgfältig bekleidet, trägt nur ein Lendentuch von Handgröße.
Wir müssen uns diesen Besuch einmal näher ansehen, ein paar gute Aufnahmen machen. Die Unterhaltung wird wohl etwas schwierig sein, aber wozu hat man Hände? Der Schwarze versteht meine einladende Handbewegung, näher zu kommen, klammert sich an einen Baumstamm, watet durchs Wasser und steht jetzt auf einem Schwimmer. Ein interessanter Mensch! Sein langgezogener Schädel ist mit dichtem Kraushaar bedeckt, über Brust, Rücken, Armen und Beinen hat er dicke Narben.
Vergebens versuche ich, ihn auszufragen, wo wir sind, wo es hier Weiße gibt, die nächste Stadt, oder irgendwo Autos, das heißt Benzin. Doch er grinst nur verständnislos und kratzt seinen Schädel. Er kann keine Auskunft geben, und ich bin froh, ihn bald loszuwerden, da er uns ein recht unangenehmes Geschenk brachte: die Plage Nordwestaustraliens – Fliegen!
Hier schon möchte ich über die Qualen sprechen, die sie uns während der Zeit unseres Robinsondaseins bereitet haben. Wenn man mich heute fragt: »Welches ist das gefährlichste Raubtier?« so werde ich ohne zu zögern antworten, daß kaum ein Raubtier so gefährlich sein kann wie die Fliegen oder Moskitos an der Nordwestküste Australiens. Zu Hunderten, Tausenden schwirren sie umher. Spricht man ein paar Worte, ohne die Hand vor den Mund zu halten, so hat man sie im Mund. Sie setzen sich in die Nase, in die Ohren, mit Vorliebe in Augenwinkel. Selbst wenn man mit der Hand schlägt, fliegen sie nicht weg. Man muß sie einzeln aus Augen- und Mundwinkeln, Nase und Ohren herausholen. Unsere Fliegerhauben waren kostbare Hilfsmittel, um die Ohren zu bedecken, unsere Fliegerbrillen schützten die Augen. Klausmann zerschlug später ein Glas der Brille; das Loch wurde mit Leukoplast bedeckt, Klausmann wollte lieber auf einem Auge blind sein, als es den Fliegen und Moskitos preisgeben. Hat man auch nur einen Teil des Körpers unbedeckt, so sitzen sie auf der nackten Körperstelle,

eine Martermühle für die Nerven! Die Eingeborenen nehmen keine Notiz von ihnen; ihre dicke Haut scheint immun zu sein.
Als unser Besucher das Flugzeug verlassen hat, summt und surrt es in der Kabine wie an einem Fliegenfänger. An Schlaf ist nicht mehr zu denken. Wir wollen den ungastlichen Platz möglichst rasch verlassen. Allmählich haben wir Hunger und Durst. Man muß sich nach einem guten Frühstück umsehen. An Bord ist nichts, also wollen wir so schnell wie möglich eine Stadt oder wenigstens eine Siedlung zu finden versuchen. Mit dem letzten Benzin müssen wir entlang der Küste fliegen.
Kurz vor der Landung hatte ich die Küstenform skizziert, nach dem Kompaß die Richtung festgestellt. Ein Vergleich mit meiner Seekarte, die leider äußerst ungenau ist, brachte mich zu der Überzeugung, daß wir an der Nordküste der Australien vorgelagerten Insel Melville sein mußten. (Die Nordküste Australiens ist nur sehr unvollkommen vermessen, die Seekarten nur im großen Maßstab.) Die Insel Melville liegt nördlich von Port Darwin und hat einen Durchmesser von nur sechzig Kilometern.
An der Küste der Insel muß es Fischerdörfer geben. Etwas Benzin wird noch in den Tanks sein. Vielleicht können wir noch fünfzehn bis zwanzig Minuten fliegen, Richtung West, da haben wir den starken Ostwind als Rückenwind hinter uns. Vielleicht schaffen wir fünfzig Kilometer – und bei einem Flug von fünfzig Kilometern entlang einer Küste findet man mit Sicherheit irgend etwas – ein Dorf, eine Hütte oder auch nur ein paar Fischerboote.
Der Anker ist schnell gehoben, jetzt läuft der Motor, im nächsten Augenblick schon ist die jetzt leichte Maschine in der Luft, aus der geschützten Bucht hinaus, entlang der Küste gegen Westen.
Wir haben die Benzinhähne auf Falltank gestellt. Der letzte Betriebsstoff wird aus allen Tanks zu einem Sammeltank gepumpt; man kann somit den letzten Tropfen verfliegen. Der Falltank enthält fünfzehn Liter, gibt uns eine Flugzeit von zehn Minuten. Beim Start ist der Falltank gefüllt, zehn Minuten sind also sicher. Vielleicht sind weitere dreißig bis vierzig Liter in den einzelnen Tanks.
Es ist eine kleine Nervenanspannung, wenn man Benzinmangel

befürchtet und den kleinen Kork, der in einem Schauglas am Falltank den Benzinstand anzeigt, beobachtet. Während zwei, drei Minuten nach dem Start bleibt der Kork oben. Dann aber fällt der Benzinspiegel im Schauglas, die großen Tanks sind restlos leergepumpt. Wir haben jetzt weniger als zehn Minuten. Das ist schlecht – aber vielleicht reicht es noch, da uns der Rückenwind eine Geschwindigkeit von 190 Kilometern gibt.

Etwas unruhig suchen die Augen die Küste nach Siedlungen ab – nichts, kein Fischerdorf, keine Hütte – nichts! Der Benzinspiegel fällt weiter – jetzt nur noch vier, noch drei Minuten. Weit voraus ist nur ungeschützte Küste mit schwerer Brandung, höchste Zeit, nach einer guten Bucht Umschau zu halten und zu landen, um die Maschine nicht mit stehendem Motor in die wildbewegte See zu setzen. Da liegt unter uns eine kleine, weit ins Land gehende Bucht, mit einem winzigen Sandstrand im Hintergrund, ein idealer Wasserflughafen. Ohne lange zu überlegen, nehme ich Gas weg. Schon dreht die Maschine in den Wind, sitzt auf dem Wasser, rollt auf den Sandstrand, widerwillig macht der Propeller noch ein paar Umdrehungen, als ob er müde sei, dann steht der Motor – der letzte Tropfen Benzin ist verflogen.

Zum zweitenmal sind wir auf australischem Boden gut gelandet. In der geschützten Bucht kann der Maschine nichts passieren, darüber sind wir froh – wir wären es nicht gewesen, hätten wir gewußt, wo wir sind . . .

Ich glaube nicht, daß wir uns nach der Landung im geringsten darüber klar waren, was das nun zu bedeuten hatte, an einer unbewohnten Küste zu sein. Wohl machen sich Durst und Hunger etwas bemerkbar, sicherlich gab es auch ein Gefühl der Unsicherheit, was nun kommen wird. Die Nerven sind vom Nachtflug und von den Flugstunden über der offenen, rauhen See, ohne Land zu sehen, noch angespannt – nur daraus erkläre ich mir heute die übereilten Entschlüsse in den ersten Stunden.

»Wir wollen einen Kanister mit Wasser holen«, meint Klausmann, »in die Bucht fließt sicher ein Bach.«

Davon sind wir überzeugt und glauben, nur wenige Minuten

suchen zu müssen, um frisches Wasser zu finden – es hat zwanzig Tage gedauert, bis wir es fanden.

Ich glaube, daß uns unsere Situation etwas klarer wurde, nachdem wir zwei Stunden vergeblich gesucht hatten. Hier ist alles tot, ausgedörrt und abgestorben, Gräser und Busch verbrannt. Beim Herumstreifen sehen wir das erste Känguruh. Mit weiten Sprüngen hüpft es davon. Ich erinnere mich mit einem ungewissen Gefühl an die letzten Wünsche unserer Freunde vor dem Abflug aus Java: »Viel Vergnügen im Land der Känguruhs!«

Diese Tiere müssen doch irgendwo Wasser haben, also wird es bestimmt zwischen schattigen Felsen zu finden sein, wo die Sonne nicht alles verdunsten kann. Wir sind aber keine Naturmenschen und haben nicht die Fähigkeit, in der Wildnis zu leben – wir haben nicht den geringsten Spürsinn.

Wenn man erfolglos nach Wasser sucht, wird der Durst immer stärker; das Hungergefühl verliert sich, man will nur etwas Feuchtes für die Lippen. Es ist brennend heiß. Dazu die salzige Seeluft. Wir müssen etwas zu trinken haben!

»Versuchen wir unser Kühlwasser!«

Zurück zum Flugzeug. Ein Becher wird mit dem öligen, verdreckten Wasser aus dem Kühler gefüllt. Nach dem ersten Schluck spucken wir die Brühe aus. Wir sind eben noch nicht durstig genug und noch zu empfindlich gegen Schmutz.

»Wir müssen uns beeilen, Menschen zu finden, die uns Wasser und Nahrung geben. Wir müssen entlang der Küste laufen, solange wir Kraft haben.«

In den ersten Stunden nach der Notlandung dachten wir, daß der menschliche Körper nur wenige Tage ohne Nahrung sein kann, also mußten wir diese Tage voll ausnutzen. Ohne weitere Überlegung – die Nerven waren eben durch die letzten vierundzwanzig Stunden zu sehr überspannt – packen wir einen Sack mit dem nötigsten Gepäck, verankern in großer Eile die Maschine, ölen den Motor, bedecken den Führersitz und verlassen unsere gute *Atlantis* nahezu im Laufschritt. Wir haben die überspannte Vorstellung, noch in dieser Nacht und am nächsten Tag entlang der Küste nach Osten zu dem Eingeborenen zu müssen, den wir bei unserer ersten Landung

auf australischem Boden getroffen haben. Alles dreht sich um den einen Gedanken, daß der Wasser haben muß – Wasser ist das einzige, was wir haben wollen – und Benzin.
Weit sind wir an diesem Abend nicht gekommen. Nach etwa zweihundert Metern stehen wir vor einer ins Land gehenden, nur schmalen Bucht. Ein Umgehen würde Stunden dauern. Das Wasser ist nicht tief, also werden wir hindurchwaten. Das Gepäck habe ich im Augenblick auf der Schulter. Klausmann wird den ersten Versuch machen, auf die andere Seite zu kommen. Schon ist er im Wasser. Mit einem Schreckensschrei springt er zurück. Alles ist Morast, Sumpf, unmöglich hindurchzukommen. Der Schlamm würde uns festhalten.
Es ist eine seltsame Tatsache, über die ich mir bald klar geworden bin: je größer die Schwierigkeiten werden, desto ruhiger werden die Nerven, desto planmäßiger suchen wir den Weg zurück zur Zivilisation.
So ist es an diesem Abend, als wir uns nun sagen müssen, daß jeder übereilte Schritt gefährlich ist. Wir wollen erst einmal gut ausschlafen und uns von den Anstrengungen des Nachtfluges erholen. Dann können wir mit klarem Kopf die Möglichkeiten überlegen, wie wir weiterkommen. Also zurück zur Maschine, die Hängematten werden ausgespannt, und bald schlafen wir die erste Nacht auf australischem Boden.

Wassernot und Krokodile

Vor zweieinhalb Monaten sind wir in Deutschland gestartet, seit achtzig Tagen unterwegs. In dieser Zeit haben wir etwa sechzig Nächte in der Kabine des Flugzeuges geschlafen. Wenn man am Morgen aus der Hängematte gekrochen ist und aus der Kabine hinaus auf die Fläche trat, so hatte man das wundervolle Gefühl, in einem neuen, in einem fremden Land zu sein. Man mußte sich immer erst vergegenwärtigen, ob man in Persien, Indien, Burma, Siam oder Sumatra aufgewacht war. Diese Morgenstunden an Bord der *Atlantis*, wenn die Maschine in einem der großen Welthäfen, in einer geschützten Bucht der asiatischen Küste, auf dem Indus oder Ganges, den heiligen Flüssen Indiens, schaukelte, sind unvergeßlich.

Auch an diesem Morgen wachen wir wie in den letzten Monaten gegen fünf Uhr auf. Wir waren gewöhnt, bei einsetzendem Morgengrauen aufzustehen, in der Zeit bis zum Sonnenaufgang Toilette und Frühstück zu beenden und die Maschine zum Start klarzumachen.

So weckt uns auch an diesem Morgen das erste Tageslicht. Noch halb schlafend torkeln wir aus der Kabine, um unsere übliche Morgenarbeit zu beginnen. Ich versuche, mich daran zu erinnern, was die nächste Flugetappe sein wird – und es ist wie ein kalter Wasserstrahl: Heute werden wir kein Frühstück haben, heute können wir den Motor nicht startfertig machen, heute werden wir nicht fliegen!

Wenn man überlegt, ist es lächerlich, daß alles nur von ein paar Litern Betriebsstoff abhängt. Nur ein wenig Benzin, von dem es unendliche Mengen auf der Welt gibt, brauchen wir, dann wäre die Notlandung ein Traum gewesen.

»Vielleicht ist doch noch ein Rest in den einzelnen Tanks verteilt, vielleicht hat die Benzinpumpe nicht alles in den Falltank geschafft.«

Gleich machen wir den Versuch: Der Ablaßhahn unter dem Rumpf wird geöffnet, eine leere Filmbüchse erwartungsvoll unter den Hahn gehalten, und – unsere Theorie scheint richtig zu sein: in dickem Strahl fließt Benzin in die Büchse. Nur eine halbe Minute braucht es so weiter zu gehen, dann werden wir genug haben, um nochmals fünfzig Kilometer zu fliegen.

Aber es ist so, als ob uns das Schicksal verhöhnen will. Schon nach zwei, drei Sekunden ist die Herrlichkeit zu Ende. Es gab nur noch etwa zwei Liter. Vergebens drehen wir die Hähne an den verschiedenen Tanks in alle Richtungen, kein Tropfen ist übriggeblieben. Das bedeutet nun endgültig, daß wir nicht weiterfliegen können, daß wir versuchen müssen, auf einem anderen Wege zur Zivilisation, zum Leben zurückzukommen. Der Kampf beginnt!

*

Es ist nicht möglich, von jeder Einzelheit während der dreiundfünfzig Tage zu berichten. Jede Minute dieser unendlich langen Zeit war Kampf. Ich werde versuchen, in größeren Abschnitten zu erzählen. Unser erster Wunsch also ist, Wasser zu finden. Wir wissen, daß der Eingeborene, den wir bei der ersten Landung gesehen haben, Wasser haben muß. Wir wollen also zu diesem Schwarzen, vor dem wir gestern geflüchtet sind, den wir weggeschickt haben. Ihn wollen wir jetzt möglichst rasch finden, von ihm erhoffen wir die erste Hilfe – Wasser! Von der Bucht, wo wir ihn gesehen haben, sind wir zwölf Minuten nach Westen geflogen, also nur etwa vierzig Kilometer werden wir entlang der Küste zurückgehen müssen. Heute bereiten wir den Marsch besser vor. Überladen dürfen wir uns nicht. Nur das Notwendigste wird zusammengepackt: Pistole, Wassersack, Karten, Zigaretten, Streichhölzer. Die Maschine wird nochmals sorgfältig verankert. Meine *Atlantis*, die uns durch alle Gefahren gebracht hat, die uns so treu diente, kann uns jetzt nicht helfen. Wir wollen ihr jetzt helfen, mit Benzin für ihre leeren Tanks – so denken wir. Es sollte anders kommen. Wir brechen auf. Den Sumpf, der für unseren übereilten Abmarsch am Abend vorher ein unüberbrückbares Hindernis war, können wir umgehen. Dann geht's in den Busch – dazu vorweg eine Beschreibung der Nordwestküste Australiens:
Dieses Land ist furchtbar. Ich habe auf meinen Reisen nichts Ähnliches gesehen. Schroffe Felsen, scharfkantig, glatt, gewaltige Felsblöcke, wie von Gigantenhand umhergeworfen, sind zu überklettern. Dann Sumpf, zähes, messerscharfes, ausgedörrtes, mannshohes Gras. Jeder Meter ist zu erkämpfen, drei Schritte vor, zwei Schritte zurück. Dazu die sengende Glut der Tropensonne. Sehr langsam nur kommen wir voran, überklettern die Felsen, umgehen die Abgründe, durch den Busch bahnt man sich den Weg Hand über Hand.

Gegen Mittag. Zur Ausrüstung des Flugzeuges gehört ein Wassersack von neun Liter Inhalt. Es ist ein poröser Leinensack; langsam sickern Tropfen durch das Leinengewebe, die vorbeistreichende Luft verdunstet die Tropfen, wodurch das Wasser im Sack gekühlt wird. Beim Überfliegen der Syrischen Wüste, in den Tropen beim Flug rund um Asien, in der Südsee, stets hat uns der Wassersack frisches, kühles Wasser gegeben. Vor dem Aufbruch heute hatten wir ihn mit Kühlwasser gefüllt und Mundwasser hinzugeschüttet, um den Geschmack des Öles zu mildern. Und dieser Wassersack, der uns zweieinhalb Monate gedient hat – wird leck. Er zerreißt an einem scharfen Stein – das Kühlwasser versickert im Sand. Es ist nicht möglich, Sandkörner in den Mund zu nehmen, um etwas Feuchtigkeit zu retten. Gestern noch waren wir vor dem öligen Kühlwasser zurückgeschreckt, jetzt möchte man einen Tropfen für die zerrissenen Lippen haben.
»Sollen wir zurück zum Flugzeug? Da sind noch ein paar Liter im Kühler.«
»Unmöglich – nur weiter – nur nicht zurück!«
Und wir gehen weiter, bis in die Nacht, dann machen wir ein paar Stunden Pause auf den glatten Felsen. An Schlaf ist kaum zu denken. Schon vor Tagesanbruch geht es weiter.
Bereits zwei Tage jetzt. Zwei unendlich lange Tage. In jeder Minute will man Wasser finden, von Sonnenaufgang bis zur Dunkelheit, vorwärtsstrauchelnd, selbst während der Mittagsglut!
Zwei Tage sind wir nun schon ohne Wasser. Der Körper ist ausgetrocknet von Sonne und Seeluft, die Zunge geschwollen, weißer Schaum auf den Lippen. Man geht am Strand einer unendlichen See, unabsehbare Wassermengen vor Augen – aber man kann Salzwasser nicht trinken.
Hunger haben wir nicht, könnten nicht essen, ohne Lippen und Gaumen angefeuchtet zu haben. Wir müssen voran, so schnell wie möglich voran, bevor wir liegenbleiben. Hinter jedem Felsvorsprung erwarten wir die Rettung: Rauch – ein Fischerboot – eine Hütte, irgend etwas muß es hier doch geben! Aber nichts – immer wieder nichts. Also weiter! Man schafft nicht mehr als fünf, sechs, sieben Kilometer täglich – und das in achtzehn Stunden.

Nun schon der dritte Tag. Seit Tagesanbruch sind wir wieder unterwegs, stumpfsinnig vorantorkelnd. Sprechen ist eine Qual. Wir müssen größere Strecken schaffen. Vielleicht geht's im seichten Wasser am Strand rascher als über Land. Immer wieder rutschen wir auf den schlammigen Steinen aus.
Dann liegt vor uns eine tief ins Land gehende Bucht. Sie zu umgehen, würde einen Verlust von Stunden bedeuten. Wir werden schwimmen müssen – eine gewaltige Kraftanstrengung in unserem Zustand. Aber es muß gehen. Kleider und Schuhe werden mit dem Gepäck zu einem Bündel zusammen auf den Rücken gebunden, die Pistole unter den Tropenhelm gesteckt, dann geht's mit langsamen Stößen über die Bucht.
Gleich am Anfang habe ich das Gefühl, daß hier irgend etwas nicht stimmt. Habe ich Angst? Zwischen den einzelnen Schwimmstößen suche ich die Wasserfläche ab, ob irgendwo Bewegung ist, vielleicht gibt es Haie. Aber nichts ist zu sehen.
Schon haben wir mehr als die Hälfte der Bucht durchschwommen. Klausmann ist ein paar Meter vor mir, er schwimmt besser als ich. Da ist es, als ob mich eine eiskalte Hand im Genick packt. Eine Gefahr ist hinter uns. Ich sehe zurück. Da drüben, in ungefähr vierzig Meter Entfernung, ist die Wasserfläche an verschiedenen Stellen bewegt. Erst erkenne ich nichts, dann glaube ich, daß dort Baumstämme treiben, und dann sehe ich es – Krokodile – zwei – drei – noch mehr! Sie schwimmen auf uns zu, sie kommen näher! Einen Augenblick bin ich wie gelähmt. Dann beginnt ein Kampf ums Leben. Ein Warnruf zum Kameraden. Der Gepäcksack ist im Nu von der Schulter gelöst. Kleider und Schuhe versinken, sind verloren. Aber keinen Gedanken habe ich für diesen Verlust. In Todesangst schwimmen wir mit aller Kraft zu dem noch dreißig bis vierzig Meter entfernten Land.
Es ist unmöglich, die Angst dieser Sekunden zu beschreiben. Der sichere Tod ist hinter uns, das rettende Land vor uns noch weit entfernt. Jeden Augenblick möchte man zurücksehen, aber das würde Zeitverlust bedeuten. Wir haben noch die Nerven, nur voranzuschwimmen, durch das Wasser zu jagen. Klausmann erreicht das Ufer vor mir. Der Kamerad rennt nicht weiter. Er

wartet auf mich. Dann habe auch ich Boden unter mir. Klausmann hilft mir. Ein paar Meter waten, kriechen, springen wir weiter. Dann liegen wir erschöpft im glühenden Sand – gerettet –, aber unser gesamtes Gepäck ist verloren! Wir sind jetzt nackt und barfuß – barfuß auf dem glühenden Sand, nackt unter der glühenden Tropensonne.

Ein Grab im Sand

Eine halbe Stunde wohl bleiben wir liegen, ohne zu sprechen, beide vollkommen erschöpft und unsere Lage überdenkend.
Hier sind wir nun an einer wilden Küste, ohne Nahrung, ohne Wasser, dazu jetzt nackt und barfuß. Wir haben lediglich die Pistole, unsere Tropenhelme, Fliegerbrillen und Halstücher gerettet.
Was nun? Bis zum Eingeborenen sind es sicher noch drei oder vier Tage. Und können wir überhaupt sicher sein, daß wir ihn an der Küste finden? Vielleicht ist er ins Inland gegangen.
Die Gedanken werden ruhiger. Hier gilt es zu überlegen, den rechten Weg zu finden. Hier geht es ums Leben. Wird es für uns möglich sein, barfuß durch diese Wildnis zu laufen? Es ist nur denkbar, und dazu die Höllenqualen des Durstes weiter zu ertragen, wenn wir mit Sicherheit wissen, wo und wann es Wasser geben wird. Ungewißheit würde die Nerven bald zerreißen, unweigerlich zum Wahnsinn führen. Ich seziere die Möglichkeit des kommenden Wahnsinns und finde den einzig möglichen Ausweg: zurück zum Flugzeug. Dort gibt es Wasser, die letzten Liter im Kühler des Motors.
Wir sind bis zur Rückkehr zum Flugzeug insgesamt sieben Tage ohne einen Tropfen Wasser gewesen – sieben Tage in der Wüste ohne Wasser, die letzten vier nackt und barfuß, Körper und Füße zerschnitten, mit eiternden Wunden bedeckt, jeder Schritt auf den

kleinen scharfen Steinen oder über das messerscharfe Gras eine Marter. Und doch sind wir nicht wahnsinnig geworden – eben weil wir ein Ziel hatten, den Kühler des Flugzeugmotors.
Was aber Durst ist, davon werde ich später erzählen.

Wir werden also kehrtmachen, um den Weg zum Flugzeug zurückzugehen, diesen furchtbarsten aller Wege, müssen von der Küste weg ins Inland, da mir vor jeder Bucht graut, wo es Krokodile geben kann.
Bevor wir aufbrechen, hocken wir während der heißesten Mittagsstunden stumpfsinnig zwischen den Felsen. Plötzlich ein Geräusch! Schritte? Nein – Sprünge. In den Büschen sitzt ein Känguruh, keine zehn Meter von uns entfernt.
Denke ich an das Fleisch? Nein – aber das Blut will ich haben! Die Pistole ist geladen und liegt im Anschlag auf dem linken Arm. Ich schieße – in großen Sprüngen verschwindet das Känguruh, ich habe nicht getroffen – und ich hatte nicht die Kraft, den Rückschlag des Schusses zu halten. Die Pistole schlägt eine tiefe Wunde dicht unter dem rechten Auge. Ist das Auge verloren? Im Gedanken an diese Möglichkeit kommt die Ruhe zurück, nur Klausmann schreit auf. Dann wissen wir, daß die Wunde ungefährlich ist. Da aber ist die Pistole! Sie liegt in meiner rechten Hand, zwischen Klausmann und mir – sie ist eiskalt. – »Wie leicht könnte man der Qual ein Ende machen.« – Hat einer gesprochen? Entsetzt sehen wir uns an. Nur ein paar Sekunden, dann springe ich auf. Weit schleudere ich die Pistole in die Krokodilbucht.
Vielleicht habe ich mir später oft Vorwürfe gemacht, unsere einzige Waffe weggeworfen zu haben. Heute weiß ich, daß wir die dreiundfünfzig Tage nicht hätten durchstehen können mit der Versuchung eines schnellen Todes in der Hand.

Wir gehen und kriechen los – stundenlang. Schon nach kurzer Zeit sind die Beine zerrissen, ist der Körper zerschnitten. Die Fliegen sitzen auf den eiternden Wunden. Am Abend verschwinden die Fliegen, das ist gut – mit der Nacht aber kommen die Moskitos! Erschöpft suchen wir nach einem Lager. Sobald die Sonne untergeht, ist es bitter kalt. Hier gibt es nur Felsen und Sand. Wir müssen uns vor der Nachtkälte irgendwie zu schützen versuchen. Es wird die schlimmste Nacht unseres Lebens.

Um Schutz vor der Kälte zu finden, kommen wir auf den Gedanken, ein Loch in den Sand zu graben, uns hineinzulegen und mit Sand zuzudecken. Wir wollen uns also begraben. Am Anfang gibt der Sand ein Wärmegefühl, der Körper wird von den Sandmassen bedeckt, nur das Gesicht liegt frei, darüber haben wir Halstuch und Tropenhelm gedeckt.

Eines ist leider nicht möglich, so oft wir es versuchen: ein Arm kann nicht mit Sand bedeckt werden. Wenn wir uns mit der rechten Hand Sand über Beine und Körper geworfen haben, so ist es nicht möglich, den rechten Arm selbst unter den Sand zu bringen – und auf diesem ungeschützten Arm sitzen die Moskitos!

Den Körper dürfen wir nicht bewegen. Der Sand würde abrutschen. Der rechte Arm aber ragt aus dem Loch. Über uns das unheimliche Surren der Moskitos und auf dem Arm ihre schmerzhaften Stiche.

Ein paar Stunden halten wir das aus – es sind unendlich lange Stunden! Die Minuten schleichen. An Schlaf ist nicht zu denken.

Als wir die Nerven verlieren, werfen wir den Sand ab, springen auf und rennen umher, schreiend, wild um uns schlagend, um die Moskitoschwärme zu vertreiben. Das aber ist unmöglich – und jetzt haben die Moskitos wieder den ganzen Körper, die eiternden Wunden. Wir müssen zurück unter den Sand.

Eine Möglichkeit jedoch gibt es: Es ist nicht nötig, daß wir *beide* den rechten Arm draußen haben. Einer von uns kann vollkommen geschützt sein, wenn der andere ihn zudeckt. *Einer* aber muß seinen Arm draußen lassen.

Für Minuten flehen wir uns gegenseitig an, haben nicht den Mut, den anderen freiwillig zuzudecken. Die Vorstellung der Qual ist zu groß. Dann jedoch weiß ich, daß ich stark genug sein werde, die Nacht zu überstehen, selbst wenn der rechte Arm zu einem Fleischklumpen zerstochen wird. So decke ich den Kameraden sorgfältig zu, liege wieder in meinem Sandloch – und auf dem rechten Arm sitzen die Moskitos.

Ich habe in dieser Nacht meines jungen Lebens lernen müssen, was der Mensch zu ertragen vermag. Ich habe aber auch erkannt, daß alles einmal ein Ende hat, auch die schlimmste Not – auch diese Nacht der Moskitos.

Bei Tagesanbruch haben wir den Sand abgeworfen und sind wieder losgegangen. Wir haben uns weitere vier Tage ohne Wasser vorangeschleppt und lagen weitere drei Nächte unter dem Sand – mit dem Zudecken war es wie in der ersten Nacht.

Danach ist die Notlandebucht vor uns, die *Atlantis*.

Die letzten hundert Meter zum Flugzeug rennen wir. Den wilden Schmerz an den Füßen, die zu dicken Fleischballen geschwollen sind, spüren wir nicht – – wir haben Wasser – Wasser!

Dann beten wir.

Alarm

Es ist Sonntag, der 22. Mai, sieben Tage nach der Notlandung, seit sieben Tagen ist die *Atlantis* im Bestimmungshafen Port Darwin überfällig.

Die Presse ist alarmiert.

The West Australian.

NEWSPAPER AIRMAN MISSING.

CUTTINGS OVERDUE AT DARWIN.

Search in the Timor Sea.

Darwin, Dienstag, 17. Mai.
... Das Junkers Seeflugzeug, das in Kupang (Timor) am Sonntag startete, ist überfällig. Die Schiffe auf See sind unterrichtet, Ausschau zu halten.
Die 500 Meilen Flug über die Timorsee von Kupang nach Darwin werden von den Fliegern, die von England nach Australien geflogen sind, als der gefährlichste Teil der ganzen Flugstrecke angesehen. W. A. Scott, der vor kurzem einen Streckenrekord England–Australien aufgestellt hat, wurde über der Timorsee mehr als 100 Meilen vom Kurs abgetrieben.

DESTROYER SENT FROM JAVA.

Soerabaya, 17. Mai.
... Der Zerstörer FLORES ist nach Kupang ausgelaufen, um das Wasserflugzeug zu suchen.

LOST AIRMAN.

NO NEWS AT DARWIN.

Darwin, Mittwoch, 18. Mai.
... Noch keine Nachricht von den deutschen Fliegern, die jetzt seit vier Tagen überfällig sind. Es ist jedoch noch keine offizielle Suchaktion gestartet.

FEDERAL GOVERNMENT'S ACTION

Canberra, Donnerstag, 19. Mai.
... Das Flugzeug ist jetzt fünf Tage überfällig.
Auf Anfrage des Senators Johnston erklärte Verteidigungsminister Sir George Pearce, daß ein holländischer Zerstörer die Timorsee

absuche, und da derzeit keine Airforce-Wasserflugzeuge in Nordaustralien stationiert sind, könne sich die Regierung nicht an der Suche über See beteiligen.

MISSING 'PLANE.

Vessels Available for Search.

Darwin, Freitag, 20. Mai.
... Die Erklärung im Senat, die Verteidigungsminister Sir George Pearce abgab, daß keine Regierungsschiffe im Gebiet von Darwin für die Suche nach dem vermißten Junkersflugzeug zur Verfügung stehen, ist nicht ganz richtig. Es gibt einige Luggers mit Motorantrieb im Hafen und ein gut ausgerüstetes 20-Tonnen-Schiff mit qualifiziertem Kapitän.
Das Flugzeug ist jetzt sechs Tage überfällig.

Besorgnis um den verschollenen Flieger Bertram /

Nachts in aller Stille gestartet. Das Licht der Sterne genügte ihm zur Orientierung.

Remscheid, Samstag/Sonntag, 21./22. Mai.
... Die Welt ist in Sorge um das Schicksal der Piloten Bertram und Klausmann.
Nach neuesten Meldungen ist die ATLANTIS auf dem Flug von Indien nach Australien bisher nicht im Ziel eingetroffen.
Wie die Junkerswerke in Dessau mitteilen, fehlt auch heute noch jede Nachricht über den Verbleib der Maschine. Es steht nur fest, daß über der Timorsee zur Zeit sehr schlechtes und gefährliches Flugwetter herrscht.

Am Sonntag, dem 22. Mai, eine Woche nach der Notlandung, hat die Suche in Australien also noch nicht begonnen. Die *Atlantis*, so glaubt man, ist auf der Timorsee notgelandet – und vielleicht schon gesunken.

Ein Segelboot, ein Fisch und ein Regen

Frische Wäsche, warme Anzüge, Decken in den Hängematten, die Kabine dicht verschlossen gegen die Moskitos, eine Tasse Wasser, eine Zigarette – und zwei glückliche Menschen. Hier sind wir zu Hause, in der kleinen Welt unseres Flugzeugs, geborgen vor der feindlichen Welt da draußen.
Sieben Tage sind wir in der Wildnis umhergeirrt auf der Suche nach Wasser und Menschen. Stark und voller Hoffnung haben wir das Flugzeug verlassen. Nackt und verzweifelt, kraftlos, nach Wasser lechzend, mit zerrissenen Füßen kamen wir zurück. Jetzt liegen wir in den Hängematten in der Kabine der *Atlantis*. Wir sind glücklich und ruhig, überdenken unsere Lage und den Weg zur Rettung.
Was ist mit der Welt, aus der wir kommen? Sucht man uns nicht? Warum schickt man kein Flugzeug? Unsere *Atlantis* liegt frei am Strand, Tragflächen und Rumpf sind aus Metall und blitzen in der Sonne, sehr gut zu sehen, wenn ein Flugzeug über die Küste fliegt.
In den sieben Tagen haben wir immer wieder den Himmel abgesucht. Aber da war nichts, kein Flugzeug zu sehen oder zu hören – da war nur das Heulen des Windes, das Rauschen der Brandung oder das Surren der Moskitos.
Wenn man uns nicht an der Küste sucht, so glaubt man wohl, daß wir nicht zur Küste gekommen sind, glaubt man vielleicht, daß wir beim Nachtflug in die Timorsee gestürzt sind. Man wird von

Schiffen, die unterwegs waren in jener Nacht, wissen, daß da plötzlich Sturm aufgekommen ist, starker Südsturm.
Ruhig liegen wir in den Hängematten, überlegen weiter und bestätigen uns nochmals, wovon wir von Anfang an überzeugt waren:
Wir sind nach Norden abgetrieben, den starken Südwind haben wir aus der Richtung der weißen Schaumköpfe auf dem Meer erkennen können, als wir beim Morgengrauen die erste Sicht nach unten hatten.
Wir sind nach Norden abgetrieben, kein Zweifel, liegen hier an einer Küste nördlich von Darwin. Und nördlich von Darwin gibt es nur die Küste einer Insel, Melville heißt die Insel, sie hat etwa sechzig Kilometer Durchmesser. Wir sind hier an der Nordküste, und an der Südwestküste gibt es eine Stadt, so sieht man es auf der Seekarte, oder es ist ein Fischerdorf – Port Cockburn.
Da müssen wir hin, da ist die Rettung, das Leben. Dieser Hafen Port Cockburn ist ein festeres Ziel als der Eingeborene, dem wir drei Tage nachgelaufen sind.
Wir müssen quer durch die Insel zur Südwestküste!
Aber das sind sechzig Kilometer durch den Busch, und laufen können wir nicht mehr, das wissen wir bereits.
Nur ruhig! Auf keinen Fall dürfen wir nochmals einen übereilten Entschluß fassen. Die Wege zur Rettung müssen in Ruhe überlegt werden.
Wenn wir nicht gehen können, müssen wir dann warten, daß man uns doch eines Tages sucht und ein Flugzeug nach Melville schickt? In Darwin wird man auch wissen, daß wir Südsturm hatten. Wenn die *Atlantis* also nicht in der Timorsee untergegangen ist, so muß sie auf der Insel Melville sein. Mal wird man ein Flugzeug schicken – also warten?
Nein – warten ist unmöglich! Warten heißt Untätigkeit. Da müssen die Nerven eines Tages versagen, wenn die Ungewißheit des Wartens andauert. Wer weiß wie lange. Und vielleicht kommen sie überhaupt nicht.
Wir haben auch keine Zeit mehr zum Warten. Wir haben nur noch drei oder vier Liter Kühlwasser. Selbst bei weitgehendster Ein-

schränkung – wir erlauben uns täglich eine halbe Tasse Wasser am Morgen und eine halbe Tasse am Abend – würde der Vorrat in sechs oder sieben Tagen erschöpft sein. Und was dann? Nein – wir müssen wieder los auf Wassersuche.
Wir sind uns jetzt völlig klar darüber, daß wir uns selbst helfen müssen, hier herauszukommen. Wir müssen um unser Leben kämpfen – und diese Erkenntnis, daß alles nur von uns selbst abhängt, ist vielleicht gut, macht uns stark.
Wir müssen und werden hier herauskommen! Nur ein *Ziel* müssen wir haben, wenn wir das Letzte aus unserem Körper herausholen wollen, so wie der Kühler des Flugzeuges unser Ziel war, als wir sieben Tage ohne Wasser waren. Wir sind sicher, daß wir die sieben Tage nicht überlebt hätten, hätten wir nicht *gewußt*, daß es im Kühler der *Atlantis* Wasser gibt. Wir konnten nur überleben, weil wir das feste Ziel hatten, so wie jetzt der Hafen Port Cockburn auf der anderen Seite der Insel Melville unser Ziel ist.
Aber – wie kommen wir hin?
In den ersten drei Tagen, als wir den Eingeborenen suchten, schafften wir am Tag fünf oder sechs Kilometer, nicht mehr, obwohl wir noch kräftige Beine hatten. Das ist jetzt vorbei. Wir können unseren zerrissenen Füßen nichts mehr zumuten, können auch kein Gepäck mehr schleppen.
Also so ist das: Gehen können wir nicht die sechzig Kilometer quer durch die Insel, auch nicht um die Insel herum entlang der Küste, das wären wohl sogar hundert Kilometer. Wir können also nicht gehen, so wie wir auch schon nicht mehr fliegen konnten – aber wir können etwas anderes!
Plötzlich wissen wir, was wir können und was wir tun müssen: Wenn wir nicht gehen können, so müssen wir fahren – über's Meer fahren!
Die *Atlantis* ist ja ein Wasserflugzeug, da gibt es zwei Schwimmer. Wir brauchen nur einen Schwimmer abzumontieren und zu einem Segelboot herrichten, einen Mast setzen, Segel und Ruder anfertigen, unser Gepäck in das Boot nehmen und das Kühlwasser des Motors in eine der wasserdicht abgeschlossenen Kammern des Schwimmers füllen. Dann können wir entlang der Küste segeln!

Das wird keine Anstrengung für uns sein, man kann leicht zwanzig Kilometer täglich schaffen.

An diesem Abend liegen zwei glückliche Menschen in der Kabine. Wir haben alles, was man sich wünschen kann: Wasser, eine Zigarette und Hoffnung. Der Hunger macht sich zwar bemerkbar, der Körper aber wird noch einige Tage ohne Nahrung sein können – und bald wird es sicherlich ein Ende haben!
Wir machen eine Aufstellung von unserem wertvollen Eigentum: Als die Krokodile hinter uns her waren, verloren wir mit dem Gepäck mein gesamtes Bargeld, gleichzeitig unseren Streichholzvorrat. Mit keinem Gedanken trauere ich dem Geld nach, der Verlust der Streichhölzer aber ist schlimm, bis wir eine gute Idee haben und unser »patentiertes Feuerzeug« bauen. Bestandteile: Anlaßmagnet des Motors, die restlichen zwei Liter Benzin, eine Flasche und Watte; Gebrauchsanweisung: eine leere Medizinflasche wird mit Watte gefüllt, ein paar Tropfen Benzin hineingeschüttet, die Watte saugt sich voll, die beiden Kabel des Magnets werden in den Hals der Flasche gesteckt, ein paar Umdrehungen der Kurbel – ein Funke zwischen den Kabelenden entzündet die Watte. Dieses Feuerzeug würde für Jahre ausreichen, da nur Tropfen Benzin verbraucht werden. Es ist eine gute Erfindung.
Wir machen Inventur: 12 Zigarren, 50 Zigaretten, ein Päckchen Tabak und eine Pfeife sind an Bord. Wenn wir rationieren, wird dieser Vorrat für Wochen ausreichen – und länger als eine Woche wird es auf keinen Fall dauern, bis wir zur Zivilisation zurückkommen – da sind wir sicher.
Und was ist mit unserem Proviant? Wie leben wir eigentlich? Was essen wir?
Wir essen nichts – da ist nichts zu essen an Bord, und in dieser Wildnis draußen gibt es auch nichts, keine Früchte, kein Fleisch. Aber es leben doch Menschen hier im Busch, einen haben wir nach der Landung gesehen, das war ein Australneger, den wir wegjagten, weil zu viele Fliegen auf ihm saßen. Dieser Australneger und auch andere, die zu ihm gehören, leben ja auch, müssen also Nahrung finden, Früchte, Känguruhs, Fische.

Sicherlich gibt's Fische – wir aber haben kein Angelgerät mehr, die Angelhaken waren im Gepäcksack bei den Krokodilen. Känguruhs gibt's auch – wir wollten eins schießen, haben es aber nicht getroffen, und die Pistole haben wir weggeworfen, weil wir Angst hatten. Wie jagen die Australneger ihre Känguruhs, wo finden sie ihre Nahrung und Wasser?

An diesem Abend in den Hängematten unseres Flugzeuges denken wir darüber nach, was wir mit unserer Zivilisation anfangen können, wenn wir da plötzlich herausgerissen werden. Wie hilflos sind wir in dieser fremden wilden Welt. Und wie dünn ist die Kruste der Zivilisation, wenn man nackt und barfuß durch den Busch kriechen und sich vor Moskitos begraben muß. Vor wenigen Tagen noch haben wir uns vor dem öligen Kühlwasser geekelt – heute ist es unser köstlichster Besitz.

Doch zurück zu unserem Proviant. Warum haben wir keinen Proviant an Bord, keinen Notproviant? Habe ich einen Fehler gemacht? Ich war doch so selbstbewußt und sicher, alles bei dieser Expedition richtig gemacht zu haben.

Ein halbes Jahr habe ich den Flug vorbereitet, mit all den Schwierigkeiten für Flugerlaubnis über die Länder der halben Welt, mit der Organisation der Benzinversorgung für Zwischenlandungen an der asiatischen Küste, wo es in kleineren Häfen, in denen wir landen mußten, vordem noch kein Flugzeug gegeben hatte.

All diese Schwierigkeiten und viele andere habe ich überwinden können, der Flug war auch planmäßig, bis in die Südsee, bis zum Nachtflug. Für den Sturm, der dann plötzlich kam, dafür kann ich nichts, die Wettervoraussage am Abend war gut für die Timorsee. Ich kann mir auch keinen Vorwurf machen, daß kein Funk an Bord ist. Ein schweres Funkgerät mit seiner kurzen Reichweite wäre beim Flug rund um Asien sinnlos gewesen, wäre nur zu Lasten der Zuladung gegangen – und die Zuladung brauchte ich für Benzin. Hätten wir mit dem Wasserflugzeug fünfzig Liter Benzin mehr tanken und starten können, so säßen wir nicht hier.

Aber der Proviant! Da ist der Fehler, den ich gemacht habe – und hier ist der Versuch einer Erklärung, die keine Ausrede sein soll:

Das Tankboot, das uns spät am Abend im Hafen von Kupang die

Benzinfässer brachte, hatte nur die Fässer an Bord, keine Nahrungsmittel. Wir hätten nochmals an Land gemußt, um Proviant zu beschaffen, dann aber hätten wir nicht mehr zum Nachtflug starten können.
Wir aber wollten starten, auch ohne Proviant, oder mit dem, was an Bord war, das waren zwei Bananen, die uns der Pressevertreter, der mit dem Tankboot gekommen war, geschenkt hatte. Am Morgen, so glaubten wir, würden wir ein gutes Frühstück in Australien bekommen – jetzt sind wir schon sieben Tage in Australien ohne Frühstück, nachdem wir die beiden Bananen beim Nachtflug gegessen haben.
Und der Hunger? Ist das sehr schlimm mit dem Hunger?
Als wir Durst hatten, sieben Tage hindurch entsetzlichen Durst, hatten wir keinen Hunger. Man kann nicht essen, wenn man am letzten dieser sieben Tage die geschwollene Zunge mit den Fingern aus dem Mund ziehen muß, damit sie sich nicht vor die Kehle legt und man glaubt ersticken zu müssen.
So war es mit dem Durst. Etwas Schlimmeres kann es nach meinem Wissen nicht geben. Durst ist unbeschreiblich!
Jetzt in der Kabine haben wir nun keinen Durst mehr. Haben wir jetzt Hunger? Ich weiß es nicht. Wir können auch ohne zu essen denken, sehr klar sogar, und arbeiten, den Schwimmer abmontieren, werden wir sicherlich auch noch können. Weh tut Hunger auch nicht, nachdem der Magen zusammengeschrumpft ist. Vielleicht kann ich später mehr davon erzählen, was es bedeutet, wenn man dem Körper über eine lange Zeit nichts zu essen gibt, ich werde noch Erfahrung sammeln, wenn wir schwer arbeiten müssen, um das Segelboot zu bauen.
Der Abend des siebten Tages nach der Notlandung ist eine der wenigen schönen Erinnerungen an unsere dreiundfünfzig Tage im australischen Busch. Zur Feier des Tages rauchen wir eine Zigarre und zwei Zigaretten. Es ist selbstverständlich ein bedrückendes Gefühl zu wissen, daß unsere Familien, die Freunde und viele andere um unser Schicksal besorgt sein werden, daß man uns vielleicht schon verloren gegeben hat. Aber wir hoffen, in wenigen Tagen gerettet zu sein, so daß die ersten Telegramme in die Welt

gehen können. Bis spät in die Nacht erzählen wir uns von der Heimat.

*

Unser Robinsonleben wird interessant. Man muß sich zu helfen wissen. Ein Segelboot ist anzufertigen. Das Segel? Zwei Bademäntel und eine Leinenhose werden zerschnitten und zusammengenäht. Nähzeug? Ist leider bei der Krokodiljagd verlorengegangen. Doch wir haben Bindfaden und Schraubenzieher. Die Nähte sind zwar etwas rauh, aber wir wollen nicht zu einer Schönheitskonkurrenz starten. Seitenruder und zwei Paddel sind unsere Kunstwerke, angefertigt aus Fahnenstange und Ersatzblech für das Flugzeug. Für drei Tage wird die Bucht zur Schiffswerft. Die Arbeit schreitet voran, es macht Freude. Wir müssen uns allerdings beeilen, denn der Hunger schwächt. Sehnsüchtig erwartet man den Abend, um die halbe Tasse Wasser zu haben, eine Zigarette und eine halbe Zigarre. Wir haben für zwanzig Tage rationiert. Inzwischen wird alles vorüber sein.
Die schwerste Aufgabe ist es, den Schwimmer unter dem Flugzeug wegzuziehen. Die linke Tragfläche der Maschine wird sorgfältig mit dünnen Baumstämmen abgestützt. Das Flugzeug muß auf einem Bein stehen, darf nicht beschädigt werden, wir wollen bald weiterfliegen. Der Metallschwimmer ist sehr schwer, wir haben aber noch etwas Kraft, und es geht. Als der Schwimmer im Wasser liegt, wird Sand in einzelne Kammern gefüllt, Ballast, um das Boot seefest zu machen. Der Mast, ein Baumstamm aus dem nahen Sumpfwald, wird eingesetzt, mit Lederriemen und Draht befestigt. Das Segel, mein Meisterwerk, ist nach beiden Seiten auszulegen. Drei Tage harte Arbeit ohne Nahrung, dann ist das Boot startfertig. Am nächsten Morgen wollen wir los.
In der Nacht stürmt es auf dem Meer – Windstärke vier bis fünf. Unmöglich zu fahren. Eine harte Geduldsprobe. Wir müssen bald los! Wie nun, wenn für Tage schlechtes Wetter sein wird? Der letzte Tropfen des Kühlwassers wird schnell verbraucht sein, und wir sind

vielleicht bald zu schwach zum Segeln. Nur Ruhe, Ruhe – das Wetter wird schon besser werden.

Am nächsten Tag – es ist bereits der zwölfte nach der Notlandung – gibt es zwei große Ereignisse:
Am Abend vorher hatte Klausmann im Werkzeugkasten einen letzten Angelhaken gefunden. Nachdem das Angelgerät in der Krokodilbucht verlorengegangen war, hatten wir es mit Sicherheitsnadeln versucht – ohne Ergebnis. Jetzt hat Klausmann wieder einen Haken. Für Stunden ist er erfolglos, wir haben keinen Köder. Dann ein Freudenschrei – ein Fisch zappelt an der Leine! Er ist zwar klein, nur handgroß – aber es ist Nahrung – unsere erste! Wir nehmen uns Zeit, kochen den Fisch sorgfältig und haben eine wundervolle Suppe. Es ist ein Fest – nur passiert gleichzeitig ein Mißgeschick: In seiner Freude, den Fisch gefangen zu haben, verliert Klausmann den Angelhaken. Für Stunden suchen wir vergebens, wühlen den Sandstrand um und um – nichts.
Aber nur ruhig – wir müssen dankbar sein für die Fischsuppe.

Das zweite große Ereignis am Nachmittag des gleichen Tages. Der Sturm auf See wird stärker, schwarze Wolken ballen sich an der Küste zusammen. Es sieht nach Regen aus, obwohl wir mitten in der Trockenzeit sind.
Wir hatten für alle Fälle Vorbereitungen getroffen. Falls es doch einmal regnen würde, sollten die Tragflächen des Flugzeuges das Wasser auffangen. Dafür wurden ans Flächenende Spaltverkleidungen gebunden, lange Blechstreifen, die den Spalt zwischen Rumpf und Tragflächen verdecken. Wie eine Dachrinne sollen sie jeden Tropfen in leere Filmbüchsen leiten.
Wir warten – zittern vor Aufregung. Dann tropft es – und jetzt regnet es. Acht, zehn Minuten – drei Büchsen – zwölf Liter. Das bedeutet Wasser für weitere zwanzig Tage – und Frischwasser ist das. Herrgott!
Was kann uns nun schon passieren? Wieder liegen am Abend zwei dankbare Menschen in den Hängematten. In der Nacht stürmt es noch, gegen Morgen wird es ruhiger. Das Boot ist fertig, Gepäck

und Wasser in den Kammern verteilt. Wir sind startbereit. Das Flugzeug wird nochmals sorgfältig verankert, der Motor geölt. Wir sind sicher, bald wiederzukommen.
Es ist Donnerstag, der 26. Mai, der zwölfte Tag nach der Notlandung.

Der dreizehnte Tag

The West Australian.

MISSING AVIATOR.

Airways Machine to Search Coast.

Perth, Donnerstag, 26. Mai.
... West Australian Airways bestätigt, daß auf Anfrage des Verteidigungsministeriums heute morgen eine D.H. 50 ihrer Gesellschaft in Wyndham starten wird, um entlang der Küste nach Darwin zu fliegen, wenn möglich auch zur Insel Melville.
Das deutsche Wasserflugzeug ist jetzt zwölf Tage überfällig. Da keine Airforce Maschinen in Nordaustralien verfügbar sind, wurde die Suche bisher nur von Schiffen auf der Timorsee durchgeführt – ergebnislos.

Airways Machine at Wyndham.

Wyndham, 26. Mai.
... Pilot Nicholas landete heute mit der West-Australian-Postmaschine in Wyndham und wird morgen nach Darwin und zur Insel Melville fliegen.

Suche nach Bertram
Hoffnung nicht aufgegeben

Berlin, Freitag, 27. Mai.
... Bertram und Klausmann sind jetzt seit dreizehn Tagen verschollen. Die Möglichkeit, daß das Flugzeug bei einer Notlandung auf der Timorsee, noch dazu in der Nacht, beschädigt wurde, ist sehr naheliegend, und es ist nicht wahrscheinlich, daß die Piloten noch leben. Dreizehn Tage auf einer führerlosen Maschine liegen, ohne Wasser, in einer höllischen Hitze – kaum anzunehmen, daß sie das aushalten.
Eine Chance gibt es vielleicht noch für sie, eine Chance, die 100:1 steht: daß sie gefunden wurden, hilflos treibend, von einem Crawler, der keine Funkanlage hat, ihre Bergung also nicht melden konnte. Diese Chance steht 100:1 im günstigsten Falle. Und das ist zu wenig, um noch Hoffnung zu haben.
Wenn aber ihr Flugzeug in der Timorsee gesunken ist, dann waren da die Haie!

Bertram aufgegeben
Der Suchdampfer erfolglos zurückgekehrt

Amsterdam, Freitag, 27. Mai.
... Der Zerstörer FLORES, der ausgelaufen war, das Junkersflugzeug auf der Timorsee zu suchen, ist ergebnislos nach Kupang zurückgekehrt.

The West Australian.

MISSING GERMAN AIRMAN.

Pilot Nicholas's Search.

Wyndham, Freitag, 27. Mai.
... West Australian Airways bestätigt, daß die Suche von Pilot Nicholas nach den verschollenen deutschen Fliegern ergebnislos war.
In seiner D.H. 50, die eine Reichweite von 750 Kilometern und eine Reisegeschwindigkeit von 160 km/h hat, startete Nicholas heute früh 5 Uhr 30 und suchte die Küste ab bis Darwin. In Darwin tankte er, flog rund um Melville Island, dann zurück nach Darwin, eine Gesamtflugstrecke von 600 Kilometern.
Die Suche war erfolglos, da war keine Spur zu erkennen, daß die verschollene Junkersmaschine irgendwo an der Küste von Melville Island oder an der Küste zwischen Darwin und Wyndham gelandet ist.
Nicholas wird morgen früh wieder zurück nach Perth fliegen, um die verlorene Zeit seines Postfluges möglichst aufzuholen.

Die Insel Melville ist also umflogen worden – und da lag kein Flugzeug an der Küste! Was aber ist das dann für eine Küste, an der die *Atlantis* strandete?
Die Nachricht aus Amsterdam, daß die Suche auf der Timorsee aufgegeben wurde, und die Nachricht aus Wyndham, daß die Suche auf Melville Island ergebnislos war, haben das Datum Freitag, 27. Mai, das ist der dreizehnte Tag nach der Notlandung.
Und am Morgen dieses dreizehnten Tages wird in der Notlandebucht das Segel gesetzt, fährt das schwere Metallboot langsam hinaus auf die Timorsee – fährt los zu seiner grauenvollen Irrfahrt! Die Zeit der schwersten Prüfungen für die beiden jungen Menschen beginnt.

Ein Schiff fährt vorüber

Am Anfang geht alles gut, großartig!
Das Boot liegt zwar schwer und tief im Wasser, aber es fährt. Man kommt voran, ein schönes Wort: Voran! Da ist die Gewißheit der Rettung, solange man vorankommt. Wir werden also nun ganz einfach entlang der Küste segeln, werden dann irgendwo Rauch sehen, Menschen, Nahrung, die Zivilisation finden.
Unser Boot ist wie ein Schiff gebaut; acht Schotten trennen den Metallschwimmer in neun wasserdicht abgeteilte Kammern. In der Bugkammer ist das Süßwasser eingefüllt, danach kommt die Gepäckabteilung mit Kompaß, Werkzeug, Wäsche und Schuhen, Feuerzeug und Leuchtpistole, Zigaretten und Zigarren. Diese beiden Kammern sind besonders sorgfältig verschlossen, sind unsere Sorgenkinder – wenn sie nur nicht leck schlagen.
Die nächsten drei Abteilungen sind unbedeckt; in der ersten ist der Mast befestigt, dann kommt Klausmanns Sitz und schließlich meine »Kabine«. Die letzten vier Kammern sind leer, auch gut verschlossen. Auf den Schwimmer verteilt schleppen wir etwa 300 Kilogramm Sandballast mit, um seefest zu sein. Nur wird das Boot dadurch sehr schwer und langsam, fast ein Unterseeboot.
Unsere Sitze sind derart klein, daß man nur mit gekreuzten Beinen auf dem Boden hocken kann. Der Einstieg – das ist das »Mannloch«, das man öffnet, wenn das Wasserflugzeug im Wasser schwimmt und der Schwimmer kontrolliert werden muß, ob da ein Leck ist, dieses Mannloch ist eben groß genug, um die Hüfte hindurchzuzwängen. Da der Schwimmer nur etwa handbreit aus dem Wasser ragt und nahezu jede Welle überkommt, müssen wir das Mannloch mit dem Oberkörper abdecken, damit die Kammern nicht voll Wasser schlagen. Nach wenigen Stunden jedoch ist der Sand unter unseren Füßen naß, wir hocken im Wasser.

Leider ist das schwerfällige Boot mit dem kleinen Ruder nur schlecht zu manövrieren, in der geschützten Notlandebucht, ohne Strömung und Wellengang, kommen wir jedoch gut voran und sind schon bald an der Einfahrt.
Draußen auf dem offenen Meer gibt es weiße Schaumköpfe. Hoffentlich bläst es nicht zu stark, hoffentlich kommen die Wellen nicht zu sehr über. Wollen wir nicht doch noch besseres Wetter abwarten? Ach was! Wir versuchen's, sind jetzt aus der geschützten Bucht heraus – und treiben im nächsten Augenblick auf die felsige Küste zu. Steuer und Segel sind zu klein. Gegen den starken Wellengang ist das Boot nicht zu halten. Wir treiben!
Verzweifeltes Gegenrudern, Segelmanöver – vergebens. Langsam und unaufhaltsam kommen die scharfkantigen Felsen näher, sind jetzt nur noch wenige Meter weg – schon tauchen Felsblöcke neben uns aus der Brandung. Im Augenblick ist das Segel herunter, wir springen aus dem Boot, haben Boden unter den Füßen und stemmen uns gegen den Schwimmer. Die ersten Brecher schlagen über uns.
Eine gefährliche Lage! Wenige Meter hinter uns sind die scharfkantigen Felsen, das Boot wird von den Wellen gehoben, wir verlieren den Boden, klammern uns an, treiben zurück und dienen als Prellbock zwischen Fels und Boot.
Der Schwimmer darf nicht leck schlagen, alles wäre verloren. Wie könnten wir weiter, wenn wir Schwimmer und Ausrüstung verlieren? Das wertvolle Trinkwasser, das Gepäck, das Feuerzeug, alles ist unersetzlich.
Zurück in die Bucht. Wir müssen das Boot 200, 300 Meter durch die Brandung führen. Unsere Körper werden zerschlagen. Es muß gehen!
Und es geht, Meter um Meter. Vier, fünf Stunden dauert der Kampf. Wir sind fast erstarrt und restlos erschöpft. Jetzt spüren wir's: zwei Wochen ohne Nahrung, eine Woche der Fußmarsch, eine Woche harte Arbeit, da sind die letzten Kraftreserven dahin. Doch wir schaffen es, kommen in ruhiges Wasser und ziehen den Schwimmer an Land. Das Boot ist gerettet, im Schatten der Felsen aber liegen zwei kraftlose Menschen.

Was nun? Wir müssen weiter, so schnell wie möglich weiter! Verzweiflung? – Nur für einen Augenblick. Wir werden wieder ruhiger. Bei diesem Seegang kommen wir nicht von der Brandung frei, wir müssen besseres Wetter abwarten, dürfen nicht in der Nähe der Küste fahren, müssen von der Brandung weg, müssen also weiter in die offene See.
Und wieder warten wir, unendlich lange Stunden – eine Nacht, jetzt den vierzehnten Tag. In der nächsten Nacht dann wird es ruhiger – los jetzt!
Wir starten etwa um Mitternacht, das ist die Nacht zum fünfzehnten Tag, also abermals eine Sonntagnacht, so wie vor zwei Wochen beim Start zum Nachtflug in Kupang. Und wieder ist vor uns die Timorsee – damals wollten wir hinüberfliegen, diesmal wollen wir über die Timorsee rudern und segeln.
Und das tun wir nun, segeln und rudern, fort von der Küste, weit hinaus ins offene Meer – rudern in unser Verderben ...

*

Diese Fahrt, fünf Tage und Nächte in der offenen See, steuerlos und ein Spiel der Wellen, ist die schlimmste Zeit unserer 53 Tage an der Nordwestküste Australiens. Ich werde versuchen, von dieser Fahrt zu erzählen.
Wieder geht am Anfang alles gut. Wir sind von der Küste, von der Brandung freigekommen, segeln und rudern zur Sicherheit zehn, zwölf Kilometer in die offene See, dann in westlicher Richtung entlang der Küste. Gegen Morgen bläst der Wind stärker, wird die See unruhiger. Jede Welle schlägt über den Schwimmer, immer mehr Wasser kommt in unsere Sitze, so gut wir auch versuchen, das Mannloch mit dem Oberkörper abzudichten. Wir haben wirklich ein Unterseeboot. Die Notlandebucht liegt schon weit zurück, für heute haben wir eigentlich genug, dürfen nicht zu viel wagen, müssen wieder näher an die Küste heran, für die Nacht eine Bucht suchen. Am ersten Tag hätten wir dann 15 bis 20 Kilometer geschafft – so noch weitere zwei oder drei Tage, dann ist alles vorbei.

Das Boot wird gewendet, Richtung Küste. Nur langsam kommen wir, gegen den Wind ankreuzend, voran. Wir haben Strom gegen uns, also ist wohl Ebbe. Dann wird uns in ein paar Stunden die Flut an Land zurücktreiben.
Und wir warten, fünf Stunden, sechs Stunden. Kommen wir jetzt näher heran, treiben wir jetzt auf die Küste zu? – Nein!
Die Küste wird merklich undeutlicher. Wir treiben immer noch hinaus in die offene See. Und nach weiteren Stunden weiß ich, daß uns eine starke Strömung unbarmherzig vom Land wegtreibt. Es wird mir klar, daß der Strom beider Gezeiten – Ebbe und Flut – an dieser Küste vom Land absetzt – von der Küste weg in die offene Timorsee!
Was nun? – An Segeln und Rudern ist bei dem starken Seegang gegen Wind und Abtrift nicht zu denken. Müssen wir nun alles dem Zufall überlassen und hoffen, daß uns eine andere Strömung zur Küste zurücktreibt, daß die See ruhiger werden wird? – Wir wissen keinen Rat, hocken in den engen Sitzen, verzweifelt. Keiner spricht.
Wild wird das Boot umhergeworfen. Wasserspritzer dringen auch durch die fest zusammengekniffenen Lippen, verursachen einen brennenden Durst. Wir können nicht trinken, dürfen die Süßwasserkammer nicht öffnen, da sofort Seewasser hineinschlagen würde.
Der Seegang wird noch stärker – dann ein schwerer Brecher – Metall zerschlägt – das Seitenruder ist gebrochen – wir sind steuerlos!
Das ist das Ende! Jetzt wird das Boot ein Spielzeug der Wellen. Wir werden immer weiter von der Küste abgetrieben, morgen wird das Land zum Nebelstreif werden, danach wird nur noch Wasser um uns sein, Wasser und Himmel – dann muß der Wahnsinn kommen.

*

Stunden vergehen, unbarmherzig brennt die Sonne. Der Seegang nimmt noch zu. Das Boot ist zwar seefest, dank dem Sandballast, torkelt aber wie trunken von Seite zu Seite. Bewegungslos knien wir in den engen Kammern. Die Beine schmerzen von der ungewöhnlichen Anstrengung, schwellen stark an. Immer wieder müssen wir mit dem Oberkörper das Mannloch abdecken, wenn eine Sturzsee überkommt. Nur nicht zuviel Wasser in die offenen Sitze lassen. Ausschöpfen können wir nicht. Der Schwimmer würde unter uns wegsacken.

Wir sind machtlos – und das ist furchtbar! Solange man kämpfen und vorankommen kann, gibt es Hoffnung. Auf dem Land würden wir weiterkommen, selbst wenn wir kriechen müßten. Hier draußen aber sind wir machtlos – ein Spielball für Wellen und Zufall.

Etwas später dann kommt die Stunde, an die ich noch heute nur mit Schaudern zurückdenken kann.

Es mag gegen drei Uhr am Nachmittag gewesen sein. Die See hat sich ein wenig beruhigt, ist jedoch noch zu wild, als daß wir rudern könnten.

»Was ist das da drüben? Ist das nicht Rauch?«

Ja – am Horizont, im Osten, wächst aus dem Meer eine Rauchfahne, aus der Rauchfahne wächst ein Kamin, aus dem Kamin ein Schiff! – Ist es ein Trugbild? Nein, es ist kein Trugbild – ein Schiff kommt auf uns zu!

»Ein Schiff!«

Schreien, lachen, die Nerven verlassen mich. Das Schiff kommt näher, hat genau Kurs auf unser Boot, man hat uns sicherlich schon gesehen.

»Ruhe, nur Ruhe!«

Die Leuchtpistole wird bereitgelegt, weiße Wäsche an die Ruderstange gebunden. Klausmann stellt sich vor den schwankenden Mast. Ich bleibe sitzen, balanciere das Boot aus, halte die Pistole. Herrgott, hilf! Dort kommt die Rettung, das Leben. Sie müssen uns sehen! Der wachhabende Offizier wird bereits sein Glas auf uns gerichtet haben. Rettung, Trinken, Essen, Telegramme in die Heimat. Die Freude ist zu groß, ich schreie, heule. Klausmann ist merkwürdig ruhig. Den Grund begreife ich später.

Jetzt noch etwa ein oder eineinhalb Kilometer. Ich schieße die erste rote Leuchtkugel, der Kamerad winkt mit der weißen Notfahne. Der zweite Schuß, der dritte und vierte, die letzte Leuchtkugel. Das muß genügen. Jetzt wird man uns bemerkt haben, sehen wir doch alles ganz deutlich an Bord: den Namen des Schiffes, selbst den

Namen an den Rettungsbooten können wir lesen – *Koolinda* heißt das Schiff – aber wir sehen kein lebendes Wesen an Bord.
Was ist das? Jetzt müssen sie doch stoppen, beidrehen!
Sie sind längsseits, 700, 600 Meter nur – doch das Schiff fährt vorüber – das Leben fährt an uns vorbei!
Es dauert eine Ewigkeit, bis ich begreife, daß dort am Horizont, im Westen jetzt, das Schiff verschwindet, der Kamin, die Rauchfahne. Dann ist da plötzlich eine eiskalte Ruhe, und Todesangst schnürt mir die Kehle zu. Was ist mit Klausmann? Er steht immer noch am Mast, winkt immer noch mit der Notfahne, starrt dem verschwundenen Schiff nach – sieht in der Ferne nur noch die weißen Schaumköpfe des Wassers und den jetzt wieder leeren Himmel.
Endlich hört Klausmann auf zu winken, packt die weißen Fetzen zusammen, hockt sich wieder in seinen Sitz, legt den Kopf auf die Arme und weint – und nach einer Weile sagt er – es klingt ganz ruhig und endgültig:
»Ich gebe auf, ich will nicht mehr. Man soll mit mir machen, was man will. Ich gebe auf.«
Klausmann hat an diesem fünfzehnten Tag die Nerven verloren. Von dieser Stunde an ist mein Kamerad krank. Jetzt bin ich allein...

Wir rudern

Es ist Nacht. Der so wundervolle Sternenhimmel der Südsee wölbt sich über uns. Das Meer ist ruhiger geworden, nur leicht schaukelt das Boot in der Dünung.
Zwei Menschen starren in die grenzenlose Einsamkeit. Wie große Tiere tauchen Wellenköpfe neben uns auf. Das Meer ist schwarz. Der Mond steht schon hoch.
Seit Stunden sitzen wir regungslos, verfolgten den Untergang der Sonne Zoll um Zoll. Ein rotes Tuch legte sich über den Horizont im Westen – dort in der Richtung dieses Feuers ist die Heimat, weit im

Westen, auf der anderen Seite der Erdkugel. Als der rote Schein schwächer und undeutlicher wurde, kam wie ein Schleier der Nebel über das Wasser, grau in grau. Dann tauchte ein heller Punkt auf, hier und dort, undeutlich erst, dann funkelnd hell – als der letzte Schimmer des Tages verschwunden war, standen an dem tiefschwarzen Himmelsgewölbe unzählige Sterne, Zeugnisse der Unendlichkeit. Der Mond dann, als er später auftauchte aus dem Wasser, überwarf uns mit seinem silbernen Licht.
Und ich sitze, schaue und schaue.
Denke ich? Überlege ich? Nein, nein. Da ist ein größeres Geschehen in mir. Erkenne ich mein zweites Ich? Soll ich es Seele nennen? Ich weiß es nicht, es ist auch nicht wichtig. Aber ich weiß, daß diese Stunden die größten meines jungen Lebens sind, weiß, daß ich noch nie so gut in mich habe horchen können, bin mir klar und bewußt, daß ich heute mein Leben entdecke – wiedergeboren werde.
In dieser Nacht, als ich so ganz allein war mit mir, habe ich mich gefragt, wer und was ich bin, ich Mensch. Ich habe versucht, mich zu sezieren und habe folgendes gesehen:
Sechsundzwanzig Jahre bin ich alt. Sechsundzwanzig Jahre habe ich gelebt, sorglos in den Tag hineingelebt, das Leben als eine Selbstverständlichkeit hingenommen. Ich habe gearbeitet, gestrebt, hatte einen starken Willen – aber ich habe immer nur auf mich selbst gebaut. So flog ich durch die Welt, stolz und selbstbewußt, so flog ich auch nach Australien – und plötzlich war da etwas Neues. Wie abgeschnitten war alles das, was wir Kultur und Zivilisation nennen. Um das nackte Leben mußten wir kämpfen. Mit meinem Willen wollte ich uns aus der Not herausbeißen – und bin nun heute nacht in einer verzweifelteren Lage als je zuvor.
Sechzehn Tage sind wir verschollen, haben in diesem Land keine Nahrung gefunden, kein Wasser. Was wird werden? Weit sind wir von der Küste abgekommen und treiben steuerlos ins offene Meer. Unsere Kraft ist verbraucht. Rudern werden wir kaum noch können und Wasser haben wir nur noch ganz wenig.
Vor ein paar Stunden ist ein Schiff in einigen hundert Metern Entfernung vorbeigefahren. Das Leben hat uns nicht sehen wollen.

Klausmann ist seit dem Augenblick ohne Nerven, ist krank. Ich habe den Kameraden verloren, der mit mir gemeinsam den Weg zur Rettung erkämpfen wollte.
Werden wir nun wahnsinnig werden? Werden wir sterben? Jung sind wir, leben wollen wir, leben!
Was aber soll ich jetzt tun? Wo ist jetzt mein starker Wille, mit dem ich bis heute alles habe erreichen können? Kann ich mit diesem Willen den Weg zurück ins Leben finden?
Nein – hier ist meinem Willen ein Riegel vorgeschoben! Ich kann jetzt noch so sehr *wollen* – gegen diese Strömung kann ich mit meinem Willen nicht mehr an. Mit meinem Willen, mit meiner Selbstherrlichkeit ist es in dieser Nacht auf der Timorsee zu Ende ...

Ich starre in die Unendlichkeit des Sternenhimmels, verfolge gedankenlos den Sturz der Sternschnuppen. Und ich finde den Weg, den einzig möglichen – ich bete. Wort für Wort spreche ich das Vaterunser in die Stille der Nacht – lege unser Schicksal in die Hände des Herrn.
In dieser Stunde erkenne ich die einfachste Wahrheit des Lebens, die Wahrheit, die wir Menschen so lange vergeblich suchen, bis sie sich offenbart, wenn der Schleier von den Augen weggezogen wird.
Hier ist mein Bekenntnis:
Ich Mensch brauche im Leben zwei Dinge – ich brauche einen Willen und einen Glauben! Selbst der eisernste Wille zerbricht eines Tages, wenn ich nicht *glaube!*
Es ist nun in der Zukunft nicht so, daß ich die Hände in den Schoß lege und darum flehe, daß die Rettung zu uns kommt. Nein, ich werde um unsere Rettung kämpfen – den Glauben aber, daß dieser Kampf erfolgreich ist, diesen Glauben hole ich mir immer wieder aus einem Gebet.
Von nun an bin ich nicht mehr allein, ich kleiner Mensch, da ist eine große Kraft hinter mir, die irgendwoher kommt, die ich nicht beschreiben kann – die Allmacht kann ich sie nur nennen.
Die Allmacht ist zu mir gekommen, als ich in meiner größten Not war und das Beten lernte ...

Und ich bete wieder laut, der Kamerad hört es, betet mit. In den vielen Wochen, die wir noch bis zur Rettung in der Wildnis zubringen, ist das Gebet die einzige Hilfe, die ich Klausmann geben kann. Er ist krank, sein Zustand verschlechtert sich von Tag zu Tag. Nur das Gebet hält ihn aufrecht und schützt ihn vor dem letzten Verzweiflungsschritt, der allem ein Ende machen würde.

*

Es wird nahe an Mitternacht sein, als wir die Ruder anbinden, die handgroßen Notpaddel.
Die See ist noch ruhiger geworden, wie Blei. Das Segel wird eingezogen, es kann uns nicht mehr helfen, da das Boot steuerlos ist. Jetzt werden wir also rudern, werden mit dem schweren Metallschwimmer, der halbgefüllt ist mit feuchtem Sand, gegen die Strömung rudern, Meter um Meter – wir haben nun die Kraft dazu. Und wir beginnen zu rudern, Schlag um Schlag, wortlos.
Von diesem Augenblick an rudern wir vier Tage und vier Nächte – wörtlich: vier Tage und vier Nächte. Wer gab uns die Kraft dazu? Die Armmuskeln sollten doch bereits tot sein. Und die Beine? Diese unendlich langen Tage und Nächte hocken wir in den kleinen Kammern des Bootes; in der ungewöhnlichen Stellung wird der Blutumlauf in die Unterschenkel unterbrochen, dazu die faule Teerluft im Schwimmer – die Beine sind bald formlos geschwollen und ohne Leben. Mit den Händen müssen wir uns über das Boot vorwärtsziehen zur vorderen Wasserkammer, wenn wir trinken wollen. Die Unterschenkel werden so dick wie die Oberschenkel, Wasserblasen bilden sich überall am Körper. Wenn sie aufgehen, kommt das brennende Seewasser hinein. Nach zwei Tagen sind wir bedeckt mit eiternden Geschwüren.
Wir rudern. – Die See ist nunmehr spiegelglatt, kein Lufthauch. Die Sonne brennt von einem wolkenlosen Himmel, dörrt unsere Körper aus. Der Durst in der salzigen Seeluft ist kaum zu ertragen. Drei Liter Trinkwasser sind noch in der Kammer da vorne, aber es schmeckt auch schon salzig. Dreimal täglich gibt es eine viertel Tasse – für vier Tage wird das noch ausreichen. Man trinkt Tropfen

für Tropfen, nur nicht zu schnell, und hat so die Vorstellung, viel zu trinken. Nach wenigen Minuten jedoch ist der Mund wieder trocken, die Zunge geschwollen, Schaum steht auf den Lippen.
Wir rudern. – Nur wenige Stunden hören wir auf, wenn die Sonne zu heiß brennt. Nach eineinhalb Tagen erkennt man die Küste, die vorher nur ein gelber Nebelstreif gewesen ist, wieder besser. Wir werden es schaffen! Der Kamerad ist ruhiger geworden. Wir sprechen kaum ein Wort in all den Tagen. Voran, nur voran!
Wir rudern. – Zwei Tage und Nächte nun schon. Die Arme schmerzen, in der Brust brennt es wie Feuer. Die Beine sind abgestorben und schmerzen nicht mehr. Kommt die Küste näher? Unmerklich. Man erkennt es nur bei Sonnenaufgang – wenn man die Nacht hindurch gerudert hat, so sind die Umrisse der Felsen schärfer als am Abend vorher. Wir rudern. – Die Küste! ist unser einziger Gedanke. Und was erwarten wir von dem Land dort in der Ferne? Wasser? Nahrung? Es ist doch hoffnungslos. Zwei Wochen haben wir an dieser wilden Küste gelebt, zwei Wochen, ohne Nahrung und Wasser gefunden zu haben. Doch jetzt ist es anders geworden. Und wenn wir uns durch die Erde durchgraben müssen – nur erst wieder Erde unter den Füßen haben! Wir wollen und werden zurückkommen zum Leben, wir haben jetzt die Kraft dazu. Nur erst zur Küste kommen, an Land!
Wir rudern. – Die Nächte sind grausam lang. Wenn der letzte Tagesschimmer im Westen verschwindet, nimmt man einen Stern als Richtweiser. Stündlich wird die Richtung mit dem Kompaß überprüft, ein neuer Stern als Ziel genommen. Wir können bald die Uhrzeit schätzen, wissen, wann die einzelnen Sterne untergehen. Dann kommt im Osten der erste Tagesschimmer, dann die Sonne. Die größte Spannung bei Sonnenaufgang: wie weit sind wir noch vom Land entfernt?
Wir rudern. – Wir rudern nicht selbst. Eine fremde Kraft bewegt den Arm. Stoß für Stoß. Drei Tage nun schon. Das Wasser wird morgen abend zu Ende sein. Die Küste ist noch weit. Gott, großer Gott, hilf! Die See ist seit Tagen wie ein Spiegel. Keine Bewegung. Das muß unsere Rettung sein. Bei Seegang würden wir nicht vorankommen.

Wir rudern. – Fische begleiten uns, suchen Schutz vor ihren Feinden im Schatten unseres Bootes. Seit achtzehn Tagen haben wir nichts gegessen, nur die Fischsuppe – und dort, neben unserem Boot, mit der Hand fast zu greifen, sind Fische! Klausmann befestigt einen Schraubenzieher am Ruderschaft, sticht, trifft auch – aber die Waffe ist zu stumpf, gleitet ab. Wir haben Haß in den Augen, verfolgen jede Bewegung des Fisches. Klausmann spricht vom Bäcker, vom Schlachter in seiner Heimatstadt. »Er hat gutes Brot gebacken, es gab immer Fleisch.«
Wir rudern die letzte Nacht, den letzten Tag, Schlag um Schlag, wie ein Motor. Das Trinkwasser ist zu Ende. Jetzt nur nicht aufhören. Nur wenige hundert Meter noch, dort ist das Land. Nur nicht aufgeben, die Arme keine Minute ruhen lassen. Sie würden einfach hängenbleiben, und wir würden den Motor nicht mehr in Bewegung setzen können, würden rettungslos zurücktreiben, wieder hinaus auf die Timorsee.
Herrgott, Mutter, hilf! Nur noch wenige Stunden.
Klausmann schaut nicht mehr hin zum Ufer, starrt nur auf sein Ruder. Ich soll ihm sagen, daß wir es schaffen werden. Er stößt das Ruder mit dem Oberkörper voran, nicht mehr mit den Armen. Aber er rudert! Einen Meter sitzt er vor mir, der Oberkörper pendelt hin und her. »Aushalten, nur noch kurze Zeit aushalten!«
Wir rudern, rudern Schlag um Schlag. Manchmal in der Nacht höre ich heute noch diese grausame Gleichmäßigkeit der Ruderschläge. Es ist wie ein Uhrwerk. Wenn es aussetzen würde, wäre es das Ende.
Die Küste, Land, Erde, da, greifbar nah, noch hundert Meter, fünfzig, dreißig, zehn, jetzt – jetzt!
Das Boot knirscht auf den Sand, die Arme hängen bewegungslos. Wir starren uns an, wortlos, kriechen aus dem Boot, fallen, schleppen uns wenige Meter voran. Dann beten wir – und schlafen.

Der Weg in die Hölle

Wir schlafen, liegen im weichen Gras, können uns ausstrecken – es ist wundervoll. Fünf Tage sind wir auf dem Meer gewesen, fünf Tage und Nächte; in keinem Augenblick haben wir uns strecken können oder gar hinlegen. An Schlafen war da draußen nicht zu denken. Wir haben gerudert, ununterbrochen gerudert.
Gegen die Fliegen und Moskitos sind wir jetzt durch Kleidungsstücke geschützt. Die Fliegerhaube bedeckt die Ohren, die Fliegerbrille die Augen, das Halstuch ist übers Gesicht gebunden, schützt den Mund. Die Hände stecken wir in die Ärmel des Pullovers – keine Körperstelle ist den ärgerlich summenden Quälgeistern ausgesetzt.
Hier liegen wir ausgestreckt auf der Erde. Wir können es nicht fassen – es ist wie ein Traum nach dieser grausigen Seefahrt. Wieder ist über uns die Domkuppel des Sternenhimmels, aber wir brauchen jenen Stern dort nicht mehr als Richtweiser zu nehmen, wie wir es während vier Nächten haben tun müssen. Das ist nun vorbei, erscheint jetzt wie ein schwerer Traum.
»Gottvater, Du hast uns gerettet, hast unseren Armen die Kraft zum Rudern gegeben, in Deine Hände legen wir unser Schicksal, mit Deiner Hilfe werden wir uns das Leben wieder erkämpfen. Du würdest uns nicht vor dem Ende dort draußen in der Unendlichkeit des Meeres gerettet haben, vom Wahnsinn – um uns hier nun umkommen zu lassen. Wir *glauben* an Rettung und Zukunft!«
Aber was soll nun werden? Im Schatten der Felsen überdenken wir am Morgen des neuen Tages unsere Lage.
Zwanzig Tage sind wir verschollen. Ein Fisch war die einzige Nahrung, seit gestern ist der Wasservorrat bis auf den letzten Tropfen getrunken. Unsere Kraft muß verbraucht sein. Die Beine sind zu unförmigen Säulen geschwollen, der Körper voller eiternder

Geschwüre. – Doch nie zuvor in diesen zwanzig Tagen war unser Glaube an Zukunft und Rettung so fest und zuversichtlich wie in dieser Stunde.

Klausmanns Zustand hat sich etwas gebessert. Er ist ruhig, weint für Stunden, in Dankbarkeit, fort von der See zu sein. Das gleichmäßige Dröhnen der Brandung kann er nicht mehr hören, er wird unruhig. Wir kriechen weiter vom Strand weg, liegen in mannshohem Gras im Schatten eines Baumes.

»Wie werden wir weiterkommen?«

Auf Hilfe von draußen brauchen wir nicht zu warten. Man sucht uns nicht – oder nicht mehr. Vor der Küste fährt ein Schiff an uns vorüber, auf dem man hätte Ausschau halten müssen, wenn man uns noch suchen würde. Ich kann mir nur vorstellen, daß man an Bord des Schiffes unter den Sonnensegeln geschlafen hat – es waren die heißesten Stunden des Tages. Und unsere Leuchtkugeln, die vier, die wir hatten, werden in der flimmernden Luft der Tropenhitze ertrunken sein.

Aber die Brücke – auf der Brücke der *Koolinda* muß jemand gewesen sein, auf der Brücke eines Schiffes darf man nicht schlafen, der Offizier vom Dienst nicht und auch nicht der Rudergänger. Vielleicht war der Offizier in den Minuten, als sie an uns vorbeifuhren, im Kartenhaus. Und der Rudergänger? Der Rudergänger hat die Aufgabe, sein Schiff auf Kurs zu halten, dazu muß er auf den Kompaß vor sich sehen – das aber kann er auch im Halbschlaf. Nicht ein einzigesmal braucht er aufzuschauen und Ausschau zu halten nach zwei verschollenen Fliegern, die drüben in einer Nußschale, die halb unter Wasser schwimmt, sitzen und mit einer kleinen weißen Notfahne winken.

Nein, man sucht uns nicht mehr nach zwanzig Tagen!

Aber *wohin* fuhr das Schiff? Es fuhr Richtung Westen, parallel zur Küste. Dann wird es hinter dem Horizont nach Südwest und Süd beigedreht haben, um Melville Island herum – also nach Port Cockburn fuhr das Schiff, dahin, wohin auch wir wollen, zur Südwestküste unserer Insel Melville.

Vor mir liegt eine Karte von Australien, es ist nur eine Übersichtskarte in großem Maßstab. Die Seekarte hatten wir verloren, als die

Krokodile Jagd auf uns machten. In der Kabine des Flugzeuges fanden wir nach der Rückkehr diese Übersichtskarte, unsere Navigationskarte jetzt. Dazu der Kompaß. In ihrem großen Maßstab ist die Karte zwar ungenau, es ist aber immer wieder eine Ermutigung, die Karte anzusehen – man kann Städtenamen lesen, wo es Menschen gibt.

Versuchen wir wieder ruhig zu denken und zu planen, so wie vor vielen Tagen – wie lange ist das schon her! – in den Hängematten unseres Flugzeuges.

Wir wollten also von der Notlandebucht nach Westen segeln, um das Nordwestkap der Insel herum zur Südwestküste, dann noch ein paar Meilen bis Port Cockburn, dem Hafen und Ziel unserer Rettung.

Wie weit sind wir gekommen über See? Ging die Strömung nur von der Küste weg, oder vielleicht doch auch ein wenig nach West? Es wird so sein, denn die Notlandebucht liegt jetzt östlich von uns, das ist sicher, wir wissen nur nicht, wie weit.

Sagen wir zwanzig Kilometer – wir müssen von einer Schätzung ausgehen. Wenn wir nun dazu die etwa dreißig Kilometer rechnen, die wir nach der ersten Landung noch geflogen sind, auch Richtung West bis zur zweiten Landung in der Notlandebucht, so haben wir rund fünfzig Kilometer der Nordküste von Melville hinter uns gebracht. Es kann nicht mehr weit sein bis zum Nordwestkap – da drüben, wo die Küste im Westen mit einer scharfen Felsnase ins Meer vorragt und wo man kein Land mehr hinter der Felsnase sieht, das wird das Nordwestkap sein!

Hinter dem Nordwestkap geht es dann nach Südwest und Süden. Bis zur Südwestküste von Melville ist von hier aus nur noch die Landzunge dazwischen – auf der Karte vor mir nicht mehr als ein etwas dickerer Strich.

Über diesen »Strich« müssen wir hinweg, nicht um das Kap herum, quer hinüber, dann haben wir die Südwestküste. Es sind – schätzen wir – es sind nicht mehr als zehn Kilometer. Und die sollen wir nicht bewältigen können? Nur zehn Kilometer bis zum Leben!

Aber wie? Selbstverständlich nicht mehr mit dem Boot! Also mit den Beinen! Aber unsere Füße und Unterschenkel sind ja abgestor-

ben, sind dicke, aufgedunsene Fleischsäulen, die fünf Tage gekreuzt sein mußten in der engen Kammer des Schwimmers, auf dem feuchten Sand in der Teerluft.
Jetzt am Morgen ist es allerdings schon etwas besser, nachdem wir die Nacht ausgestreckt haben liegen können. Versuchen wir mal aufzustehen. Es geht, wenn wir uns an einem Fels langsam hochziehen. Dann stehen wir – aber um uns herum schwankt alles hin und her. Und schwarz wird es vor den Augen.
Aber wir stehen, versuchen auch tastend den ersten Schritt, noch einen, nur nicht zu schnell, sonst tanzt wieder alles um uns herum und es wird wieder dunkel.
In diesem Augenblick wird mir klar, was es bedeutet, wenn man seinem Körper zwanzig Tage keine Nahrung gibt. Ich wollte noch Erfahrung sammeln, habe ich nach den ersten sieben Tagen gedacht, als wir in den Hängematten lagen, keinen Durst mehr hatten und glaubten, das mit dem Hunger sei nicht so schlimm.
Jetzt, nach zwanzig Tagen, weiß ich mehr – ich weiß, daß unser Körper langsam aber sicher sterben muß, wenn wir ihm nicht bald Nahrung geben. Das Sterben fängt an mit dem Licht. Wenn wir uns zu schnell bewegen, so nimmt das Licht jedesmal ab, die Welt um uns wird schattiger und dunkler, je länger wir hungern.
Hunger tut also nicht weh – Hunger ist lediglich die klare Erkenntnis, daß man stirbt, früher oder später, wenn man dem Körper nichts zu essen gibt. Das Verhungern wird länger dauern, wenn man ruhig liegen bleiben kann – wenn man aber vom Körper das Letzte an Kraftreserve herausholen muß, rudern muß, über Felsen klettern oder durch den Busch gehen muß, oder kriechen, dann wird es schneller zu Ende gehen. Wir müssen dem Körper Nahrung geben!
»Versuchen wir Baumblätter.« – Wir brauchen nur hochzugreifen, pflücken die Blätter des Baumes, in dessen Schatten wir liegen. Die Kaumuskeln wundern sich über die ungewohnte Tätigkeit. Sind diese von der Sonne verbrannten Blätter gut, schmecken sie? Wir wissen es nicht, die Geschmackssinne versagen. Stundenlang kauen wir und erzählen uns, was wir essen werden, wenn wir nun bald gerettet sind. Es ist eine Nervenprobe, von Brot und Speck zu

sprechen, während wir Baumblätter kauen.
Wir fassen also den Entschluß, setzen uns wieder ein Ziel – denn ohne Ziel geht nichts, das wissen wir bereits.
»Die Notlandung ist eine gute Lebensschule«, denke ich manchmal, »wenn das Ganze nur nicht so schwer sein würde.«
Gut – wir werden also gehen oder kriechen, nicht sofort allerdings, diesen einen Tag noch wollen wir Pause machen. Zu lange dürfen wir jedoch nicht untätig hier liegen bleiben, wir sind schon wieder seit vierundzwanzig Stunden ohne Wasser.
Morgen früh dann Kompaßkurs Südwest, zehn Kilometer durch den Busch, quer über die Landzunge. Die zehn Kilometer werden wir in drei, vielleicht sogar schon in zwei Tagen schaffen. Heute werden wir den Beinen noch Ruhe gönnen, werden nur auf den Hügel dort vor uns kriechen, um Umschau zu halten. Vielleicht sieht man schon irgendwo Rauch.
Und wir kriechen los, in den Busch, zwischen Felsen hindurch. Das geht nur sehr langsam, vielleicht hundert Meter in der Stunde, mehr schaffen wir nicht. Gewaltige Felsblöcke versperren den Weg, zwingen uns seitwärts durch dichtes Gestrüpp.
Plötzlich öffnet sich der Busch, und dann liegt da vor uns – sehen wir ein Trugbild? – nein, dort vor uns liegt ein Wassertümpel, wohl fünfzig Meter lang, zwanzig Meter breit!
Ein Wunder!
Missionare und Eingeborene haben mir später erzählt, daß dieses Wasserbecken immer Wasser hat, selbst in der regenarmen Jahreszeit. Warum das so ist, weiß man nicht. Vielleicht halten die Felsen ringsherum und das dichte Gestrüpp jeden Sonnenstrahl ab, so daß nichts verdunsten kann, und vielleicht besteht der Boden aus einer einzigen großen Felsplatte, die ein Absickern verhindert. Man sagte auch noch, daß der nächste Wassertümpel dreißig Meilen entfernt im Inland sei.
Und wieder ist es ein Augenblick in meinem jungen Leben, in welchem ich die Allmacht spüre, die mir hilft, die mir auf dem Meer die Kraft gab und die mich jetzt hierher führt zu diesem Tümpel.
Wir hätten in zehn Meter Entfernung an dem Becken vorüberkriechen können, ohne es zu sehen. Doch unser Boot kam genau an

dieser Stelle der Küste an Land, und durch das dichte Gestrüpp hindurch kamen wir genau hierher.
Wir hocken im Wasser, brauchen uns nur etwas zu bücken und den Mund zu öffnen. Ich hätte nie gedacht, daß der Körper solche Mengen Flüssigkeit aufnehmen kann. Stunden liegen wir am Ufer, lachen, weinen vor Freude und trinken. Für die Beine und die Wunden ist das Süßwasser das beste Heilmittel. Morgen werden wir losmarschieren können.
Dann gehen wir nochmals zurück zum Schwimmer. Er wird sorgfältig verankert, das Gepäck im Busch hingelegt. Wir sind fest davon überzeugt, in ein paar Tagen von Port Cockburn mit einem Motorboot um das Nordwestkap herum entlang der Küste zurückzukommen, Schwimmer und Gepäck abzuholen, um dann weiter zum Flugzeug zu fahren. Bald wird alles vorüber sein.

*

Wir sind ausgelassen vor Freude beim Abmarsch am nächsten Morgen. Wenn nur die Schmerzen im Magen nicht so wild wären – die Baumblätter wurden schlecht verdaut. Nach ein paar Schritten muß man sich immer wieder anklammern, da sich alles ringsum dreht.
»Bleibe nur ruhig hier, Schwimmer, in ein paar Tagen holen wir dich.« Das sagt Klausmann, auch er glaubt jetzt.
Wir halten Wort – nach sieben Tagen kommen wir zurück – etwas anders allerdings, als wir gedacht hatten.
Gepäck nehmen wir nicht mit, wollen uns nicht belasten. Einen Regenmantel binden wir zu einem Wassersack zusammen, schleppen fünfundzwanzig bis dreißig Liter Wasser mit uns. Jetzt wollen wir nicht mehr auf Wasser verzichten, wenn auch die dreißig Kilogramm für uns eine kaum tragbare Last sind. In der Hand ist der Kompaß, sorgfältig in Tücher gewickelt. Wir nehmen genau Südwestkurs und gehen los.
Das Land ist wild. Wild ist noch kein richtiger Ausdruck für diese Wüste. Felsen bis zu zehn Meter Höhe sind zu überklettern, mannshohes Gras muß durchkrochen werden, dann wieder sinkt

man in glühend heißen Sand ein. Aber voran müssen wir, wenn auch nur wenige hundert Meter in der Stunde, ein paar Kilometer bis zum Abend. So wird es drei Tage dauern, bis wir wieder ans Meer kommen, an die Südwestküste. Wenn wir hinkommen, werden wir wohl zuerst irgendwo Rauch sehen, oder ein Segel, vielleicht auch schon Häuser, wo Menschen wohnen, wo es das Leben gibt.
Am zweiten Tag sind die geschwollenen Beine ein wenig besser. Wir kommen rascher voran, morgen sind wir bestimmt da. Der Weg erscheint endlos. Hinter jedem Fels, hinter jedem Busch glaubt man jetzt etwas sehen zu müssen. Aber es ist immer noch nichts. Daß wir auf dem richtigen Weg sind, daran besteht kein Zweifel – nur es dauert so lange!
Gegen Mittag des dritten Tages dann ist es endlich soweit. Wir klettern einen Hügel hinauf, der Busch lichtet sich, die Felsen treten zurück. Jetzt stehen wir am Südhang des Hügels, können wohl zwanzig Kilometer weit sehen – da unten liegt es, flimmernd in der Sonne – wir sehen das Meer!
Wir schreien, beten, umarmen uns, werfen uns auf die Erde und weinen.
Als dann nach einer Weile die Freudentränen getrocknet sind, sehen wir wieder hin, um nun Rauch zu suchen an der Südwestküste oder ein Segel auf dem flimmernden, endlosen Wasser.
Aber etwas ist seltsam: das Meer ist so grau und starr, es atmet nicht, ist wie tot.
Und als wir genau hinsehen, mit zugekniffenen Augen jetzt, um vielleicht besser sehen zu können, erkennen wir es, wissen wir es beide, wortlos nebeneinander stehend: Das da vor uns ist nicht das Meer, ist kein Wasser! Das da unten ist Busch, totes Land . . .

In diesem Augenblick weiß ich tüchtiger Weltflieger endlich, daß ich falsch navigiert habe, weiß ich, daß ich beim Nachtflug über die Timorsee, als ich ohne Sicht in den Wolken flog, nicht nach Norden abgetrieben bin, sondern genau entgegengesetzt: Ich bin nicht auf der Insel Melville gelandet, nördlich von Port Darvin, wo man uns sicherlich gesucht hat, nein – ich bin weit aus meinem Kurs nach Süden abgetrieben, ein paar hundert Kilometer, ich bin an der Küste

des australischen Festlandes gelandet – und das da unten ist der Busch der Kimberleys, Nordwestaustralien, ein toter, unbewohnter rauchender Busch!
Es ist die Hölle . . .

*

An diesem dreiundzwanzigsten Tag nach der Notlandung – es ist Montag, der 6. Juni – kabelt der deutsche Generalkonsul aus Sydney nach Berlin:
»*suche nach bertram und klausmann eingestellt stop alle maßgebenden stellen halten weitere bemühungen für aussichtslos stop*«
Offiziell sind wir tot, und meine Vaterstadt Remscheid schreibt den Nachruf.

8. Juni **Bertram aufgegeben.**

Wir brachten vor einigen Tagen die Meldung, die von der Möglichkeit sprach, daß Bertram und sein Begleiter ein Opfer der berüchtigten Timorsee geworden seien. Nach den heute vorliegenden Meldungen scheint diese Möglichkeit zur Gewißheit geworden zu sein, und man muß mit der schmerzlichen Tatsache rechnen, daß das Schicksal der beiden kühnen Flieger als endgültig besiegelt zu betrachten ist.
Wie nämlich jetzt, nach einer Meldung der »K. Z.«, in Berlin bekannt geworden ist, teilte der deutsche Generalkonsul in Sydney in einem Kabeltelegramm an das Auswärtige Amt mit, daß die Nachforschungen nach den beiden Fliegern aufgegeben worden sind. Ein holländischer Zerstörer habe bis zum Samstag in der Timorsee gekreuzt und nach dem vermißten Flugzeug gesucht, ohne jedoch eine Spur von ihm zu finden. Auch ein englisches Regierungsflugzeug habe die Strecke von Melville über die Insel Bathurst nach Port Darwin und weiter bis Wyndham mit dem Auftrag, nach Bertram zu suchen, beflogen, ebenfalls ohne Erfolg. Damit seien alle Bemühungen der Behörden, die auch von den privaten Schiffahrtsli-

nien weitgehend unterstützt worden seien, ergebnislos verlaufen, so daß weiteres Suchen aussichtslos erscheine; man habe die Hoffnung aufgegeben, daß die Flieger noch lebend aufgefunden werden könnten.
Damit scheint das Schicksal des Fliegers Bertram und seines Monteurs Klausmann tatsächlich endgültig besiegelt zu sein: Ein Flug, der den Zweck verfolgte, für deutsche Arbeit und Erzeugnisse im Ausland zu werben, hat ein tragisches Ende genommen, und zwei junge Menschen haben dabei ihr hoffnungsreiches Leben gelassen. Uns Remscheider erfüllt die Meldung mit besonderer Trauer. Den schmerzgebeugten Eltern wendet sich tiefste Teilnahme zu. Leuchtend bleibt die Erinnerung an den heldenmütigen Remscheider, der im Dienste einer hervorragenden Kulturaufgabe sein junges Leben hingab.
Hans Bertram ist ein Repräsentant jenes alten Remscheider Pioniergeistes, der den Namen unserer Heimatstadt zur Weltbedeutung emporgehoben hat. In der modernen Form des Ozeanfliegers, der der Erfüllung einer großen Aufgabe im Dienste der Technik und der Kultur entgegenstrebt, repräsentierte er diesen Geist. Wenn Bertram jetzt, an der Seite seines treuen Bordmonteurs Klausmann, ein Opfer seiner Kühnheit geworden ist, so ist nur sein Körperliches versunken in den Wellen – sein Name lebt! Und er verdient es, eingegraben zu werden in die Ehrentafel derer, die für eine große und kühne Idee ihr Leben eingesetzt haben.

Der Busch

Das da vor mir ist wirklich die Hölle . . .
Ich sitze am Südhang des Hügels und starre in die Ferne. Wie aus der Vogelschau kann ich das Land ringsherum bis zum Horizont sehen, viele Kilometer. Alles verschwimmt grau in grau. Der Busch – nirgendwo von einer Lichtung unterbrochen – verschwindet im

Dunst am Horizont. So etwas habe ich noch nicht gesehen, bei all meinen Flügen nicht. Wenn man über eine Wüste flog, über einen Urwald, über eine Steinöde, so erkannte man in der Trostlosigkeit da unten doch irgendwelche Zeichen von Leben, selbst wenn es nur ein Strich auf dem Boden war, der sich in der Ferne verlor; es war dann ein Zeichen dafür, daß dort mal eine Karawane gezogen war, man sah, daß es irgendwann Lebewesen gegeben hatte. Das Land hier aber ist tot.
Die Karte Australiens, im großen Maßstab des ganzen Erdteils, liegt vor mir. Von dem Punkt, wo ich bin und nach Süden schaue, lese ich die Namen von Wüsten und Savannen. Da heißt es hinter den Kimberleys: Große Sandwüste – Tanami-Wüste – Gibson-Wüste – große Victoria-Wüste – über tausend Meilen und mehr gibt es nur Wüste. Dahinter, am anderen Ende des Erdteils, gibt es auch Städte, deren Namen ich kenne und die ich besuchen wollte beim Flug rund um Australien.
Ich bin an der Hintertür des fünften Erdteils gelandet, an der Nordwestküste, bin mehr als *zweihundert* Kilometer von meinem Kurs nach Süden abgetrieben!
Wie war das möglich? Am Morgen nach dem Nachtflug zeigten die Wellenköpfe auf dem Meer deutlich, daß wir Südwind hatten, und da der Kompaßkurs während des Fluges genau Port Darvin war, mußten wir nach Norden abgetrieben sein. Aber eines haben wir nicht bedacht: Wir flogen nicht in Meereshöhe, wir hatten ja versucht, nach oben durch die Wolken durchzustoßen, waren also über Stunden in ein paar tausend Meter Flughöhe.
Und dort oben, das wissen wir jetzt, muß die Windrichtung genau entgegengesetzt gewesen sein. Das gibt es, vor allem in den Breiten des Äquatorgürtels.
Die Schiffe aber, die in der Sturmnacht auf der Timorsee unterwegs waren, konnten nur vom Südwind berichten. Sicht nach oben, wo wir flogen, hatten sie nicht. Also wird man uns im Norden gesucht haben – und niemals wird uns jemand im Busch des australischen Festlandes suchen.
»Hier sind wir auf uns angewiesen, hier müssen wir uns selbst helfen.«

Ich rede, will mir mit Worten Mut machen, will mir meine eigene Schwäche nicht eingestehen. Wieder liegt die Karte vor mir. Nordwestaustralien: Kimberley heißt das Land, hat die Größe Deutschlands. Ich kenne die Richtung der Küste, wo wir landeten, vergleiche mit der Karte und mache ein Kreuz an die Stelle, wo wir sind.
Es gibt auch Schraffierungen auf der Karte: »unknown – unbekannt«, heißt es da, »Reservation – Eingeborenenschutzgebiet«. Nur ein Name steht an der Küste: Wyndham, etwa zweihundert Kilometer von uns entfernt im Osten, an einer tief ins Land gehenden Bucht. Auf der Karte sind es nur zwei Zentimeter zwischen unserem Kreuz und Wyndham, unüberwindliche zwei Zentimeter für uns.
Dort also liegt die Rettung, zweihundert Kilometer im Osten. Wir haben in der falschen Richtung gesucht, nach Westen – genau entgegengesetzt hätten wir gemußt, wir haben uns mit letzter Kraft immer weiter vom Leben entfernt.
»Jetzt weiß ich, wohin wir müssen – jetzt ist es zu spät!«
Ich spreche weiter mit mir selbst, da ich mit Klausmann nicht sprechen kann. Er liegt drüben, manchmal höre ich ihn leise weinen. Ich bin wieder allein, so wie damals in der Nacht auf der Timorsee. Und wieder versuche ich, ruhig und logisch zu denken, denn darüber bin ich mir in dieser Stunde klar: Wenn ich nicht meine Nerven behalte, wenn ich nicht abermals einen Weg finde, so kommt das Ende hier im Busch.
»Hier im Busch«, – was tue ich hier im australischen Busch? Was habe ich hier zu suchen? Warum fliege ich durch die Welt? Warum bin ich nicht in der Heimat geblieben, im Hause des Vaters, bei meiner Mutter?
Ich denke nach und weiß, daß schon immer die Unruhe in mir war, schon in meiner frühen Jugend – »Fernweh« nennt man das wohl, wenn man zu Hause unruhig wird und dahin will, wo man im Augenblick nicht ist.
Ich habe den Weg gesucht, hinauszukommen, sobald die Schule hinter mir lag. Hamburg war die erste Station, da gab es Schiffswerften, da baute man Schiffe, mit denen man später

vielleicht in die Welt fahren konnte. Also fing ich an, auf einer Schiffswerft zu arbeiten. Nicht lange, denn eines Tages kam ich zu dem Flugplatz am Stadtrand von Hamburg. In meiner Vaterstadt gab es keinen Flugplatz, hier in Hamburg stand ich jetzt vor Flugzeugen, mit denen man noch schneller in die Welt konnte als mit Schiffen.

Das war es – und so wurde ich Flugschüler, Flieger. Dann fing ich an zu überlegen, wohin man fliegen könnte. Das Fernweh wurde größer, als ich ein fertiger Flieger war, mit allen Flugscheinen, die ich erwerben konnte.

In diesen Jahren hatte man begonnen, mit den Flugzeugen immer schneller zu fliegen und nach allen Richtungen, immer weiter – über die Ozeane, über Wüsten, in andere Kontinente, rings um die Erde. Meinen ganzen Willen setzte ich dafür ein, dabei zu sein. So kam ich zuerst nach China, konnte mitarbeiten bei der Marinefliegerei, ganz von Anfang an, und ich war schon bald an einer führenden Stelle.

Dann wollte ich Flugzeuge von zu Hause nach China holen, nicht aber nur per Schiff verladen, nein, auch nach China fliegen wollte ich, um die Güte unserer Flugzeuge unter Beweis zu stellen.

Es war eine weite Flugstrecke von Europa nach China, man mußte quer durch Asien oder ringsherum. Ich entschloß mich, herumzufliegen, um mehr zu sehen, immer an den Küsten entlang. Vielleicht war das auch leichter mit der Navigation: immer Land links, Wasser rechts. Es mußte ohne Funk gehen, denn mit dem war nicht viel anzufangen, die Reichweite war viel zu kurz, und in den Ländern, über die ich fliegen mußte, gab es kaum eine Bodenorganisation für die Fliegerei. Also lohnte es sich nicht, ein schweres Funkgerät einzubauen, dafür nahm man lieber mehr Benzin mit.

Das mit dem Benzin war eine besondere Schwierigkeit. Es gab nicht genug Flugplätze, und die Reichweite meines Flugzeuges war beschränkt. Ich hätte mehr Tanks einbauen können, um große Strecken ohne Zwischenlandung zu schaffen, so wie es die Kameraden tun mußten, die über die Ozeane flogen. Das aber wollte ich nicht, ich wollte bei meinen Flügen auch etwas sehen, nicht nur über die fremde Welt hinwegfliegen, nein, ich wollte überall landen können, wo ich wollte.

Wenn das nicht möglich war, weil es keine Flugplätze gab, so mußte ich ein Flugzeug nehmen, das keine Flugplätze brauchte. Und deshalb nahm ich ein Wasserflugzeug, ein Flugzeug mit zwei Schwimmern. Mit dem Wasserflugzeug konnte ich jetzt in jeder geschützten Bucht landen, rings um die Erdteile, denn Buchten gab es überall, allerdings nicht immer das Flugbenzin, was ich brauchte. Doch die Schwierigkeit war zu lösen – mit Kamelen, auf deren Rücken Benzin in Kanistern dahin zu schaffen war, wo man es brauchte.

Nicht leicht waren die Vorbereitungen zu solch einem Flug – man nannte ihn Pionierflug –, und oft mußte man sich fragen, ob es einen Sinn habe, auch wegen des großen Risikos. Die Frage nach dem Sinn habe ich mir nicht beantworten können – das muß ich einer späteren Zeit überlassen, die darüber zu urteilen hat, ob Opfer gebracht werden durften bei den ersten Flügen über Ozeane, Pole und Wüsten.

Ich glaube, daß Pionierflüge gemacht werden müssen – einer muß der Erste sein, um die Brücken zu bauen, auf denen man später ganz sicher fliegen kann, rings um die Erde.

So versuche ich mir einzureden, daß es auch einen Sinn hatte, nach Australien zu fliegen, wo ich im Busch liege, mit meinem treuen Kameraden, der drüben weint. Wir wollten dabei sein, bei der Eroberung der Luftstraßen unserer Erde!

Ein großes Wort – und jetzt habe ich Angst, pure Angst, daß ich mein Leben verliere, denn aus diesem Busch kommen wir wohl nicht mehr hinaus.

*

Es ist Abend geworden. Wir liegen immer noch an der gleichen Stelle. Meine Gedanken sind nun ruhig und ich sage mir folgendes: Ich mag den stärksten Willen und den tiefsten Glauben haben, vorwärtszukommen – ich kann unseren Muskeln nicht befehlen, wenn es keine Muskeln mehr gibt. In wenigen Tagen werden die Körper endgültig tot sein, selbst wenn das Hirn noch lebt.

Klausmanns Kräfte sind wohl jetzt schon am Ende. Der Kamerad kann nicht mehr, weigert sich, noch einen Schritt zu gehen, er betet nur noch und weint.
Ich liege neben ihm, denke und bin mir darüber klar, daß ich denken und irgendeinen Weg finden muß, um nicht wahnsinnig zu werden. Ich behaupte heute, daß der Mensch einen kommenden Nervenzusammenbruch vorher spürt, daß sich das Hirn dagegen auflehnt und bis zum letzten Augenblick dagegen kämpft. So versuche ich jetzt, mich zu zwingen, einen Weg zu finden – es ist sinnlos! Ich versuche zu beten – aber diesmal hilft auch das Gebet nicht mehr! Die Vernunft ist zu klar, um sich sagen zu müssen, daß es einfach unmöglich ist, durch diese Wildnis einen kraftlosen Körper zweihundert Kilometer voranzuschleppen. Es würde viel einfacher sein, wenn ich mit Klausmann reden könnte, wenn er von mir fordern würde, weiter zu kämpfen. Aber der Kamerad ist am Ende, und ich finde keine Kraft, ihn durch Worte zu überzeugen, daß es noch eine Möglichkeit der Rettung gibt. – Ich glaube selbst nicht mehr an die Rettung.
Die Sonne geht unter. Wieder sehe ich in dem roten Feuer im Westen die Heimat und denke an die Mutter. Um meinen Hals ist das Tuch geknüpft, das sie mir vor Jahren schenkte, vor meinem ersten Flug, nachdem ich als Schüler in einer Flugschule aufgenommen wurde. Es ist ein braunes Tuch – »Gott schütze Dich, mein Junge« hat sie hineingestickt. Nie bin ich zu einem Flug ohne dieses Tuch gestartet. Mit dem Tuch war die Mutter immer bei mir, auch beim Flug nach Australien.
Ich bin müde. Beim Einschlafen halte ich das Tuch am Hals ganz fest, mit beiden Händen. Ich weiß nicht, ob ich bereits schlafe, als ich von weit her etwas zu hören glaube. Spricht da jemand? Ich lausche in mich hinein und erkenne ihre Stimme. Jetzt wird alles gut, die Mutter ist bei mir, spricht mit mir, und ich lausche im halbwachen Traumzustand. Ganz ruhig spricht die Mutter, wie sie früher zum Kind am Krankenbett gesprochen hat. Und sie sagt, daß man zu Hause auf mich warte, daß uns die Welt aufgegeben hat, ertrunken in der Timorsee glaubt, daß *sie* aber weiß, daß ich eines Tages zu ihr zurückkomme, daß ich lebe und mich durchkämpfen

werde. Schließlich sagt sie, daß sie von mir erwarte, daß ich jetzt aufstehe, bete und mich wieder auf den Weg mache.
Dann bin ich wach. Es wird Tag und strahlend geht die Sonne auf, sie funkelt wie Gold in meinen Augen. Ich umklammere immer noch das Tuch, weiß, daß mir die Mutter geholfen hat, daß sie mir um die halbe Welt herum wieder Mut und Kraft gab. Und ich bekenne: Als ich in meiner größten Not war, als ich keinen Willen mehr hatte und auch das Gebet nicht mehr half, da ist die Mutter gekommen, mit ihrer Liebe.
Ich richte mich auf, sage nur ein paar Worte zu Klausmann, bin ganz ruhig. Dann nehme ich den Wassersack auf den Rücken und den Kompaß in die Hand. Wir brechen auf, um zum Schwimmer und Wasserbecken zurückzugehen, zurück den Weg, den wir in den letzten drei Tagen gekommen sind. Der Kompaß in meiner Hand zeigt diesmal Nordost.

*

Ich habe bis hierher von dreiundzwanzig Tagen unserer Notlandung in Australien erzählt – und noch viele Tage sind vor uns bis zur Rettung.
Die hinter uns liegende Zeit, und die, die noch folgt, sind angefüllt mit sehr schweren Erlebnissen, kaum denkbar in ihrer Anhäufung. Ich wiederhole, daß ich einen Bericht von *Tatsachen* schreibe, nur von Tatsachen. Und in meinen Gedanken entblöße ich mich bis unter die Haut. Das muß ich, um alles zu sagen, was über die Zeit, die mein Leben geformt hat, zu sagen ist. Nur so kann ich aus dieser Lebensschule dem etwas geben, der etwas daraus nehmen möchte.
Hier offenbart sich ein junger Mensch und spricht in aller Wahrheit von der Not, die er hat erleben müssen – oder hat erleben *dürfen*, um der Gnade der Erkenntnis willen.

... und wieder »zurück«

Zurück also zur Küste, wieder einmal zurück!
Es ist ein schlechtes Wort, dieses »Zurück«. Solange man vorangeht, solange bleibt Hoffnung, Glaube an die Zukunft, solange kann man alle Kraft aus Körper und Willen herausholen. Wenn man aber zurück muß, so kann die Hoffnungslosigkeit mit jedem Schritt größer werden.
Wie oft mußten wir in diesen Wochen schon zurück:
Zuerst gingen wir Richtung Ost zum Eingeborenen – zurück, weil wir ihn nicht fanden und kein Wasser mehr hatten;
dann fuhren wir hinaus auf die Timorsee mit Richtung West – zurück, weil uns das Meer nicht wieder freigeben wollte;
schließlich krochen wir Richtung Südwest nach Port Cuckborn – zurück, weil es hier im Busch kein Port Cuckborn gibt.
Es ist sehr schwer, aus dem Wort »Zurück« immer wieder Hoffnung zu schöpfen. Wir mußten es, sonst wären wir nicht weiter gekommen, und wir konnten es, weil wir die Kraft dazu erhielten – da war etwas bei uns ...
Was aber wollen wir an der Küste?
Weshalb gehen wir zur Küste zurück? Es ist nicht die Richtung nach Wyndham, die wäre quer durch den Busch – zweihundert unüberbrückbare Kilometer. Nein, wir müssen wieder Richtung Wasserbecken, Boot und Gepäck. Es gibt keine andere Möglichkeit – und es ist die letzte: Wir müssen wieder ins Boot, müssen wieder den Versuch machen zu segeln, diesmal Richtung Ost, Richtung Wyndham. Wenn wir ein stärkeres Seitenruder anfertigen, wenn wir den Sandballast zum größten Teil aus dem Schwimmer herausnehmen, um ihn leichter zu machen, so werden wir vielleicht besser vorankommen. Wir dürfen dann nur nicht bei Seegang fahren, da die kleinste überschlagende Welle das kopflastige Boot

zum Kentern bringen würde. Wir werden ganz vorsichtig von Bucht zu Bucht fahren und nachts an Land gehen.

Vom Wasserbecken können wir zwei Kammern des Schwimmers füllen, das reicht für Wochen. Zum Gepäck müssen wir zurück, weil wir da unser Feuerzeug zurückgelassen haben – Magnet, Benzin und Watte. Wir können dann nachts Feuer machen, das gibt Wärme und die Flamme kann uns vom Leben erzählen.

Noch etwas gibt es an der Küste: das offene Meer und den freien Blick. Im Busch sind wir eingeschlossen, hier sehen wir nichts. Wenn wir an der Küste bisher auch erfolglos Ausschau gehalten haben, vielleicht sehen wir doch mal etwas – an der Küste dürfen wir wenigstens Hoffnung haben.

Deshalb also gehen und kriechen wir Richtung Nordost, drei Tage, das sind der vierundzwanzigste, der fünfundzwanzigste und der sechsundzwanzigste Tag – bald ist es ein Monat!

Von welchen Einzelheiten soll man berichten? Drei Tage im Busch ist eine unendlich lange Zeit!

Es wird immer hektischer – voran, nur voran, stolpernd, fallend, sich wieder aufrichtend, kriechend, erschöpft liegenbleibend, das erschreckte Auffahren aus einem Halbschlaf, das hastige Weitergehen, nicht zu schnell, weil dann wieder alles schwankt und dunkel wird ringsherum. Es wird immer schlimmer mit dem Schwanken und der Dunkelheit.

Die heiße Luft zittert, überall glaubt man, Rauch zu sehen, Spuren von Menschen. Die Beine bewegen sich mechanisch, es ist nicht zu verstehen, daß sie sich überhaupt noch bewegen, daß man immer wieder noch vorantorkelt, daß die Muskeln noch arbeiten, wo doch keine Muskeln mehr sein dürften, da wir ihnen keine Nahrung geben.

Und die Gier, Nahrung zu finden! Magen und Brust schmerzen, immer wieder hat man einen gedeckten Tisch vor Augen, sieht Fleisch und Brot. Aber da ist nichts, und auf den Bäumen sind keine Früchte.

Baumblätter versuchen wir nicht mehr, da macht der Magen nicht mit, auch nicht bei Baumrinde. Nur nicht krank werden, dann lieber hungern.

Auf einem sonnigen Fels sehen wir Eidechsen, sie sind verschwunden, als sie uns hören. Auch eine Schlange sehen wir, wenn wir sie nur hätten erschlagen können.
Einmal fangen wir zwei Eidechsen, ich kann aber nicht mehr sagen, wie Eidechsen schmecken. Gekocht haben wir sie nicht, dafür hätten wir ein Feuer haben müssen. Wir hätten auch die Schlange roh gegessen.
Die beiden Eidechsen, fingerlang, der handgroße Fisch vor langer Zeit und später noch jeder drei Schnecken, das war alles – mehr haben wir nicht gegessen in vierzig Tagen...

Weiter, Richtung Nordost, den zweiten Tag jetzt.
Als ich wieder einmal stolpere, lasse ich den Kompaß fallen.
»Vorsicht!« schreit Klausmann, »ich will ihn wieder einbauen«.
Das ist ein gutes Wort in unserer Lage, und es ist gut, es von Klausmann zu hören. Glaubt er wieder an die Zukunft?
Weiter, nur voran!
Später an diesem Tag. Es ist sehr heiß geworden, und ich fasse zum Hals, um das Tuch ein wenig zu lockern – das Tuch ist weg!
Ich habe das Tuch meiner Mutter verloren – und habe plötzlich die entsetzliche Angst, ohne dieses Tuch keinen Schritt mehr weitergehen zu können. Auch Klausmann nicht, auch für ihn war das Tuch inzwischen der Ansporn, das Letzte aus sich herauszuholen, war dieser Fetzen Seide die Verkörperung der Heimat, des Lebens geworden.
Stundenlang suchen wir, können nicht genau sagen, ob wir hier gegangen sind oder nur wenige Meter weiter rechts oder links. Das Tuch im Busch ist wohl wie die Stecknadel in der Sandgrube. Wir kriechen kreuz und quer, verzweifelt, geben bereits die Hoffnung auf, als das Tuch vor uns unter einem Fels liegt, wo wir geruht hatten.
Die Mutter ist wieder bei uns. Nun wieder weiter – jung sind wir, leben wollen wir!

*

Am dritten Tag sind wir angekommen. Zwischen zwei großen
Felsen taucht die Küste auf. Aber wo ist jetzt das Boot, das
Wasserbecken – östlich oder westlich von uns? Mit Kompaßkurs
Südwest hatten wir die Küste verlassen, mit Kurs Nordost kommen
wir zurück. Das ist richtig, aber der Busch ist überall gleich,
Merkzeichen für den Rückweg gab es nicht. Wir sind also endlich
zur Küste zurückgekommen, wissen aber nun nicht, ob Schwimmer
und Wasserbecken im Westen oder Osten liegen.
Und wieder gehen wir in der falschen Richtung – einen halben Tag
nach Westen, bis wir auf einer Landzunge stehen und erkennen, daß
wir uns geirrt haben, daß wir nach Osten hätten gehen sollen, daß
wir abermals zurück müssen.
Wir sind nun schon daran gewöhnt, genarrt zu werden – oder sollte
es was anderes sein, immer wieder eine Prüfung? Ich weiß es nicht,
weiß nur, daß wir fast selbstverständlich die Kraft finden, den
gleichen Weg entlang der Küste zurückzugehen. Wir müssen zum
Boot, also müssen wir uns umwenden.
Wir kommen nur noch langsam, sehr langsam voran. Klausmanns
Beine sind mit offenen Wunden bedeckt. Immer nach ein paar
Schritten muß er sich hinsetzen, wird es ihm schwarz vor den
Augen. Danach kostet es ihn viel Überwindung, aufzustehen und
sich immer und immer wieder weiterzuschleppen. Wo ist das Boot?
Wir dürfen die Küste nicht verlassen, können keinen Landvor-
sprung abschneiden, müssen am Strand bleiben, man könnte an der
kleinen Bucht, wo der Schwimmer liegt, vorübergehen.
Am Morgen des siebenundzwanzigsten Tages kann Klausmann
nicht mehr. Ich muß ihn zurücklassen und allein weiter, das Boot
suchen. Es ist grausig, allein zu sein. Ringsum die unheimliche
Stille, nur das Rauschen der See. Gibt es überhaupt noch Menschen?
Die Gedanken verwirren sich oft. Ist das der Anfang?
Nur das nicht! Ich versuche mit Gewalt, an andere Dinge zu
denken, spreche wieder mit mir selbst – aber immer wieder kommt
die Angst, die Nerven zu verlieren. Für Stunden spreche ich mit der
Mutter; ihr Tuch ist nun fest um den Hals gebunden, fünffach
verknotet. Ich muß zur Mutter zurück!
Dann endlich erkenne ich den Weg, finde das Wasserbecken in der

Nähe unserer Bucht, finde die Bucht. Alles ist unverändert, der kurze Sandstrand, wo wir nach den fünf Tagen an Land kamen, der Baum, unter dem wir lagen und dessen Blätter wir kauten, und drüben das Boot, ein Teil unseres Flugzeuges. Die See ist heute unruhig. Der Schwimmer, bei Hochwasser auf den Strand gezogen, schwimmt – das Wasser ist gestiegen! Doch die Verankerung ist fest, es kann nichts passieren.
Nach kurzem Ausruhen gehe ich zurück zu Klausmann. Die gute Nachricht, die ich ihm bringen kann, treibt mich rascher voran. Von weitem schon höre ich seine Stimme. Stundenlang hat er gerufen. Wir waren nur kurze Zeit getrennt, doch ist das Wiedersehen, als ob man Jahre fortgewesen sei. Wir gehören zusammen, werden auch bis zum Ende zusammenbleiben – so oder so.
Meter um Meter schleppt sich Klausmann voran. Es wird bereits dunkel, wir müssen aber bald an der Bucht sein und werden heute unter dem gleichen Baum schlafen, unter dem wir schon mal lagen. In der Bucht sind wir zu Hause.
Die See ist am Abend sehr unruhig geworden, der Wind heult in den Felsen und es gibt weiße Schaumköpfe weiter draußen. Wenn nur die Verankerung des Schwimmers halten wird!
»Schneller, nur noch ein paar hundert Meter.«
Und wir stolpern, fallen, kriechen über die Felsen, sind am Wasserbecken, jetzt an den ersten Bäumen der Bucht, jetzt am Strand – und stehen erstarrt.
Das Boot hat sich losgerissen, ist auf die Felsen geworfen ...

Ist das das Ende?
Gehen werden wir nicht mehr können. Die Beine haben ihren Dienst getan. Das Boot war die letzte Hoffnung.
Wir waten durch's Wasser, stehen auf den Felsen.
Der Schwimmer ist leckgeschlagen, jede Welle hebt ihn hoch und wirft ihn wieder auf die scharfkantigen Steine. Ein guter Kamerad, der unser Flugzeug nach den Landungen getragen hat und uns von der offenen See zurück zum Land, wird zerrissen. Das Boot scheint aufzuheulen bei jedem neuen Schlag.
Es ist eine Gewaltarbeit, den Schwimmer von den Felsen herunter-

zuzerren, wir sind nur noch kraftlose Menschen. Einige Kammern sind voll Wasser, das Boot kann jeden Augenblick versinken – doch wir schaffen's, schleppen das Wrack auf den Strand.

Und wieder muß es einen Ausweg aus dieser hoffnungslosen Lage geben. Fünf Kammern des Schwimmers sind leck geschlagen, die vorderen, eine Reparatur ist unmöglich. Die letzten vier Kammern sind weniger beschädigt. Wir müssen das Boot zersägen und diese Kammern notdürftig flicken. Es wird allerdings nicht mehr als eine Nußschale übrig bleiben, mit der wir uns dann noch der See anvertrauen wollen – es bleibt nur ein Hoffnungsschimmer.
Die Metallsäge aus dem Werkzeugkasten des Flugzeuges hatten wir mitgenommen, ist bei unserem Gepäck. Die Säge muß jetzt ihre Dienste tun. Zeit dürfen wir nicht verlieren. Mit jeder Minute werden wir schwächer.
Die Nacht und den nächsten Tag hindurch sägen wir. Es ist so, als ob man sich ins eigene Fleisch schneidet, wenn wir jetzt einen Teil des Flugzeuges zersägen.
Auf ein Segel müssen wir verzichten. Das winzige Boot würde durch das Gewicht des Mastes kopflastig werden und bei der kleinsten Welle kentern. Also nur noch ein Notmast, eine Stange, vielleicht für einen Fetzen Tuch, um die Arme zu entlasten.
Die Ruder werden mit Lederriemen befestigt, nur das notwendigste von unserem Gepäck kann verstaut werden, in eine der vier Kammern wird Wasser gefüllt. Wir sind bereit.
Morgen bei Sonnenaufgang werden wir also nochmals rudern, nur bei spiegelglattem Wasser, ganz dicht unter Land. Wie weit werden wir kommen? Zweihundert Kilometer beträgt die Entfernung bis Wyndham, Luftlinie, das sind zweihundertfünfzig Kilometer entlang der Küste. Wird das mit dem Boot möglich sein? Werden unsere Arme das noch können? – Wir haben keine Wahl, es ist der letzte Versuch.

Das Buschfeuer

In der Nacht ist da wieder der endlose Sternenhimmel und das glitzernde, funkelnde Meer. So ist die eine Hälfte der Welt, die uns umgibt, die andere, das Land, ist dunkel und drohend.
Wieder liegen wir unter unserem Baum, an Schlaf ist nicht zu denken.
Es war heute der achtundzwanzigste Tag. Morgen ist wieder Sonntag, so wie vor zwei Wochen, als wir voller Hoffnung mit unserem Schwimmer aus der Notlandebucht losfuhren. Und es sind jetzt vier Wochen, als wir uns in einer Sonntagnacht zum Flug über die Timorsee vorbereiteten.
Morgen werden wir die letzte Möglichkeit versuchen, den Weg zum Leben zu finden. Das Ruderboot, nur eineinhalb Meter lang, liegt bereit. Am Abend haben wir einen Strauch mit kleinen grünen Beeren gefunden. Die Beeren sind hart, schmecken bitter, aber wir kauen unentwegt. Die Geschmackssinne sind unempfindlich, die Zunge dick geschwollen und weiß. Es ist gleichgültig, ob man Eidechsen, Baumblätter oder diese Beeren verschlingt. Man muß doch dem Magen etwas anbieten – so glauben wir.
Der Baum über uns, das Gras, die Felsen ringsum sind uns nun gut bekannt. Morgen werden wir von hier fort sein, werden uns noch einmal auf den Weg machen. Was wird werden? Wird unser winziges Boot nicht bei der ersten größeren Welle kentern? Wird uns die Strömung wieder in die offene See treiben? Ist es unsere letzte Nacht auf der Erde? Morgen werden wir wieder in den kleinen Kammern des Schwimmers hocken, werden rudern und rudern. Wird es gelingen? Wie das Ergebnis sein wird, wissen wir nicht, wir wissen nur, daß es die letzte, die allerletzte Möglichkeit ist.
Was ist mit unserem Magen? Es reißt und zerrt in den Därmen, es

wird immer schlimmer. Die Beeren! Waren sie giftig? Sollte das schon das Ende sein?
Wir brechen stundenlang, wälzen uns auf der Erde, haben Fieber. Magen und Darm wollen zerreißen. Werden wir in dieser Bucht liegenbleiben, unter diesem Baum sterben? Nein, nein – wir wollen sofort losfahren, haben plötzlich Todesangst vor der Bucht.
Der Mond ist eben aufgegangen, als wir das Boot ins Wasser schieben, immer noch fiebernd und brechend. Weiter, nur fort von hier! Menschen wollen wir sehen, leben wollen wir, leben! Und wir rudern los – wenige Meter nur, dann müssen wir wieder zurück. Die See ist vom Sturm der letzten Tage noch zu unruhig, der Wellengang zu stark. Das Boot wird gewendet, zurück in die Bucht.

Die Küste vor uns ist unheimlich schwarz.
Aber was ist das da drüben?
Weit im Inland leuchtet ein roter Schein. Ist das ein Trugbild? Nein – das ist ein Feuer! Aber dann müssen da ja auch Menschen sein, die das Feuer angezündet haben! Und wir brauchen nur dem Feuerschein nachzugehen und werden das Leben finden!
»Gott Vater, Du schickst uns die Rettung im Augenblick der höchsten Not.« Klausmann liegt auf den Knien und betet laut, während ich mich für den Weg vorbereite. Der Kamerad kann nicht mit. Ich muß ihn wieder zurücklassen, muß so schnell wie möglich zu den Menschen am Feuer. Ich werde mit ihnen hierher zurückkommen. Es werden Eingeborene sein, wir sind ja im »Eingeborenenschutzgebiet«, wie die Landkarte sagt.
In größter Eile wickle ich Fußlappen um die Füße. Die Schuhe sind zerrissen, nur noch Fetzen. Dann gehe ich los.
Weit leuchtet jetzt der rote Schein über dem schwarzen Busch. Ich weiß nicht, ist das Feuer schon hinter dem nächsten Hügel, oder ist es einen Tagesmarsch entfernt? Das Mondlicht ist hell. Ich renne, jawohl renne, habe die Kraft dazu, denn vor mir ist das Leben! Der Weg ist weit, der Morgen kommt, die Sonne brennt heiß. Ich habe kein Wasser mitgenommen, glaubte, bald dort zu sein, wollte mich nicht belasten. Voran, nur voran!
Gegen Mittag stehe ich auf einem Hügel, klettere auf einen Fels,

sehe den Rauch endlich dicht vor mir, drüben hinter den nächsten Felsen. Es muß ein großes Feuer sein, und ich werde wohl viele Eingeborene finden. – Jetzt also kommt der unbeschreibliche Augenblick der Rettung! Bei dem Gedanken wird mir schwarz vor Augen. Kann Freude nicht töten? Ich werde meinen ganzen Willen einsetzen müssen, ruhig zu bleiben. Wie wird es sein? Man wird mir Wasser geben, Fleisch, sicherlich Känguruhfleisch, ich werde essen – essen! Dann werden wir aufbrechen, zurück zum Kameraden. Die Schwarzen sind stark, sie werden mich tragen. Die Rettung ist da, dort hinter dem nächsten Hügel.
Ich renne, krieche durch die letzten Büsche, schreie. Man muß mich bereits gehört haben. Jetzt bin ich da – jetzt!
Ich stehe unter dem letzten Baum, sehe das Feuer vor mir, es ist ein sehr großes Feuer – es ist ein Buschfeuer ...

Und abermals ein Bekenntnis, so wie es nur ein Mensch abgeben kann, wenn er eine solche Not hat erleiden müssen.
Vor mir ist das Feuer, das mich genarrt hat, an dem es keine Menschen gibt, kein Leben. Aber der Tod ist im Feuer, man braucht nur hineinzugehen, und alles hat ein Ende!
Ich *weiß*, daß das der Wahnsinn ist. Aber ich kann nicht dagegen an – meine Füße tragen mich voran, Schritt um Schritt, auf das Feuer zu. Ich stehe im Rauch. Er erstickt mich. Ich greife zum Hals. Da ist ein Tuch, fünffach verschlungen. Ich will Luft, herunter mit dem Fetzen! Die Hände zerren am Knoten. Dann werden die Finger steif, die Arme fallen herab. Es ist das Tuch meiner Mutter! Sie ruft mich und treibt mich aus den Flammen.
So habe ich den beginnenden Wahnsinn erlebt.

Ich weiß nicht, wie ich den Weg zur Küste zurückgefunden habe. Eine Welt war in mir. Ich weiß, daß am Feuer der Wahnsinn war, weiß, daß ich gerettet wurde, weil eine Hand über mir war, die mich schützte und leitete. Und ich komme wieder zum Kameraden, kann ihn beruhigen und ihm versprechen, daß ich die Kraft haben werde, uns beide zu retten, daß ich rudern werde, Tag und Nacht rudern werde – nicht ich, die große Kraft in mir wird uns retten.

Wir fahren los, rudern aus der Bucht hinaus. Es ist gegen zwei Uhr morgens, der dreißigste Tag.
Der Mond gibt genug Licht. Jetzt ist die beste Zeit zum Fahren, die See glatt wie ein Spiegel. Wir dürfen dem Boot gar nichts zumuten und entfernen uns nur wenige Meter von der Küste, fahren vorsichtig um die Felsvorsprünge herum. Die Armmuskeln scheinen noch stark zu sein. Stoß für Stoß, Meter für Meter kommen wir weiter, unendlich langsam, aber es geht voran. Wenn nur kein stärkerer Wind aufkommt – beim kleinsten Seegang würden wir das Boot verlieren. Wenn nur keine größere ungeschützte Bucht kommt – wir würden nicht weiterkönnen.
Beim Morgengrauen haben wir etwa zwei Kilometer hinter uns – man darf nicht daran denken, daß wir zweihundertfünfzig vor uns haben! Die Brust schmerzt, die Arme wollen nicht mehr. Mit dem Sonnenaufgang kommt der erste Wind, wird bald stärker, die See unruhiger.
Die ersten Brecher schlagen über uns. Wir müssen schnellstens an Land. Hinter der nächsten Landzuge scheint eine geschützte Bucht zu sein. Wir schaffen's, rudern mit aller Kraft um die Felsen herum – dann liegt eine sehr große Bucht vor uns, von Steilküste umgeben! Die Bucht ist weit offen zum Meer und vollkommen ungeschützt. Selbst bei den besten Wetterverhältnissen würden wir nie und nimmer über diesen Meeresarm rudern können. An der Felsküste ist die See stets unruhig, das Boot würde kentern.
Und was jetzt?
Die Antwort ist einfach und klar: Jetzt ist es aus!
Dreißig Tage haben wir das Letzte herausgeholt aus Willen und Kraft, dreißig Tage und Nächte, haben nicht danach fragen dürfen, ob wir Hunger und Durst hatten, ob die Muskeln in Armen und Beinen abstarben. Wir wollten und mußten weiter, den unendlich schweren Weg zur Rettung.
Jetzt aber ist der Kampf endgültig zu Ende.
Gehen, selbst kriechen können wir nicht mehr und rudern nun auch nicht. Die Wildheit des Landes war stärker als wir – jetzt können wir nur noch das Boot auf den Strand ziehen und gut verankern. Dann dürfen wir uns in den Schatten der Felsen legen und warten.

Zwei junge Menschen haben dreißig Tage und Nächte den Weg erkämpfen wollen zurück zum Leben. Es war erfolglos, der Kampf ist zu Ende ...

*

So war es am Morgen des dreißigsten Tages nach der Notlandung, es ist Montag, der 13. Juni, etwa eine Stunde nach Sonnenaufgang. Und am gleichen Tag, etwa auch um die gleiche Stunde, wird die Welt alarmiert.
Gibt es eine Dramaturgie des Schicksals?

Das Kabel

Am Montag, dem 13. Juni, frühmorgens, sendet Sergeant Flinders, Polizeistation Wyndham, folgendes Kabel an seine vorgesetzte Dienststelle nach Perth:

Wyndham Radio *13th June, 1932.*
Galup Perth:
Sunday 11 P. M. Runners from drysdale mission bring letter from father Cubero dated June 1st as follows stop two tracks about two miles north west from Eric and Elsie Island which are about one hundred miles north west from Wyndham tracks proceeding south stop these are survivors of german seaplane stop cigarette case picked up initials H. B. message in german scratched with nail also handkerchief stop i gauge the time to be 26th May stop tracks lost in stony ground natives instructed to search for the two men and report at Drysdale
Flinders, Sgt.

Perth gibt das Kabel im Original und mit einem ergänzenden Vorschlag weiter nach Melbourne:

aviaf, melbourne, 13. 6. 32
polizeisergeant wyndham sendet kabel wie folgt sonntag 23 uhr läufer von mission drysdale brachten brief von father cubero datiert 1. juni lautend zwei fußspuren etwa zwei meilen nordwestlich eric und elsie island 100 meilen nordwestlich wyndham spuren verlaufen südlich stop stammen von überlebenden des deutschen wasserflugzeugs stop zigarettenetui initialen h. b. und taschentuch gefunden stop schätzungsweise vom 26. mai stop spuren in steinigem gelände verloren eingeborene beauftragt nach den beiden männern zu suchen und in drysdale nachricht zu geben ende
flinders sgt.

Soweit die Übersetzung des Originalkabels. Dann wendet sich Perth an das Luftfahrtamt:
polizeistreife würde wenigstens 14 tage zur angegebenen position benötigen zur zeit befindet sich in wyndham ein flugzeug das mittwoch nach derby fliegen soll stop eingeborene im genannten gebiet als hinterhältig bekannt stop empfehle sie setzen sich mit fluggesellschaft hier in verbindung und veranlassen suche durch flugzeug
commissioner of police.
Hierbei handelt es sich um das gleiche Flugzeug, das vor etwa vierzehn Tagen die Küste von Wyndham nach Port Darwin im Nordosten und die Insel Melville absuchte. Damals hatte niemand an die Küste *westlich* von Wyndham gedacht.
Gleichzeitig ergeht folgende Dienstanweisung an Sergeant Flinders, Polizeistation Wyndham:
sgt. flinders, wyndham, 13. 6. 32
betrifft vermißte flieger stop schickt sofort polizeistreife nach forrest river und laßt eingeborene in richtung spuren suchen stop es ist jede anstrengung zu unternehmen um sie zu finden stop habe luftfahrtamt verständigt über einsatz des flugzeuges wyndham
galup.

Das ist der Anfang.
Man hat also von den beiden Piloten, die bereits totgesagt und mit

Nachrufen gewürdigt wurden, etwas gefunden – ein Zigarettenetui und ein Taschentuch.
In einer abschließenden Zusammenfassung werde ich darüber berichten, wie das alles war, wie die Zahnräder ineinander greifen mußten, um in einem Land von der Größe der Kimberleys ein Taschentuch zu finden. Davon später.
Vorerst übernehme ich die Berichte derer, die uns suchten und die Berichte der Presse, die darüber schrieb. Es war ein weltweites Interesse, das mit jedem Tag zunahm, den die Verschollenen in einem Land verschollen blieben, in dem es nach Ansicht derer, die das Land kannten, kein Überleben geben konnte. Das Interesse nahm noch zu, als neun Australneger in Ketten gelegt wurden, nachdem eine alte und blinde Eingeborene das Gerücht verbreitet hatte, die beiden Europäer wären erschlagen worden – und sicherlich, so deutete sie an, habe man vor dem Verscharren der Überreste noch was anderes mit ihnen gemacht.
Auch die Berichte der »anderen Seite« sind *Tatsachenberichte,* unterschrieben von denen, die die Suche durchführten – in der Luft, zu Wasser und beim Treck quer durch die Kimberleys mit Eingeborenen als Führer, mit Pferden und Mauleseln.
Und schließlich gibt es die Erzählungen der Aborigines, die in diesem großen und wilden Land nach Spuren von zwei Weißen suchten, nachdem man ein Taschentuch und ein Zigarettenetui gefunden, die Spuren auf dem steinigen Grund aber wieder verloren hatte.
Zusammengefaßt wurden die Berichte von der *West Australian,* Perth, deren *Newspaper Cuttings* mir im Original vorliegen, und die ich in Auszügen wiedergebe, soweit sie für den Ablauf des Geschehens von Bedeutung sind.
Angefangen also hatte es mit dem Kabel von Sgt. Flinders, am Montag, dem 13. Juni, und mit dem Auftrag der vorgesetzten Dienststelle, »jede Anstrengung zu unternehmen«, die mehr als einen Monat verschollenen Piloten zu finden – lebend oder tot.

Es erscheint mir notwendig, vor dem Ablauf des Geschehens die Personen einzuführen, die die Berichte geschrieben haben, wie auch den Ort der Handlung zu umreißen, genauso wie es damals war. Da sind also die Kimberleys, Nordwestaustralien, ein tropisches Buschland, im Sommer unerträglich feucht und heiß, in der Größe etwa vergleichbar mit Deutschland.

Die Kimberleys sind Eingeborenenschutzgebiet mit einigen wenigen Stämmen und mit schätzungsweise nicht mehr als ein paar hundert Menschen. Das Klima ist zu schlecht, der Boden zu unergiebig.

Ganz im Nordwesten der Kimberleys, am Golf von Cambridge, an einer von Krokodilen verseuchten Mangrovenküste, liegt Wyndham, eine Siedlung von auch nur wenigen hundert Einwohnern. In Wyndham gibt es das »Meatwork«, eine große Fleischfabrik, wohin die Rinderherden aus dem Ord-River-Gebiet in monatelangen Trecks getrieben werden, zur Verarbeitung für den Export, da verarbeitetes Fleisch bei einer Schiffsreise weniger Gewicht verliert als lebendes Vieh. Die Saison für das Meatwork ist April bis September, die Zeit des australischen Winters. Wir sind jetzt im Juni, also arbeitet das Meatwork in Wyndham, und das Postflugzeug kommt einmal in der Woche von Perth, der Hauptstadt Westaustraliens, mehr als zweitausend Kilometer entfernt an der Südwestküste des fünften Erdteils. Das Postflugzeug – um auch das nicht zu vergessen – hat keinen Funk an Bord.

Außer Wyndham gibt es keine Siedlungen in den Kimberleys, nur zwei Missionsstationen – Drysdale und Forrest River. Da in diesem Buschland Entfernungsmaße wenig aussagen, rechnet man nur nach der Anzahl der Tagesreisen, die die Maultiere benötigen, um hinzukommen – das sind drei bis fünf Tage von Wyndham bis Forrest River und dann nochmals vierzehn Tage bis Drysdale.

Als weitere Verbindung in Nordwestaustralien fährt einmal im Monat ein Schiff von Fremantle, das ist der Hafen von Perth, an der Westküste entlang nach Norden, um die Küste der Kimberleys herum, mit Kurs Wyndham und Port Darwin, weit im Nordosten. *Koolinda* heißt dieses Schiff, und wir haben es bereits kennengelernt, als es die schiffbrüchigen Piloten beinahe rammte, sie aber nicht sah.

In den beiden Missionsstationen gibt es nur ein paar Missionare und

eine Anzahl Eingeborene. Die aber bleiben meist nur kurze Zeit. Wenn sie sich ihren Tabak verdient haben, laufen sie über Nacht wieder weg zu einem »walk about« in ihrem Busch. Hier leben sie wie in der Urzeit, machen mit ihren Speeren Jagd auf Känguruhs, suchen sich Eidechsen, Maden und Käfer und als besondere Zugabe schlecken sie wilden Honig, mögen noch so viele Fliegen darin kleben.
Viel brauchen die Aborigines der Kimberleys nicht – aber ihre Freiheit, die wollen sie behalten.

Noch kurz die wichtigsten Personen, die die verschollenen Piloten suchten und deren Berichte ich zusammenfasse:
Da ist Father Cubero von Drysdale River Mission, dessen Nachricht alles in Bewegung setzte. Seine Mission wurde vor etwa zwanzig Jahren gegründet. Die Missionare sind Spanier.
Da ist Sergeant J. F. Flinders, Polizeistation Wyndham. Flinders hat mit der Buschpolizei für Ordnung zu sorgen, so merkwürdig das klingen mag bei der Größe der Kimberleys.
Wenn im Busch etwas zu tun ist, setzt Flinders seine Leute ein, so wie diesmal Constable W. G. Marshall, der den Auftrag bekommt, den Treck in die Kimberleys zu führen, mit allen Vollmachten.
Captain Crane ist Schiffsführer der Meatwork-Barkasse, die bereit gehalten wird, von Wyndham aus die Küste nach Westen abzusuchen, sobald sich das Meer beruhigt.
Captain Sutcliffe ist der Pilot der D. H. 50, die morgen über die Kimberleys fliegen wird.
Schließlich sind da noch etwa hundert andere, deren Namen ich nicht kenne, Weiße, Halbblut oder Aborigines. Sie alle bereiten sich am Montag, dem 13. Juni, vor, in den Busch zu ziehen – ohne viel Hoffnung nach dreißig Tagen.

Pilot Sutcliffe wird morgen früh als erster unterwegs sein. Er wird zwei Begleiter an Bord haben und bei Tagesanbruch starten, Kurs Nordwestküste.

Ein Flugzeug fliegt vorüber

Hier liegen wir in den Felsen, irgendwo an der Nordwestküste Australiens. »Cape Bernier« heißt es auf der Karte. Hier am Cape Bernier warten wir auf das Ende.
Das Boot, der Rest unseres schönen Schwimmers, ist auf den Strand gezogen und sorgfältig festgebunden. Unser Wasser ist in einer Kammer. Das Gepäck, Magnet, Feuerzeug und Werkzeugtasche sind unter einem Felsvorsprung verstaut.
Hier liegen wir also nun untätig, sehen auf's Meer, über dem der erwachende Tag heraufkommt, und warten – worauf, das wissen wir nicht.
Es ist der einunddreißigste Tag.
Was denken wir, was geht in uns vor? Wir müssen uns doch darüber klar sein, daß es nunmehr zu Ende geht, daß es für uns keine Möglichkeit mehr gibt, weiterzukommen. Wir haben wirklich Unmenschliches geleistet in den dreißig Tagen Kampf – jetzt ist es aus. Sind wir verzweifelt? Werden wir doch noch wahnsinnig werden, bevor der Tod kommt? Es ist seltsam, aber vorerst sind wir ganz ruhig, so als ob wir uns damit abfinden würden, daß es keine Rettung mehr geben kann.
Der wolkenlose Himmel und das weite Meer führen meine Gedanken weit weg, das eintönige Dröhnen der Brandung schläfert mich ein.
Ich träume, erlebe nochmals alles, wie es war, als wir zu diesem Flug gestartet sind – *Atlantis-Expedition* habe ich den Flug genannt. Der Start, in Köln, auf dem Rhein, in der Nähe meiner Vaterstadt, war schwer, denn es war Winter, eisig kalt, und der Motor wollte nicht anspringen, als habe er uns zurückhalten wollen von diesem Flug. Drüben am Ufer stehen alle, die zum Abschied gekommen sind. Der Motor will und will nicht anspringen, Klausmann schimpft

über die Kälte, füllt heißes Wasser in den Kühler, dreht den Propeller nochmals durch, dann springt der Motor an und läuft jetzt ruhig und gleichmäßig.
Der Traum ist zu Ende, ich liege wieder an der australischen Küste – den Motor aber, der mit dem heißen Wasser angesprungen ist, den höre ich immer noch brummen, er wird sogar lauter – und das ist jetzt kein Traum mehr, das ist Wirklichkeit!
Ich höre einen Flugzeugmotor – und ich sehe ein Flugzeug!
Ist es ein Wahnbild, ist es schon zu Ende mit mir? Nein – dort weit im Inland ist ein schwarzer Punkt am Himmel, er wird größer, kommt auf uns zu – ein Flugzeug!
Klausmann hat den Motor auch gehört, starrt wild auf den winzigen Punkt in der Ferne, glaubt sicher, daß das Schicksal ihm wieder etwas vorgaukeln will. Aber es ist die Wahrheit. Das Flugzeug kommt näher.
Herrgott, da ist das Leben! Die Rettung kommt zu uns in dem Augenblick, als wir die Hoffnung aufgegeben haben. Der Pilot muß uns sehen. Wenn er diesen Kurs nur noch eine Minute beibehält, wird er in niedriger Höhe über uns hinwegfliegen, wird er die beiden Gestalten an der menschenleeren Küste erkennen. Unsere Nerven sind zu schwach, diesen Augenblick ruhig zu ertragen. Wir schreien, brüllen, kriechen umher und winken.
Jetzt ist die Maschine dicht vor uns, jetzt wird der Pilot beidrehen, eine Kurve fliegen, um uns kreisen, Lebensmittel abwerfen und uns Zeichen geben, daß er Hilfe schicken wird, daß wir nur noch wenige Tage zu warten brauchen.
Das Flugzeug ist heran, ganz genau über uns, jetzt muß es beidrehen, jetzt – ich selbst sitze da oben am Steuer und drehe die Kurve –, der Kamerad aber, der die Hand am Steuer hat, tut das nicht, er fliegt weiter, behält seinen Kurs genau bei.
Das Flugzeug fliegt vorüber und wird kleiner hinter den Felsen der wilden Küste ...
Klausmann torkelt in der Richtung hinter dem Flugzeug her, taumelt, schlägt sich blutende Wunden. Ich stehe erstarrt und kann es nicht fassen, daß das Leben vorüberfliegt, daß es uns nicht sehen will.

Wie das Schiff damals – das Leben *will* uns nicht sehen!
Der winzige Punkt verschwindet am Horizont – so wie das Schiff.
Da ist wieder nur noch das Meer und der leere Himmel.
Meine Gedanken verwirren sich, ich bin mir nicht mehr klar, ob es Wirklichkeit gewesen ist. Kann denn das möglich sein? Wie oft schon glaubten wir, die Rettung zu sehen – und immer wieder gab es nur Enttäuschung. Heute frage ich mich manchmal, wie die Nerven das haben ertragen können – ich weiß aber ebenso heute, daß der Lebenswille mit jeder Stunde zunahm, die uns dem Ende näherbrachte.

Wieder liegen wir im Schatten der Felsen. Wir versuchen uns einzureden, daß man uns sucht. Warum aber hat man uns nicht gesehen, wenn man uns suchte? Das Flugzeug flog doch genau über uns hinweg.
Plötzlich glaube ich zu wissen, wie es war, und bin dann ganz sicher: Das Flugzeug war ein Kabinenflugzeug. Die Beobachter, die auf die Küste hinuntersahen, saßen also in einer Kabine. Aus den geschlossenen Fenstern einer Flugzeugkabine aber kann man nicht senkrecht nach unten sehen, es bleibt ein kleiner toter Winkel unter dem Boden der Kabine. Man hat uns nicht gesehen, weil das Flugzeug so haargenau über uns hinwegflog.
So muß es gewesen sein – aber warum? War es immer noch nicht genug?
Ich will nicht verzweifeln, will den Glauben an die Rettung nicht verlieren, versuche davon überzeugt zu sein, daß man sich nicht mit dem einen Flug, mit dem ersten Versuch zufrieden geben wird, daß man wiederkommt, daß man uns doch noch findet, bevor alles zu Ende ist. Die Hilfe wird eines Tages kommen. Also muß es einen Weg geben, uns bis dahin am Leben zu erhalten!
Das ist wieder ein Ziel – *warten* heißt jetzt unser Ziel, so lange als möglich warten. Also müssen wir dem Körper Nahrung geben, um länger warten zu können. Wasser haben wir für die nächsten Tage, aber wir müssen auch etwas zu essen haben! Wenn die See ruhiger ist, werden wir morgen versuchen, Muscheln zu finden.

Es wird jetzt ein Kampf um die Zeit sein – wie schnell kann die Rettung kommen, wie lange können wir warten.

*

»Ich muß mich auf sechs Wochen einrichten«, überlegt Constable Marshall, der über Land, durch den Busch ziehen will. Vierzehn Tage wird er nach seiner Berechnung brauchen, um dahin zu kommen, wo man Taschentuch und Zigarettenetui gefunden hat.
»Aus der Luft ist nichts zu machen«, erklärt Pilot Sutcliffe, und seinen Bericht faßt die *West Australian* etwa so zusammen:

MISSING AIRMEN.

SEARCH BY 'PLANE.

NO TRACES FOUND.

DANGER FROM NATIVES.

Perth, Mittwoch, 15. Juni.
... *obwohl Captain Sutcliffe gestern einen ausgedehnten Flug entlang der Nordwestküste und über das Gebiet rund um die Drysdale Mission machte, fand er keine neue Spur von den deutschen Fliegern, die seit dem 15. Mai verschollen sind.*
Der Suchtrupp der Polizei, der heute von Wyndham aufbrechen wird, rechnet mit etwa vierzehn Tagen, um zu dem Punkt der Küste zu kommen, wo man das Zigarettenetui fand.
Bushmen der Kimberleys glauben nicht, daß die verschollenen Piloten noch leben, wegen der Wildheit der Kimberleys und der Eingeborenen.

PILOT'S LONG FLIGHT.

COAST AND BUSH EXAMINED.

... *Pilot Sutcliffe startete in Wyndham bei Tagesanbruch. Er überflog das Gebiet, wo die Spuren gefunden wurden. Er sah jedoch nichts von den Verschollenen und flog dann nach Drysdale. Da er nicht landen konnte, flog er tief über die Mission und warf eine Notiz ab. Man sollte zwei weiße Tücher auf den Boden legen, wenn man die Verschollenen tot gefunden hätte, ein Tuch, wenn es neue Spuren gäbe und mit einem Tuch winken, wenn es nichts Neues gäbe. Man winkte.*

Pilot Sutcliffe hatte eine Karte der Admiralität an Bord und stellte fest, daß es an der Küste eine große Bucht gab, die nicht auf der Karte verzeichnet war und einen tief ins Land gehenden Kanal, schiffbar für große Schiffe. »Zu gebrauchen mit entsprechender Vorsicht«, heißt es auf der Karte.

Pilot Sutcliffe erklärte nach seiner Landung in Wyndham, daß eine Suche aus der Luft keinen Erfolg haben könnte, weil es keine Möglichkeit für eine Landung gäbe. Man müsse ein Wasserflugzeug haben oder mit einem Schiff entlang der Küste dahin fahren, wo die Spuren gefunden wurden, um von da aus weiter zu suchen.

Der Polizeitrupp unter Constable Gordon Marshall mit Pferden und Mauleseln braucht vier Tage bis Forrest River Mission und wenigstens nochmals zehn Tage bis zur Küste. Der Weg durch den Busch und über die Felsen ist sehr schwer und man muß damit rechnen, Umwege von zwanzig Meilen machen zu müssen, um fünf Meilen weiter zu kommen. Marshall muß auch erst einmal die Eingeborenen finden, die die Spuren gesehen haben und die diesen Teil der Kimberleys kennen.

TREACHEROUS NATIVES.

... *Das Gebiet der Kimberleys zwischen den Missionsstationen Drysdale und Forrest River wird von der Buschpolizei als sehr gefährlich bezeichnet. In den letzten Jahren wurden hier fünf Weiße von Aborigines ermordet.* Man befürchtet, daß die beiden Verschollenen, wenn sie auf Eingeborene gestoßen sind, die nicht zu den Missionsstationen gehören, zu freundlich waren. *Dann würden die Aborigines glauben, die Weißen hätten Angst und würden sie erschlagen.*

Die Zahnoperation

Die Nacht zum zweiunddreißigsten Tag. Das Flugzeug ist nicht zurückgekommen. In zwei Tagen ist Vollmond. Wie lange werden wir noch leben? Bis zum nächsten Vollmond? Noch einen ganzen Monat? Nein – das ist unmöglich, soviel Widerstandskraft kann ein menschlicher Körper nicht haben.
Lange Stunden starre ich schlaflos in die helle Nacht. Wie schön war das Leben. Ich habe nie gewußt, zufrieden zu sein. Jetzt weiß ich, wie ich die Schönheiten des Lebens schätzen sollte – jetzt ist es zu spät.
Die See wird unruhiger. Die Brandung dröhnt in den Felsen. Der Wind heult. Bei zunehmendem Mond steigt die Flut höher. Wird unser Flugzeug noch gut gesichert auf dem Strand in der Notlandebucht liegen? Vielleicht ist immer noch der Gedanke in mir, für meine Maschine verantwortlich zu sein, vielleicht will ich mich noch nicht damit abfinden, daß alles zu Ende ist und ich meine *Atlantis* nicht mehr wiedersehen und nicht wieder fliegen werde.
Wie lange haben wir geschlafen? Was ist los? Wir liegen im Wasser! Die Flut hat unser Lager erreicht, Wellen überspülen uns, wir waren zu tief zwischen die schützenden Felsen gekrochen. Wir müssen sofort hier heraus, wir würden hier ertrinken. Fast möchte man liegen bleiben. In einem Augenblick wäre alles vorüber.
»Raus hier!« Noch denke ich.

Wir klettern höher in die Felsen. Vollkommen durchnäßt kauern und kriechen wir dicht zusammen, suchen vergeblich Schutz vor dem Wind. Jetzt werden wir wohl krank werden. Der Körper kann doch keinen Widerstand mehr leisten gegen Nässe und Kälte. Wir werden nicht mehr lange warten können und den Kampf um die Zeit verlieren.

Gegen Morgen bezieht sich der Himmel, später regnet es, ganz ungewöhnlich zu dieser Jahreszeit. Es ist gut, jetzt überall Pfützen zu sehen, verdursten werden wir also nicht – aber könnten wir nur irgendwo unterkriechen, uns vor dem Regen schützen! Es tropft überall. Auch am Tage werden wir ohne Sonne nicht trocken. Am Strand liegen zwar angespülte Baumstämme und Äste, aber es ist vergebens, als wir versuchen ein Feuer anzuzünden. Das Holz ist zu feucht. Weiter im Inland würden wir vielleicht trockenes Gras finden – wir haben aber keine Kraft mehr, dahin zu kommen und bleiben stumpfsinnig zwischen den Felsen hocken, naß bis auf die Haut, frierend im kalten Seewind.

Seit ein paar Tagen schon schmerzt einer meiner Backenzähne, jetzt werden die Schmerzen schlimmer. Nässe und Kälte können nicht die richtige Behandlung für einen kranken Zahn sein.

Klausmann ist in diesen Tagen stärker als ich. Als die Ebbe einen Teil des Strandes freilegt, kriecht er zwischen die von der Flut überspülten Steine. Ich sehe ihn mühselig nach Muscheln suchen, kann ihm nicht helfen, liege fiebernd und mit wilden Zahnschmerzen neben einer Wasserpfütze.

Nach Stunden kommt Klausmann zurück. Er hat sechs Wasserschnecken gefunden. Mit einem Stein zerschlagen wir das Gehäuse und verschlingen das wundervoll weiche Fleisch – die Geschmackssinne aber sind wohl tot, denn es war nicht anders, als wir Baumblätter aßen. Danach kauern wir wieder eng aneinandergeschmiegt unter einem Fels und warten, daß sich die Wolken zerteilen, daß die Sonne durchkommt.

In der Not ist der Mensch mit wenigem zufrieden. Wie glücklich würden wir in diesem Augenblick sein, wenn die Sonne käme. Wir, die wir wohl die letzten Tage leben, bitten nur noch um das warme Sonnenlicht.

Stundenlang starren wir auf den Fetzen unserer australischen Karte, sehen, wo Wyndham liegt. Auf der Karte sind es nur die zwei Zentimeter Entfernung von Cape Bernier bis Wyndham – es sind die für uns unüberbrückbaren zwei Zentimeter zurück zum Leben. Ich werde nun ein Tagebuch schreiben, angefangen vom Augenblick nach der Notlandung, werde alles aufzeichnen, vielleicht wird eines Tages doch ein Mensch hierher kommen. Man soll wissen, wie es bis zum letzten Augenblick war. Ich schreibe in Stichworten, erlebe nochmals unseren Sturmflug über die Timorsee und den großen Augenblick, als wir Land sahen – dieses Land, in dem wir jetzt liegen! Für meine Nerven ist das Tagebuch nicht gut, ich gebe es auf.
Die Zahnschmerzen werden schlimmer, sind kaum noch zu ertragen, der ganze Unterkiefer scheint entzündet. Was kann ich nur dagegen tun? Wenn wir keinen Ausweg finden, wird mich das Fieber umwerfen, wird es mit mir früher zu Ende sein als mit Klausmann. Das aber wollen wir nicht, es soll für beide gleich lange dauern.
Dann muß etwas geschehen – Klausmann muß den Zahn ziehen! Heute versichere ich immer wieder: Klausmann war ein ausgezeichneter Monteur – ich muß aber auch sagen, daß er ein sehr schlechter Zahnarzt war!
Es hilft nichts, wir müssen uns entscheiden, wir haben keine Wahl.

Am Cape Bernier gibt es keinen gepolsterten Operationsstuhl, keine sauberen Instrumente, keine desinfizierenden Mittel – wir haben nur eine rostige Zange. Klausmann muß versuchen, den Backenzahn mit der Zange zu fassen und herauszureißen. Wir sind uns beide darüber klar, daß die Operation lebensgefährlich ist, daß es mit der schmutzigen Zange eine Blutvergiftung geben kann, daß wir keine Hilfsmittel gegen eine Blutvergiftung haben.
Wir warten bis zum Spätnachmittag. Klausmann schreckt vor der Operation fast mehr zurück als ich selbst. Der Gedanke muß für ihn furchtbar sein, den Kameraden vielleicht zu verlieren. Es hilft nichts, der Schmerz ist nicht mehr zu ertragen, der Körper durch die

Schwäche vollkommen widerstandslos. Als Schüttelfrost hinzukommt, ist Klausmann bereit.
Er sitzt auf einem Stein. Ich liege vor ihm, habe den Kopf fest in seinen Schoß gedrückt, verkrampfe die Hände in die Erde. Es regnet immer noch, alles ist naß, düster, alles erscheint so hoffnungslos.
Dann beginnt Klausmann, kann mit aller Kraft die Zange so weit auseinanderbringen, den kranken Zahn zu packen, ihn zu umfassen, reißt, gleitet ab – und hat ein Stück abgebrochen!
Die nächsten Stunden waren unvorstellbar und unbeschreiblich!
Immer wieder kommt Klausmann mit der Zange, bricht Stück für Stück vom Zahn ab und kann den Rest kaum noch fassen. Ein paarmal war ich ohnmächtig. Dann hat Klausmann so viel vom Zahn abgebrochen, daß er an die Wurzel nicht mehr mit der Zange heran kann. Aber wir müssen dem Eiter im Kiefer Luft schaffen, müssen eine andere Möglichkeit finden – und wir finden sie.
Wir haben noch eine Sicherheitsnadel. Klausmann setzt die Nadel in den zerbrochenen Zahn und versucht durchzudrücken, er hat aber nicht mehr die Kraft dazu und muß mit der Zange auf die Nadel schlagen. Dann geht die durch – ich reiße sie heraus – wir haben für Eiter und Entzündung Luft geschaffen – wir sind fertig...
Klausmann war später mit Recht stolz auf seine Operation, von der ich erzählen mußte, um das Bild abzurunden. Mehrere Male noch müssen wir mit der Nadel durch die Wurzel, biegen die Spitze etwas um und drehen sie im Kiefer. Dann ist auch das zu Ende und wir warten auf die Blutvergiftung. Nichts geschieht. Der Schmerz läßt nach.
Mag es nun weiter regnen für Tage, mag alles noch so trostlos sein – ich habe keine Schmerzen mehr!
Wir können weiter warten.

Sieben Tage

Die folgenden sieben Tage werden wir auf der »anderen Seite« bleiben, um bei der Suche dabeizusein – es werden sieben Tage Kampf gegen die Zeit, da das »Warten« wohl nicht viel länger möglich ist.

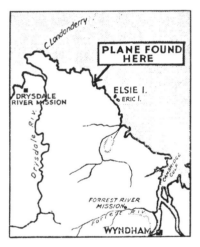

The West Australian.

MISSING AIRMEN.

SEAPLANE ON BEACH.

NO TRACE OF CREW.

AN OMINOUS REPORT.

Der 1. Tag

Perth, Mittwoch, 15. Juni.
... bei einem zweiten Flug entdeckte Pilot Sutcliffe heute das deutsche Wasserflugzeug an der Nordwestküste. Das Flugzeug war unbeschädigt.

Nach einem Bericht von Eingeborenen wurden die Piloten einige Tage nach ihrer Notlandung ermordet.
Ein Suchtrupp mit einer Barkasse verließ Wyndham heute mittag, um die Küste abzufahren. Die Polizeistreife über Land bricht heute abend auf.

THE AERIAL SEARCH.

Wyndham.
... Pilot Sutcliffe startete heute gegen 8 Uhr 30 zu einem zweiten Flug an die Nordwestküste. An Bord war wie gestern ein Mechaniker, um bei dem langen Flug Benzin aus Reservekanistern nachzupumpen. Als Beobachter flog diesmal Constable Marshall mit, der die Polizeistreife durch die Kimberleys führen wird.
Pilot Sutcliffe nahm zuerst Kurs auf Drysdale Mission, wo man wieder mit einem Tuch winkte, daß es nichts Neues gäbe, dann flog Sutcliffe zu einem anderen Teil der Küste, wo er gestern nicht hingekommen war.
Plötzlich sah die Besatzung zwischen hohen Klippen in einer Bucht ein Wasserflugzeug, auf den Strand gezogen, anscheinend unbeschädigt. Von der Besatzung war nichts zu sehen.
Auszug aus dem Bericht von Constable G. Marshall an Bord der D. H. 50:
»Die Maschine stand hoch auf dem Sandstrand. Eine Tragfläche war abgestützt und ein Schwimmer fehlte. Rund um das Flugzeug sahen wir zahlreiche Fußspuren im Sand. Ein verlassener Lagerplatz der Eingeborenen war nur 30 Yards entfernt. Wir suchten nun ein Stück der Küste und das Hinterland ab, inspizierten alle Rauchwolken, die wir ausmachen konnten, fanden jedoch kein Lebenszeichen der Vermißten. Wir kehrten zur Bucht zurück, und während Sutcliffe die notgelandete Maschine im Tiefflug überflog, warfen sein Bordmechaniker und ich Konservendosen, Tabak und einen Wassersack ab.«

Fortsetzung *West Australian:*

Launch Party on its Way.

... Die Barkasse der Meatworks verließ Wyndham heute mittag. An Bord sind Captain Crane, Constable Goad, ein Funker, ein Dolmetscher, zwei Mechaniker sowie zwei eingeborene Spurensucher.
Die Barkasse ist ein Hafenboot und sollte nur bei ruhiger See fahren. Es wird auch angezweifelt, ob eine Funkverbindung zwischen Barkasse und Wyndham möglich ist. Man konnte dem jungen Funker H. Martin vor der Abfahrt leider nicht genug Batterien für sein Funkgerät mitgeben. Die Funkverbindung mit Wyndham ist auch erschwert durch einen eisenhaltigen Berg hinter den Meatworks, wo die Funkstation aufgebaut ist.

Sgt. Flinders von Polizeistation Wyndham gibt bekannt, daß die Vorbereitungen für die Polizeistreife unter Constable Marshall beschleunigt werden. Noch am Abend wird Special Constable Ronan mit zwei Eingeborenen und vierzehn Pferden und Maultieren nach Forrest River Mission aufbrechen. Der Voraustrupp wird versuchen, in vier Tagen bis dahin zu kommen. Es dauert so lange, weil der Treck nach Süden rund um den Cambridge Gulf herum muß.
Constable Marshall wird noch zwei Tage in Wyndham bleiben, um die gesamte Ausrüstung für den Treck durch die Kimberleys zusammenzubringen, also Proviant, Sättel, Zaumzeug usw. Marshall wird dann mit einem Motorboot nach Forrest River fahren, um die Führung des Trecks zu übernehmen, mit allen Vollmachten.
Sgt. Flinders gibt weiter bekannt, daß ihm Namen von Eingeborenen genannt wurden, die die deutschen Flieger totgeschlagen hätten. Er wird die Liste mit den Namen Constable Marshall mitgeben, mit dem Auftrag, diese Eingeborenen zu finden und zu verhaften.

Der 2. Tag

The West Australian

MISSING AIRMEN.

THIRD DAY'S SEARCH

MESSAGE ON 'PLANE.

Wyndham.
... Pilot Sutcliffe startete heute morgen gegen 9 Uhr zu einem dritten und letzten Flug zur Nordwestküste. Die Postmaschine wird nach Anweisung des Civil Aviation Department morgen ihren planmäßigen Dienst wieder aufnehmen.
Pilot Sutcliffe flog sehr tief über das Wasserflugzeug auf dem Sandstrand und bemerkte, daß am Kabinenfenster ein weißer Zettel angebracht war, sicherlich eine Nachricht der verschollenen Piloten.
In Drysdale Mission gab man Sutcliffe abermals ein Winkzeichen, daß es nichts Neues gäbe. Der Pilot warf für die Fathers eine Mitteilung ab, worin beschrieben war, an welcher Stelle der Küste das Wasserflugzeug gefunden wurde. Das war in Drysdale bisher nicht bekannt.
Danach flog Sutcliffe insgesamt etwa 600 Meilen über unbekanntes Gebiet der Kimberleys, ein sehr gefährlicher Flug, wenn sein Motor ausgesetzt hätte. Die Sicht war sehr schlecht, die Suche erfolglos.
Schließlich nahm Sutcliffe wieder Kurs auf die Küste und folgte ihr Richtung Wyndham, um Verbindung mit der Barkasse aufzunehmen, die seit gestern von Wyndham aus unterwegs ist. Als er sie sah, war die Barkasse nur noch etwa 20 Meilen von der Notlandebucht entfernt.
Pilot Sutcliffe, der im Großen Krieg Bomber im Royal Flying Corps

war, warf eine Flaschenpost für die Barkasse so gut ab, daß die Flasche sofort an Bord geholt werden konnte.
Die D. H. 50 war bei der Landung in Wyndham mehr als acht Stunden in der Luft. Für Captain Sutcliffe ist damit die Suche beendet. Er wird morgen wieder auf seine Poststrecke gehen. Für die verschollenen deutschen Piloten hat er Großartiges geleistet.

*

Unterwegs ist jetzt die Barkasse der Meatworks. Das Tagebuch führt Constable Goad. Hier ein erster Auszug:
»16. Juni. Um 7 Uhr früh passierten wir La Crosse Island, etwa 48 Meilen von Wyndham an der Mündung des Cambridge Gulf gelegen. Der Himmel war bedeckt, die Wetteraussichten schlecht. An einem Sandstrand etwa drei Meilen südöstlich von Buckle Head sahen wir Rauchzeichen. Um 12 Uhr mittags ankerten wir.
P. C. Goad und die Spurensucher gingen an Land. Von einem Eingeborenen erfuhren wir, daß in dieser Gegend keinerlei Spuren der vermißten Flieger gefunden wurden.
Um 14 Uhr überflog uns die Postmaschine. Der Pilot Sutcliffe warf eine Flaschenpost ab, daß er die Notlandebucht überflogen, aber nichts von den Gesuchten gesehen habe. Auch in Drysdale habe er keine Neuigkeiten erfahren. Ferner habe man südlich und westlich der am Vortag abgesuchten Landstriche ein weiteres großes Gebiet abgeflogen, ohne jedoch Rauchzeichen oder Eingeborene zu entdecken.
Um 18 Uhr 45 erreichte die Barkasse die Notlandebucht bei Nieselregen und ankerte für die Nacht.«

In Wyndham ist man beunruhigt, da man bis zum Abend noch keinen Funkspruch von der Barkasse erhalten hat. Das mit den Batterien scheint nicht zu funktionieren.
Man erinnert sich jetzt in Wyndham auch daran, wie hinterhältig die Aborigines sein können, so wie damals, als sie sich anscheinend unbewaffnet einigen Missionaren näherten, dann aber plötzlich ihre

Speere warfen, die sie zwischen den Zehen ihrer Füße durch das hohe Gras gezogen hatten.

Nur Mr. Leslie McChie, seit vierzehn Jahren Manager der Meatworks, glaubt nicht daran, daß die Aborigines gemordet haben, nach seiner Meinung sei inzwischen der Einfluß der Missionare und der Buschpolizei größer geworden. Der Manager macht allerdings die Einschränkung, daß erfahrene Australier die Eingeborenen sicherlich richtiger behandeln würden als die Europäer. Wenn die etwa eine Waffe gehabt hätten, würden sie nicht lange gelebt haben.

An Mord glaubt Mr. McChie also nicht, er glaubt aber auch nicht, daß die beiden noch leben. »Sie waren vor der Regenzeit einen Monat im Busch«, meint er, »da werden sie kein Wasser gefunden haben.«

Nein, so oder so, eine Überlebenschance gibt man den Verschollenen nicht mehr, nach nunmehr dreiunddreißig Tagen in den Kimberleys.

Der 3. Tag

Am Morgen des 17. Juni ankert die Barkasse der Meatworks in der Notlandebucht. Es berichtet Constable Goad:

»17. Juni. Captain Crane, P. C. Goad und die Eingeborenen gingen im Dinghy an Land und untersuchten den Strand und die Umgebung des Flugzeugs nach Spuren der Besatzung. Fußspuren von Eingeborenen, auch solche von Frauen, Kindern und sogar Hunden, waren zahlreich zu sehen. Einige waren erst drei oder vier Tage alt und hatten die Spuren der Weißen offensichtlich unkenntlich gemacht. Zwei Dosen Wyndham Beef und eine Dose Zunge, die Captain Sutcliffe abgeworfen hatte, lagen in der Nähe, waren jedoch beim Aufprall zerborsten. Überreste einiger kleiner Feuerstellen, wie sie Eingeborene machen, waren zu sehen, keine war

jedoch so groß, daß sie hätte von den Weißen stammen können. Wir fanden auch keine leeren Flaschen oder Büchsen, aus denen sich die Weißen verpflegt hätten, ebensowenig leere Patronenhülsen.
Es besteht kein Zweifel, daß Eingeborene das Flugzeug besucht hatten und in die Kabine eingedrungen waren, da der Inhalt verschiedener Fächer in großer Unordnung über den Boden verstreut lag. Einige der Papiere, Karten und Fotos waren naß, und auf dem Kabinenboden fand sich eine gewisse Menge des weißen Sandes vom Strand.
Eine Nachricht auf Englisch, die am Fenster des Wasserflugzeugs befestigt war, lautete:
»*27. 5. 32*   *Australien*
Heute verließen wir das Flugzeug in einem zum Boot umgebauten Schwimmer in westlicher Richtung entlang der Küste. Bertram.«
Die Maschine ist ein Achtsitzer aus Ganzmetall, Typ Junkers, mit dem Kennzeichen D 1925 am Rumpf und der Flügelunterseite. Auf dem Rumpf steht in einer dünnen, roten Raute »Bertram Atlantis Expedition«. »Atlantis« ist der Name des Eindeckers. In der Kabine fanden wir einen großen Lederkoffer, den wir zum Verpacken von Logbüchern, Maskottchen, Kamera, Filmen, Karten, Schutzhelm, Briefen, Fotos, einer großen Zahl frankierter Briefumschläge und verschiedenen anderen Gegenständen benutzten, die wir nach Wyndham mitnahmen.
Die Maschine wurde mit zusätzlichen Seilen und Pflöcken gesichert. Der linke Flügel, unter dem der Schwimmer entfernt worden war, wurde aufgebockt, das offene Cockpit wurde mit einem Wollsack abgedeckt. Eine Nachricht über die Auffindung von Bertrams Botschaft und die Sicherstellung der persönlichen Habseligkeiten der Besatzung wurde hinterlassen.
Um 14 Uhr 15 verließ die Barkasse die Notlandebucht und steuerte nach Westen, bis uns der Einbruch der Dunkelheit zwang, in einer namenlosen Bucht unmittelbar östlich von Cape Bernier zu ankern.«
Soweit der Tagesbericht von Constable Goad.
Die Barkasse ankert also in dieser Nacht »unmittelbar östlich von

Cape Bernier«, wo vor zwei Tagen Bertram und Klausmann in den Felsen lagen – und wo sie vielleicht auch heute nacht im Nieselregen liegen und warten.

Der dritte Tag soll abgeschlossen werden mit einer makabren Pressenotiz der *West Australian*:

"Kill 'em and Eeat 'em."

lautet die Überschrift eines Berichts aus Wyndham, wonach Kinder von Eingeborenen sich dieses Wortspiel lachend zurufen.
Man brauche das nicht wörtlich zu nehmen, sagt man, aber auch die erwachsenen Eingeborenen in Wyndham würden zugeben, daß sie schon andere Eingeborene verzehrt hätten. Man habe, so schließt dieser Teil des Berichts, noch in undelikaten Einzelheiten vom Kannibalismus gesprochen.
Wenn aber die beiden Piloten aus Erschöpfung gestorben wären, so würden die Eingeborenen sie nicht anrühren. Sie würden auch nicht mehr von ihnen sprechen, und das, so glaubt man inzwischen, sei der Grund, weshalb man nichts mehr erfahren würde, nachdem man die ersten Spuren fand.
Wenn die Eingeborenen, so sagt man abschließend, die Weißen tot gefunden hätten, so würden sie im Busch verschwinden – »go bush«, wie es heißt.

Der 4. Tag

Die Barkasse, die in der letzten Nacht in einer »namenlosen Bucht« östlich von Cape Bernier ankerte, bricht bei Tagesanbruch auf, um weiter Richtung West entlang der Küste zu suchen. Aus der Notiz am Kabinenfenster der *Atlantis* weiß man, daß die Verschollenen

mit dem abmontierten Schwimmer Richtung West gefahren sind. Also wird man Richtung West suchen und wird in den nächsten Stunden um das vor ihnen liegende Cape Bernier kommen, wo die beiden umherirrenden Piloten ihre letzte Zuflucht gefunden hatten, als sie nicht mehr weiter konnten.
Fortsetzung aus dem Bericht des Constable Goad an Bord der Barkasse:
»18. Juni. Wir verließen unseren Ankerplatz um 6 Uhr und suchten bis 7 Uhr in Richtung Westen. Dann zwang uns schwere See, zur Notlandebucht zurückzukehren, wo wir um 11 Uhr bei leichtem Regen eintrafen.
Über Nacht lagen wir vor Anker. Weiterhin Sprühregen.«
So war es!
Nur eine Stunde fuhr die Barkasse gegen die schwere See Richtung West, dann mußte sie beidrehen. Es war nur ein Hafenboot, wie wir wissen und nicht seetüchtig. Man machte also kehrt vor Cape Bernier, wo man die Tragödie, die nunmehr fünfunddreißig Tage dauert, vielleicht hätte beenden können.
Die schwere See hatte es verhindert – so als ob jemand einen Daumen dazwischen gehalten hätte.

An diesem vierten Tag kommt die »andere Seite« nicht viel weiter. Es gibt kein Flugzeug mehr über den Kimberleys, die Barkasse liegt fest und in Wyndham, wo man keine Funkverbindung hat, sucht Constable Marshall für seinen Polizeitrupp die letzte Ausrüstung zusammen. Er hat Zeit und kann sich sorgfältig vorbereiten, da Pferde und Maultiere immer noch unterwegs sind und erst morgen abend in Forrest River eintreffen. Marshall wird mit dem Motorboot nach Forrest River fahren, um dann die Führung des Trecks zu übernehmen – wenn er in Forrest River zur Verfügung hat, was er braucht, also genügend Reit- und Lasttiere und genügend Buschmänner, die ihn dahin führen können, wo man die Spuren gefunden hatte und wo er mit seiner Suche beginnen will.
Fortsetzung aus dem Bericht des Constable Marshall, der nun die führende Rolle übernehmen wird in diesem »Spiel der Zufälle«, oder wie man diesen Kampf um das Leben zweier Menschen

bezeichnen will. Hier Auszüge aus seinem Tagebuch und aus den Berichten für seinen Vorgesetzten Sgt. Flinders:
»*Samstag, 18. Juni.*
Ich verließ Wyndham an Bord des Bootes der Forrest River Mission mit Ausrüstung, Sätteln und Lebensmittelvorräten, um den Polizeizug, der Wyndham am 15. d. M. verlassen hatte, in Forrest River zu treffen.
Sergeant Flinders gab mir eine Liste mit den Namen von fünf Eingeborenen mit, die möglicherweise als Mörder der deutschen Piloten festzunehmen waren.
Um 19 Uhr traf ich bei der Mission ein, wo ich die Suchaktion nach der vermißten Besatzung des deutschen Wasserflugzeugs Atlantis zu organisieren hatte, das am 15. d. M. an einem Strand bei Rocky Island von dem Piloten Sutcliffe, einem Bordmechaniker und mir entdeckt worden war.
Bei meiner Ankunft in Forrest River begrüßte mich Missionar Smith. Er teilte mir mit, daß Reverend James Noble und Ned (Eingeb.), die mir laut Absprache mit Superintendent Johnson für die Suchaktion zur Verfügung stehen sollten, mit neun Boys losgezogen wären, um auf eigene Faust mit der Suche zu beginnen. Smith sagte mir weiter, daß auch Johnson inzwischen losmarschiert sei, um weitere Buschmänner auf die Suche zu schicken. Am 16. hatte er eine Nachricht geschickt, daß Fred Sanders (Mischling) mit 100 Pfund Mehl und Pferden zu ihm stoßen solle.
Das war alles. Smith meinte, Johnson müsse heute nacht oder morgen (18. oder 19.) zurückkehren, da er nicht genügend Nahrungsmittel habe, um länger zu bleiben. Smith hatte auch von Eingeborenen gehört, daß die Vermißten ermordet worden seien, wußte jedoch nicht, durch wen oder durch was dieses Gerücht in Umlauf gekommen war. Smith ist äußerst hilfsbereit, und ich bin sicher, er sagt mir alles, was er weiß.
Ich zog Erkundigungen unter den Eingeborenen ein wegen dem Zigarettenetui, das an einem Strand in der Nähe von E. und E. Islands gefunden und von einem Eingeborenen Father Cubero, der in der Nähe ankerte, übergeben worden war. Es wurde durch Läufer mit einem Brief an Sgt. Flinders in Wyndham geschickt, ist

dort jedoch nicht angekommen. Keiner von den Eingeborenen scheint davon irgend etwas zu wissen. Ich gab den Eingeborenen Tabak und Smith hielt ihnen einen Vortrag, daß jeder von ihnen, der irgend was über die Vermißten wisse, das erzählen müsse. Ich sprach auch mit Mrs. Noble. Sie sagte, sie habe nichts gehört, würde jedoch herumfragen, da eine Anzahl Schwarzer aus jener Küstenregion, in der das Flugzeug niedergegangen war, vor etwa neun Tagen die Mission besucht hatte. Sie waren jedoch nur eine Nacht geblieben und dann in Richtung Drysdale River weitergezogen.«

Der vierte Tag ist zu Ende. Nichts Neues. Die Barkasse ankert in der Notlandebucht, und Marshall wartet in Forrest River auf seine Pferde und Maultiere, die morgen eintreffen werden; er hofft, daß auch James Noble und Ned und die anderen, die die Kimberleys kennen und die ihn begleiten sollen, rechtzeitig von ihrer übereilten Suchaktion zurückkommen.
Dieses planlose Suchen ist nach seiner Ansicht wenig erfolgversprechend. Marshall hat einen Plan, aber dazu braucht er die erfahrenen Bushmen, die ihm vorerst davongelaufen sind.
Also auch Constable Marshall muß warten – und die Zeit vergeht.

Der 5. Tag

Den fünften Tag beginnen wir wieder mit der Barkasse. Hier Constable Goad:
»19. Juni. Nieselregen. Um 8 Uhr verließen wir die Notlandebucht und untersuchten die Küste in nordwestlicher Richtung bis Cape Bulhieres und Bulhieres Bay. Dem King George River folgten wir zwei Meilen flußaufwärts, wo wir um 13 Uhr Anker warfen. Um 14 Uhr fuhr unser Dinghy zwei weitere Meilen flußaufwärts bis zu dem Doppel-Wasserfall. Der Fluß ist an dieser Stelle 35 Faden tief

und mit Alligatoren und Haien verseucht. Um 18 Uhr kehrte das Dinghy zur Barkasse zurück. Übernachtung an Land.«

Wenn man auf der Karte vergleicht, so ist die Barkasse an diesem 36. Tag nach der Notlandung an Cape Bernier vorbeigefahren, weiter bis Cape Bulhieres und zum King George River, weit im Westen. Von Bord der Barkasse hat man im Nieselregen nichts auf den Felsen am Cape Bernier gesehen – und ob die beiden, die vielleicht noch da drüben liegen, die Barkasse gesehen haben, wissen wir noch nicht. Bemerkbar gemacht haben sie sich nicht.

Aus dem Tagesbericht von Constable Goad sollten wir noch die Bestätigung lesen, wie verseucht mit Krokodilen und Haien die Buchten an der australischen Nordwestküste sind. Der »King George River«, von dem Goad spricht, führt übrigens nur Wasser in der Regenzeit. Wenn die vorüber ist, gibt es nur noch ein ausgetrocknetes Flußbett, mit Brackwasser an der Mündung. Da bleiben dann die Krokodile.

Forrest River, am gleichen Tag, Fortsetzung aus dem Bericht Marshall:

»Sonntag, 19. Juni.
Stellte sicher, daß sich in der Mission kein Boy befand, der die Küste bis hinunter zu Rocky Island kennt, da alle mit Noble und anderen Suchtrupps unterwegs sind. Schickte fünf Boys los, denen ich Tabak versprach, wenn sie mir drei Boys brächten, die mir die Süßwasserquellen an der Küste bis Drysdale zeigen könnten. Nach Absprache mit Smith ließ ich Rinder zusammentreiben, einige Ochsen schlachten und packfertig einsalzen. Während des ganzen Tages hörte ich mich bei den Schwarzen um. Ein Boy namens »Ronald« erzählte mir, er stamme aus der Küstengegend nahe »Oomerry« (der King George River in der Eingeborenensprache). Sofort verständigte ich mich mit Smith und engagierte Ronald. Ein anderer Boy mit Namen »Gurrogg«, der sich gerade von einer Operation im Krankenhaus von Wyndham erholt, gab an, die Küste bei Drysdale zu kennen, doch konnte mir dies nichts nützen. Ich suchte jemanden, der die Süßwasserquellen an der Küste von der Notlandebucht aus kannte, da es eine reine Verschwendung von Zeit und Pferden gewesen

wäre, blindlings an die Küste zu marschieren und Wasser zu suchen. Ich stellte fest, daß kein Eingeborener in der Mission zurückgeblieben war, der die Küste und die Wasserstellen zwischen der Notlandebucht und Drysdale kannte. Alle waren sie auf Suche.
Ich hörte mich unter den Schwarzen um, konnte jedoch nichts über das Flugzeug oder seine Besatzung erfahren. Ich bat auch Mrs. Noble und schwarze Boys aus der Mission, mit den Eingeborenen zu sprechen.
Ein Boy erzählte, daß Hector ein großes Eingeborenenlager zwischen Forrest River und Drysdale gefunden habe. Diese Schwarzen hätten ihm berichtet, daß einige Buschmänner von der Küste – darunter auch die Namen, die wir haben – sie vor neun Tagen auf dem Weg von der F. R. Mission besucht und von der Tötung zweier Weißer erzählt hätten. Wie und wo behielten sie für sich. Dann waren sie weitergezogen.
Laut Hector hießen die Hauptbeteiligten an der Tötung Manarra, Donganga, Wajana alias Monamool alias Bungeye, der König eines Nomadenstammes an der Küste.

Ernest, ein Boy, den ich mitnehmen werde, wenn Johnson nicht zurückkommt, erzählte mir, daß er Bungeye kennt. Er habe schon in Gribbles Zeit einmal einen Weißen an der Küste getötet. Thomas Ronan und die Spurensucher Gerard und Eric trafen um 20 Uhr mit der Tragtierkolonne ein. Die unbeschlagenen Pferde waren wundgelaufen und ein Maultier lahmte. Ronan hat den Marsch von Wyndham hierher in vier Tagen geschafft, was bei diesem schwierigen Gelände sehr schnell ist.«

Der 6. Tag

Fortsetzung Bericht Marshall:
»Montag, 20. Juni.
Heute frühmorgens erzählte mir Mrs. Noble, daß eine alte Frau im

Buschlager etwas wisse. Ich ließ diese alte Eingeborene (sie heißt Mooger und ist blind) von Mrs. Noble und Ernest als Dolmetscher befragen. Sie gab an, die Männer, deren Namen wir haben, seien von der Küste gekommen, hätten sich Tabak geholt und ihr – nur ihr allein – erzählt, daß sie das Wasserflugzeug bei der Landung beobachtet hätten. Sie gehen um Tabak bitten. Weißer Mann gibt keinen. Später, sie wußte nicht wann und auch nicht, ob in der Nähe des Flugzeugs, beobachteten diese Schwarzen, wie weiße Männer wilde Trauben essen am Meer und Bungeye und Yorgin schleichen hin, speeren sie mit steinerner Lanze, ziehen ihnen Kleider aus und Blut ist auf weißem Hemd. Nehmen Zigarettenetui und alles und lassen Männer liegen. Sie essen sie nicht und sie verscharren sie nicht. Sie nehmen Gewehr und Patronen von den Weißen. Weiter erzählt sie, der Schauplatz des Mordes, von dem die Männer erzählten, heiße Leega (Eingeborenensprache). Keiner der Schwarzen von der Küste habe Kleidungsstücke von den Weißen bei sich gehabt, aber sie sagten, der Rest ihres Lagers habe sie und warte bei der Drysdale Mission.

Ich ließ einige von den Boys herumhorchen, doch anscheinend ist die Alte die Einzige, die überhaupt etwas weiß. Ich fragte die Boys, wo Leega liegt, und zwei von ihnen – Ronald und ein anderer – meinen, es sei am Ufer des Oomerrill (Eingeborenenname für den Berkeley) auf der Seite von Wyndham. Nachdem ein Schwimmer der Maschine fehlt, meinen sie, die Vermißten könnten den Berkeley überquert haben.

Es scheint, daß »Bungeyes Haufen« diese Geschichte nur der Alten erzählt hat – natürlich besteht nur eine geringe Chance, daß sie die Wahrheit sagt.

Ich ließ noch einen Ochsen schlachten und einsalzen sowie die Polizei- und andere Pferde beschlagen, ebenso die meisten Maultiere. Mir war klar, daß es wenig Sinn hatte, eine Expedition wie die unsere mit meinen wenigen Tieren in Angriff zu nehmen: Die meisten von uns hätten laufen müssen und wir wären sehr langsam vorangekommen. Hier machte ich von meiner Entscheidungsfreiheit Gebrauch und lieh mir alle Maultiere und Pferde der Mission, die robust genug für den Marsch schienen.

Die Boys, die ich losgeschickt hatte, kamen zurück, ohne Eingeborene gefunden zu haben, die die Wasserstellen an der Küste kannten. Auch ich hatte tagsüber keine weiteren Informationen erhalten. Ein Boy aus der Mission, er heißt Ronald, soll als Kind an der Küste gelebt haben. Ich verpflichtete ihn.
Mr. Johnson war am Abend noch nicht zurück. Ich beschloß, am nächsten Morgen aufzubrechen und die Boys mitzunehmen, die ich hier auftreiben konnte. An Johnson schrieb ich einen Brief mit der Bitte, mir jedwede Neuigkeit bezüglich der Vermißten, alle ortskundigen Boys und auch jede Nachricht von Noble nachzuschicken, da ich die Männer unter allen Umständen, tot oder lebendig, finden und bergen müsse. Für Sgt. Flinders schrieb ich einen Lagebericht. Während des Tages erhielt ich keine neuen Informationen.
Ich ließ die Lasten fertigmachen.«

Zum Abschluß des 6. Tages nochmals kurz an Bord der Barkasse, Sergeant Goad:
»20. Juni. Lichteten um 6 Uhr 30 bei Nieselregen Anker und liefen gegen sehr rauhe See und leichten Sturm zur Notlandebucht, die wir um 15 Uhr 30 erreichten. Gingen an Land, trockneten unsere Kleidung und lagerten.«
Am Abend des sechsten Tages ist also die Barkasse wieder zur Notlandebucht zurückgefahren, Richtung Ost diesmal und damit wieder an Cape Bernier vorbei. Wieder Nieselregen und keine Sicht.
Damit beendet die Barkasse ihre Suchaktion, erfolglos. Die Männer an Bord haben ihr Leben eingesetzt, als sie mit dem seeuntüchtigen Hafenboot weite Strecken über die Timorsee fuhren.
Constable Goad soll noch kurz über den Schluß berichten:
»21. Juni. Zu hoher Seegang, um die Bucht verlassen zu können. Himmel bedeckt, Nieselregen. Captain Crane und P. C. Goad gingen an Land und untersuchten das Wasserflugzeug, da der Tidenhub in der vorausgegangenen Nacht außergewöhnlich groß gewesen war. Das Flugzeug stand sicher und war seit unserem letzten Besuch sichtlich unberührt geblieben.«

»22. Juni. Verließen die Notlandebucht um 6 Uhr und erreichten, nachdem wir den ganzen Tag schwere See und leichten Sturm gehabt hatten, kurz nach Sonnenuntergang La Crosse Island. Wir fuhren die ganze Nacht durch und erreichten Wyndham um 6 Uhr früh am 23. Juni.«

Gez. V. R. Goad
P. C. 1613

Somit kein Flugzeug mehr, keine Barkasse mehr – da ist jetzt nur noch Marshall.

Der 7. Tag

Der siebte und damit letzte Tag, den wir auf der »anderen Seite« bei den Suchaktionen bleiben wollten, beginnt mit einer Überraschung. Hier Marshall:
»Dienstag, 21. Juni.
7 Uhr – ich hatte eben aufpacken lassen und war im Begriff, die Mission mit allen Boys, die ich zusammenbringen konnte, zu verlassen, als Johnson hereingeritten kam. Er sagte, daß ihm neun Eingeborene an der Kette unter Aufsicht von Boys der Mission folgten. Johnson war ziemlich sicher, alle Eingeborenen festgenommen zu haben, die an der Tötung der Flieger beteiligt gewesen seien, mit Ausnahme eines Boys namens Dangan, der aus einem Lager am Tyne stamme. Er wollte auch diesen noch suchen lassen, jedoch riet ich ihm, dies vorerst aufzuschieben, da wir alle Eingeborenen für die Suche nach den Vermißten oder ihren Leichen bräuchten. Wir hatten ja noch keine Sicherheit, daß sie wirklich ermordet worden waren.
Johnson sagte mir, ich könne so viele Boys von ihm nehmen, wie ich wolle, auch Pferde und Maultiere.

Um 15 Uhr erhielt ich folgenden Funkspruch von Sgt. Flinders: »Nachricht am Flugzeug die Deutschen verließen die Maschine in einem Schwimmer als Boot etwa am 27. Mai und fuhren in nordwestlicher Richtung«.
Die neun Schwarzen an der Kette und ihre Bewachung kamen ebenfalls um 15 Uhr hier an. Ich ließ Mrs. Noble, Gerard und mehrere andere Boys für etwa eine Stunde mit ihnen allein. Alles, was meine Dolmetscher aus ihnen herausbekamen war, daß drei andere Eingeborene die Weißen getötet hätten. Da die neun alle aus dem Gebiet der Notlandebucht stammen und vier von ihnen mit jenen identisch sind, deren Namen mir Sgt. Flinders für eine spätere Verhaftung in Zusammenhang mit den vermißten Fliegern gegeben hatte, beschloß ich, sie gefangen zu halten und mitzunehmen. Sie konnten mir im Küstengebiet von Nutzen sein und würden auf dem Marsch vielleicht einigen Boys erzählen, was sie wirklich über die Vermißten wußten.
Johnson stimmte mir zu. Er sagte: »Später werden sie reden.«
Ich war nun bereit, die Mission am nächsten Morgen zu verlassen. Der Missionar Harry Smith legte großen Wert darauf, mich zu begleiten, er ist gut zu gebrauchen. Ich fragte Johnson, ob er ihn mit mir gehen lassen würde, und Johnson willigte ein. Mein Gedanke war, daß die Teilnahme von Smith alle eventuellen Gerüchte von vornherein unglaubwürdig machen würde, die die Schwarzen später über das Vorgehen der Polizeistreife in Umlauf bringen mochten.
Unser Suchtrupp besteht aus mir selbst (verantwortlich), Harry Smith, Thomas Ronan, Frederick und Edgar (Mischlinge), den Spurensuchern Gerard und Eric, sechs Boys von der Mission als Sucher und Meldeläufer und neun Mann an der Kette. Superintendent Johnson war erleichtert, daß ich diese Gefangenen mitnahm. An Tieren habe ich 14 Maultiere und sieben Pferde. Die Lebensmittelvorräte müssen für alle 22 Teilnehmer sechs Wochen ausreichen. Darüber hinaus habe ich leichte Kost, Arznei, Milch und eine halbe Gallone Alkohol bei mir für den Fall, daß wir die Vermißten lebend finden.
Unsere Tagesetappen werden lang sein, ohne Mittagspause. Wir

marschieren rasch, so rasch als möglich, durch ein, gelinde gesagt, niederträchtiges Gelände.«

W. G. C. Marshall
Const. 1557

Zu dem Treck durch die Kimberleys, zu dem Constable Marshall morgen bei Tagesanbruch mit seinen Begleitern – darunter neun angekettete Aborigines – aufbrechen wird, noch ein kurzer Auszug aus der *West Australian:*
... Mr. J. F. Flinders und Mr. O. Hiddons, zwei erfahrene Bushmen, sagen, daß der Weg zur Nordwestküste nahezu unpassierbar sei mit Schluchten, Felsen, Busch, messerscharfem Gras und faulen Wassertümpeln, verseucht mit Krokodilen.
So sind hier die Kimberleys, und es ist nur zu hoffen, daß die beiden deutschen Piloten da nicht hineingegangen sind.
An der Küste war ihre einzige Chance.

Die sieben Tage auf der »anderen Seite« sind zu Ende, am Abend des achtunddreißigsten Tages nach der Notlandung.
Was ist mit Bertram und Klausmann, die wir vor sieben Tagen verlassen haben?
Was ist am Cape Bernier?

Eine Höhle am Cape Bernier

Seit dem 32. Tag, mittags, Regen, Nieselregen, Tag und Nacht. Das also ist die Regenzeit, der australische Winter. Zu Hause beginnt jetzt, Mitte Juni, der Sommer, hier, auf der südlichen Seite der Erde, beginnt der Winter. Schnee wird es in Nordaustralien wohl nicht geben, dazu sind wir zu nah am Äquator, aber pausenlos Regen. Und dazu der kalte Seewind, eisig kalt.

Alles ist naß, überall nur Wasser, wo es vorher kein Wasser gab, wo wir es in einem zusammengebundenen Regenmantel mitschleppen mußten, als wir durch den Busch krochen, quer durch die Insel Melville, wie wir glaubten, und wieder zurück zur Küste, als wir wußten, wo wir in Wirklichkeit waren. Dann haben wir das Trinkwasser in die letzte dichte Kammer unseres Schwimmers gefüllt, den wir zersägten, um noch eine Nußschale zu haben, mit der wir entlang der Nordwestküste Australiens fahren wollten. Wir sind nicht weit gekommen, und jetzt liegt das zerrissene Blech des Schwimmers drüben zwischen den Felsen, wird von den Wellen hin und her geworfen, ist immer höher auf den Strand geklettert, getragen vom Hochwasser, als es zwischendurch den Sturm gab. Die Kammer, in der das Trinkwasser war, ist längst leck geschlagen, das Trinkwasser mit Meerwasser vermischt, also ungenießbar.
Warum eigentlich kann man Meerwasser nicht trinken? Wie war das, als wir am Anfang sieben Tage ohne Wasser waren und lernen mußten, was Durst heißt, warum kamen wir damals nicht auf den Gedanken, Meerwasser zu trinken? Merkwürdig, aber es ist tatsächlich so, daß man keinen Augenblick daran gedacht hat, weil man wohl wußte, daß mit dem salzigen Meerwasser das Ende gekommen wäre. Deshalb also verdursten Schiffbrüchige auf ihrem Floß, wenn sie kein Trinkwasser haben, während sie auf einem Meer von Salzwasser schwimmen.
Als wir, nach Wasser lechzend, an der Küste zum Flugzeug zurücktaumelten, um zum schmutzigen, öligen Kühlwasser, zu diesem herrlichen Trinkwasser, zu kommen, haben wir mit keinem Gedanken daran gedacht, das Wasser zu versuchen, das neben uns mit jeder Welle bis vor unsere Füße kam. Nicht einmal zur Abkühlung des heißen Körpers wollten wir ins Meerwasser, wir hatten einfach Angst vor dem Salz!
Gedanken um Wasser brauchen wir uns jetzt nicht mehr zu machen – wir sind umgeben von Süßwasser, glitzernden kleinen Tümpeln in Felslöchern. Verdursten werden wir also nicht, das ist gut so und ein Trost. Die Vorstellung, daß das Ende auch ein Verdursten hätte sein können, erschreckt uns immer wieder. Daß wir *die* Angst nicht mehr haben brauchen, dafür sind wir dankbar.

Wir brauchen in diesen Tagen nicht viel, um dankbar zu sein, und das ist wohl der Gegensatz zum Überfluß. Was will man eigentlich noch, wenn man im Überfluß lebt? Wofür soll man noch dankbar sein? Da gibt es nur noch die Müdigkeit des Sattseins, die Wunschlosigkeit, die Langeweile, die so groß werden kann, daß das ganze Leben langweilig und unwichtig wird, zum Wegwerfen.
Gedanken um Gedanken. Ich habe jetzt Zeit zum Denken, was anderes kann ich nicht mehr tun. Zum Kämpfen haben wir keine Kraft mehr, seitdem wir am Cape Bernier liegen und nicht mehr weiterkönnen.
Da flog das Flugzeug vorüber, da war die Zahnoperation, dann kam das Warten. Und der Regen. Aber es kam keine Infektion nach der rostigen Zange, kein Fieber. Nur die Schwäche wurde größer, bei uns beiden, auch bei Klausmann.
Nur einmal konnte er bei Ebbe zwischen den überspülten Felsen nach Muscheln suchen, dann nicht mehr.
Wir konnten uns nur einen möglichst großen Fels suchen, konnten uns aneinanderschmiegen. Wir konnten aber kein Feuer machen, weil das Holz, das zwischen den Felsen angeschwemmt war, zu naß war, so wie wir selbst. Wir versuchten, zwischen den großen Felsbrocken hindurchzukriechen oder darüber hinweg, weil es hinter der Steilküste vielleicht einen Unterschlupf gab. Aber wir kamen nicht weiter, die ersten drei Tage nicht. Und der Nieselregen hörte nicht auf.
Wie ist es nur möglich, daß wir nicht krank werden? Nach fünfunddreißig Tagen jetzt ohne Nahrung muß der Körper doch widerstandslos sein. Aber kein Fieber, nichts. Nur die Zahnschmerzen kamen nochmals wieder, dafür hatten wir die umgebogene Nadel, die wurde nochmals im Zahn herumgedreht und der Eiter kam heraus. Danach gab es keine Schmerzen mehr.
An diesem fünfunddreißigsten Tag rauchen wir unsere letzte Pfeife. Bei der Notlandung waren zwölf Zigarren, 50 Zigaretten und ein Päckchen Tabak an Bord. Der Vorrat wurde für vierzehn Tage rationiert. Aus den vierzehn Tagen wurden fünfunddreißig. Die Rationen wurden immer kleiner, zum Schluß blieb nur noch ein Rest Tabak, unser größtes Vermögen. Während der Regentage

erlauben wir uns am Abend eine Pfeife gemeinsam und hatten für Minuten die Vorstellung von Wärme. Als schließlich der letzte Krümel Tabak verbrannt war, legte Klausmann die Pfeife zu unserem verrosteten Werkzeug.

Der sechsunddreißigste Tag ist wieder ein Sonntag. Vor fünf Wochen gab es einen Start in Kupang – da war unser Flugzeug noch heil. Vor drei Wochen, wieder an einem Sonntag, fuhren wir mit einem Teil unseres Flugzeugs aus der Notlandebucht hinaus auf die Timorsee – der Rest des Schwimmers ist das Blech drüben am Strand.
Wie lange liegt das alles zurück? Haben wir wirklich alles versucht, uns zu helfen? Vielleicht könnten wir noch einmal ein paar Meter vorankommen, weg von der nassen Welt, in der wir hier liegen.
Und so brechen wir an diesem sechsten Sonntag noch ein letztesmal auf, nehmen nur ganz wenig mit, vor allem das Feuerzeug – unseren Magnet und die kleine Flasche mit Benzin und Watte.
Wir kriechen los, denn mehr als kriechen können wir nicht. Auch nicht mehr weit, vielleicht hundert Meter nur entlang der Küste, durch Steingeröll, um einen Felsvorsprung herum – und vor uns liegt eine Höhle!
Wir haben unsere Höhle am Cape Bernier gefunden.

Hier liegen wir nun, ruhig, weich, trocken – und glücklich, wenn man verstehen würde, daß ein Mensch auch am Ende glücklich sein kann. Ich werde versuchen, von dem Wunder zu erzählen, das wir in dieser Höhle erleben durften.
Es ist ein großes Loch im Fels, mehrere Meter tief und breit, liegt hoch über dem Wasserspiegel, offen zum Meer hin. Die Decke über uns wölbt sich wie eine Kuppel. Ein Felsvorsprung schützt den Eingang, läßt keinen Regen herein. Achtzig oder hundert Meter vor uns ist Cape Bernier, und die Brandungswellen an den Felsen drüben dröhnen wie Glockenschläge in unsere Höhle – wir sind in einer Kirche, in einem Dom. Hier können wir auf das Ende warten, hier ist es unbeschreiblich schön.
In den steinigen Mulden rings um die Höhle, so hoch gelegen, daß

kein Meerwasser hineinschlägt, hat sich das Regenwasser gesammelt. Bis zum Überlaufen sind die Becken gefüllt und wie bei Wasserspielen fallen die Regentropfen in den Reichtum unseres Wassers. Auch wenn der Regen jetzt aufhören würde, ist um uns ein Wasservorrat für Wochen – das ist schön, wenn wir auch kein Trinkwasser mehr für Wochen brauchen.

In der Höhle ist Seetang angeschwemmt und Holz, irgendwann mal vom Hochwasser oder von einer Sturmflut. Wir können uns ein Lager zurechtmachen, ein Feuer, unsere Kleider trocknen, wir können alles, was wir in vielen Tagen nicht konnten.

Hier liegen wir also, brauchen nichts mehr zu tun, nur ein Stück Holz nachlegen von Zeit zu Zeit. Wir können uns ausruhen, warten – und denken.

Wie vieles gibt es zu denken, wenn man warten muß, über ein ganzes Leben kann man nachdenken. Einen Spiegel kann man sich vorhalten und versuchen, sich selbst zu sehen – und zu erkennen, was man falsch gemacht hat.

So frage ich mich nach sechsunddreißig Tagen an der australischen Nordwestküste, was ich falsch gemacht habe in dieser Zeit, so daß ich jetzt hier liegen muß.

Alles habe ich falsch gemacht, von Anfang an!

Warum bin ich zu einem Nachtflug über die Timorsee gestartet? Hatte das eine Bedeutung für meine Aufgabe? Nein – es war meine Eitelkeit, es sollte etwas Besonderes sein, mit dem ersten deutschen Wasserflugzeug an einem Sonntagmorgen in Australien zu landen, vielleicht gab das ein wenig mehr Presse.

Der Sturm in der Nacht hat mich dafür belohnt.

Weiter. War etwas falsch nach der Landung? Natürlich! Schon am frühen Morgen nach der Notlandung kam ein Mensch an Bord meines Flugzeuges – und ich habe ihn weggejagt, weil er Fliegen mitbrachte. Mit dem Dünkel meiner Zivilisation habe ich das Leben von mir gewiesen, das ich dann so verzweifelt wiederfinden wollte und auf das ich jetzt warte – nach menschlichem Ermessen vergebens, weil der Körper nicht mehr lange warten kann, wenn man ihn so schlecht behandelt und ihm keine Nahrung gibt.

Noch mehr Fehler? Ja – den größten, als ich meine *Atlantis*

verlassen habe! Warum sind wir nicht bei der Maschine geblieben? Warum haben wir nicht Holz und trockenes Gras gesammelt, um ein riesengroßes Rauchsignal geben zu können, wenn doch mal etwas gekommen wäre, ein Schiff draußen oder ein Flugzeug drüber. Beide sind ja auch gekommen, das Schiff und das Flugzeug. Eine große Rauchsäule wäre nicht übersehen worden, vom Schiff nicht und vom Flugzeug nicht. Nein, mein Fehler war, daß ich damals noch nicht warten wollte, oder nicht konnte, weil ich noch zu kräftig war und weil ich glaubte, uns auch hier herausholen zu können mit meinem Willen.
Ich spreche in meinen Gedanken nur von mir und von meinen Fehlern, weil *ich* allein die Schuld habe, da es meine »Expedition« ist, meine Verantwortung. Mein guter Klausmann war ein guter Kamerad, die Verantwortung aber kann nur einer haben, mag es die Verantwortung für hundert sein oder für zwei. Deshalb nehme ich alles auf mich.
Vielleicht aber hat mich die Verantwortung auch stärker gemacht. Klausmanns Körper ist ebenso jung und kräftig wie meiner, seine Nerven aber sind nicht so stark, meine sind stärker, und müssen auch stark bleiben, so hoffe ich.
Schluß jetzt mit den Selbstvorwürfen. Ich kann mir auch sagen, daß ich immer das Beste wollte, und daß man hinterher mehr weiß als vorher – wie wohl immer im Leben.

Cape Bernier, am siebenunddreißigsten und achtunddreißigsten Tag.
Alles ist unverändert – Regen und Warten. Wie lange noch? Gibt es keine Sonne mehr? Die Welt um uns wird immer dunkler, je länger es dauert, und das Flimmern ist schon vor den Augen, wenn man sich zu hastig vorbeugt, um ein Stück Holz zu nehmen.
Die paar Meter zur nächsten Wasserpfütze werden zur Qual.
Sprechen wir eigentlich miteinander? Und wenn, was haben wir uns noch zu sagen? Vormachen kann keiner dem anderen etwas, denn wie es um uns steht, das wissen wir, wenn wir uns verstohlen und prüfend betrachten: Da liegt ein Mensch, der verhungert, mit kurzem Atem und unsicher suchendem Blick.

Nur eines lebt wirklich in unserer Höhle – das Feuer!
In der kleinen Flamme zwischen uns flackert das eigene Leben, bis in die Kindheit zurück, wenn man will, in die Heimat, in die Geborgenheit des Elternhauses, in alle Schönheiten vergangener Tage, die so voll Abenteuer waren beim Flug um die halbe Welt.
Das Feuer zwischen uns ersetzt die Sonne, die wohl nicht mehr zu uns kommen wird, wenn der Regen nicht bald aufhört. Unser letztes gemeinsames Interesse gilt dem Feuer. Das darf nicht verlöschen, die Flamme darf aber auch nicht zu groß sein, um nicht zu viel Holz zu verzehren.
Mit dem Holz sind wir sparsam, denn da ist plötzlich ein gemeinsamer Gedanke: Das Feuer ist unser eigenes Leben – solange die Flamme lebt, so lange wollen auch wir leben. Wir werden das Holz in der Höhle sorgfältig zusammentragen, es rechts und links neben uns stapeln, um es Stück um Stück zu verbrennen. Nicht zuviel auf einmal, nur verlöschen darf die Flamme nicht, also dürfen wir nicht schlafen.
Die Flamme soll uns vom Leben erzählen, und wir werden warten, solange die Flamme brennt.
Es ist unser letztes Ziel.

Am neununddreißigsten Tag scheint die Sonne.
In der Nacht schon hatte es aufgehört zu regnen, ein erster Stern hatte es uns verraten. Danach kamen die anderen, die Wolken wischten weg, und der Sternenhimmel, die Unendlichkeit, war wieder über uns, so wie damals in der Nacht auf der Timorsee, als der Glaube kam.
Am Ende der Nacht dann der erwachende Tag, das werdende Licht. Im Anfang ist es mehr ein Ahnen, daß aus dem Meer weit im Osten ein erster blauer Schimmer heraufsteigt, ein Schleier von Licht. Als jetzt rote Finger wie Blitze heraufschießen, beginnt das Meer vor uns silbern zu werden. Und als die Sonne selbst, der unbeschreiblich schöne feurige Ball, über das Wasser rollt, ist es so, als ob wir mit unserer Höhle der Sonne entgegen zur Tagesseite der Erde rollen, gelöst von Erdenschwere, schwebend im All.
Es ist so schön. Ich erlebe am Morgen dieses Tages, der vielleicht

mein letzter sein wird, noch einmal die Stunde, die für mich immer die schönste war.
Das war in meinem jungen Fliegerleben immer die Stunde, in der ich die Welt eroberte, wenn ich am Ende der Nacht den Motor meines Wasserflugzeugs anwarf, den Anker hochzog, um frei zu sein, dann Vollgas gab, über das noch dunkle Wasser rollte, immer schneller, schließlich schnell genug, um das Flugzeug in den Himmel steigen zu lassen.
Meine Stunde! Wenn ich jetzt Richtung Ost flog, so war ich der Eroberer des neuen Tages, der vor mir aus dem Meer heraufstieg – so wie heute, wo ich gefesselt in einer Höhle an der Nordwestküste Australiens liege ...
Es könnte ein Augenblick der Verzweiflung sein, weiß ich plötzlich. Aber das ist nicht so. Da ist keine Erregung in der Erinnerung, nur die Dankbarkeit für das Licht der Sonne.

*

Beim Morgengrauen an diesem neununddreißigsten Tag ist Constable Marshall in Forrest River Mission mit seinem Treck aufgebrochen.
Marshall hat einen Plan:
*»Wir werden Richtung Notlandebucht marschieren, so nah an die Küste, wie es möglich ist, die Pferde heranzuführen. Meine Absicht ist, die Tragtiere unter Aufsicht von Ronan, zwei Mischlingen und zwei eingeborenen Boys dann lagern zu lassen, während Smith, ich selbst und der Rest der Gruppe mit der Suche beginnen. Wir wollen erst den Küstenstrich zum Flugzeug und zurück absuchen, dann, wenn erfolglos, etwa 30 Meilen entlang der Küste in entgegengesetzter Richtung. Danach soll das Lager verlegt und die Suche in Richtung Drysdale nach demselben Muster fortgesetzt werden.
Wer das Gelände nicht kennt, wird meine Suchmethode wahrscheinlich sehr umständlich finden. An der Küste gibt es Hunderte von Höhlen, Vertiefungen und andere Stellen, wo die Vermißten tot*

liegen können und wo nur die gründlichste Suche sie finden wird. Eine solche gründliche Suchaktion will ich durchführen.«

Der Plan des erfahrenen Bushman ist ohne Zweifel gut. Er wird also auch eines Tages zur Höhle am Cape Bernier kommen. Es ist das nur eine Frage der Zeit.

*

Dieser neununddreißigste Tag ist wunderschön.
Die Sonne steht an einem wolkenlosen Himmel, und die Sonnenstrahlen spielen mit den Schaumköpfen der Wellen, wenn sie überfallen und weiß aufleuchten. Daran erkannte man die Windrichtung, erinnere ich mich, wenn man die Schaumköpfe sah.
Unsere Höhle ist zur Sonne und zum Meer hin offen. Wir werden die Sonne den ganzen Tag hindurch sehen. Wir werden auch wissen, wie lange es noch dauert, bis die Sonne wieder ins Meer versinkt. Wir sind ja erfahrene Flieger, kennen die Daumenpeilung – der Wind kommt von da, wo der angefeuchtete Daumen kalt wird –, und wir haben auch die Möglichkeit, die Tageszeit zu wissen, ohne eine Uhr zu besitzen. Die Breite einer Hand ist bei ausgestrecktem Arm eine Stunde – also den Arm ausstrecken, die Hand anwinkeln, Finger aneinander, Daumen auflegen, die Unterkante der Hand an den Horizont halten. Fertig. Die Breite der Hand ist jetzt eine Stunde, und die Anzahl der Hände bis zur Unterkante der Sonne ergibt die Uhrzeit.
Wir haben diese Weisheit aus der Erfahrung unserer Flüge. Wenn wir Richtung Ost flogen, also der Sonne entgegen, so verkürzten wir die Zeit bis zum Sonnenuntergang. Da mußten wir aufpassen, daß wir uns nicht von unserer Uhr am Armgelenk verleiten ließen, zu lange in der Luft zu bleiben. Die Breite der Hand zwischen Horizont und Sonne zeigte uns an, wann es Zeit wurde, eine Bucht zur Landung zu suchen, um keine Nachtlandung machen zu müssen. Einmal habe ich es vergessen, ganz im Anfang. Damals flog ich von Belgrad nach Stambul, also Richtung Ost. Nach der Uhrzeit wollte ich vor Sonnenuntergang landen. Da ich das mit der Hand

noch nicht wußte und mich auf die Uhr verlassen hatte, verschwand die Sonne vor der errechneten Zeit und ich mußte eine Nachtlandung auf dem Bosporus machen. Später ist mir das nie wieder passiert, ich hatte gelernt.
So werden wir auch heute wissen, wann die Sonne untergeht.
In unserer Höhle haben wir noch eine zweite Zeitrechnung: unser Holz!
Wir haben nur noch ganz wenig, am Abend oder in der Nacht wird es zu Ende sein, wird die kleine flackernde Flamme zwischen uns erlöschen.
Wir lassen das Feuer auch während des Tages brennen, nicht zum Erwärmen, denn das tun heute die Sonnenstrahlen, nein, wir halten zu unserem Wort: Wir werden warten, solange das Feuer brennt...

Wir sind sehr müde.
Wie lange warten wir jetzt schon? Ich kann es noch zusammenrechnen: Am Morgen des dreißigsten Tages kamen wir zum Cape Bernier, das war vor neun Tagen. Und drei Tage liegen wir jetzt schon in der Höhle, seit drei Tagen starren wir ins Feuer und bleiben wach, um keinen Augenblick zu versäumen, den die Flamme vom Leben erzählt.
Haben wir nicht doch zwischendurch geschlafen? Oder ist alles vielleicht schon ein halber Schlaf? Mit klaren Gedanken zwischendurch, ganz klar, das weiß ich, wenn ich mich frage.
Ich frage mich auch immer wieder, ob ich das, was auf uns zukommt, klar erkenne, ob ich weiß, daß es zu Ende geht, vielleicht in Stunden schon. Bin ich mir darüber klar? Ja, ich weiß, daß ich mich nicht mehr dagegen aufbäumen kann. Und das *Wissen* um das Ende gibt mir die Ruhe, es zu empfangen.
Da ist kein innerer Widerstand mehr – da ist nur noch Bereitschaft. Den Gedanken an Rettung habe ich aufgegeben. Die Karte Australiens habe ich weit weggelegt. Was sagt mir noch der Name Wyndham?
Nein, ich bin müde, ich liege in der Sonne, die mich erwärmt, ich

habe die Flamme neben mir und auf der anderen Seite der Flamme meinen Kameraden. Auch er liegt ganz ruhig.
Von der Küste herüber donnern unentwegt die Brandungswellen, beim Widerhall in unserer Höhle ist es wie Dröhnen von Glocken.
Meine Augen sind geblendet vom grellen Licht der Sonne, die langsam und stetig über das Meer zieht, von Ost nach West, wo sie untergehen wird.
Morgen wird sie wieder aufgehen, denke ich, und auch wieder untergehen, immer wieder wird ein Tag beginnen und enden. Alles geht weiter, alles bewegt sich, es gibt keinen Stillstand im Leben, immer wieder ein Werden und Vergehen – damit müssen wir Menschen uns abfinden, müssen wir im Leben bestehen, so folgern meine Gedanken, die sich selbständig machen – und es wäre schwer, gäbe es nicht den Glauben . . .
Noch eine Handbreit Sonne für uns. Noch ganz wenig Holz. Wenn die Sonne untergegangen ist, wird auch das Holz zu Ende sein.
Dann wollen wir es genug sein lassen, wollen wir schlafen.
Die Sonne geht unter, hinter ihr verblaßt der Himmel, und ganz weit dahinter das Bild der Heimat.
Ein paarmal noch flackert das Feuer, dann verlöscht es.
Klausmann schläft schon, er hatte vorher gebetet, das habe ich gehört. Als auch ich mein Gebet gesprochen habe, habe ich mich auf die Seite gelegt, um endlich zu schlafen.
Vielleicht hörte ich noch das Dröhnen der Brandung, dann war nichts mehr.

. . . und schenkt uns einen Fisch

Wer ruft mich?
Von ganz weit her kommt ein Weinen, dann das Dröhnen der Brandung.
Ich bin wieder wach. Mein Kamerad hat mich nicht schlafen lassen, er weint und ruft mich. Ich bewege mich nicht, halte auch die Augen geschlossen, ich fürchte mich.

Warum muß ich ins Leben zurück, aus dem ich so ruhig gegangen war? Ich spüre, daß ich jetzt nicht mehr ruhig bleiben werde, spüre, daß sich meine Gedanken nicht mehr zufriedengeben mit dem Ende.

Warum müssen wir hier liegen, in einer Höhle? Warum müssen wir nur darauf warten, daß das Herz zu schlagen aufhört? Warum haben wir keine Kraft mehr? Wir sind doch noch so jung, wir können noch denken – warum finden wir nicht den Weg zurück ins Leben?

Ganz fest verkrampfte ich meine Hände in das Halstuch, das ich trage, dann öffne ich die Augen und suche das Leben. Das Feuer zwischen uns ist erloschen, darin ist kein Leben mehr. Aber in der Sonne, die eben aus dem Meer steigt, wird wieder Leben sein.

Ich wende mich der Sonne zu. Ihre goldenen Strahlen spielen auf dem glitzernden Wasser. In Feuer getaucht ragen die Felsen von Cape Bernier.

Und mitten in diesem Feuer steht ein Mensch.

*

Ein Mensch steht auf dem Fels des Cape Bernier, eine schwarze Silhouette gegen das grelle Sonnenlicht. Das Leben steht da drüben, und ich brauche nur zu rufen, um es zu uns zu holen.

Aber ich kann nicht rufen, bin erstarrt, kann nur denken und weiß, daß der Schwarze im nächsten Augenblick wieder verschwunden sein wird, denn in der Höhle hier kann er uns nicht sehen.

Ich sehe das Leben und kann es nicht halten. Nur hinstarren kann ich und meinen Oberkörper aufrichten, meinen Arm kann ich ausstrecken und mit dem Finger hindeuten.

Das sieht Klausmann. Auch er richtet sich auf, auch er sieht jetzt zum Cape – und dann schreit er, so entsetzlich laut und schrill, daß es die ganze Welt hören müßte. Klausmann konnte schreien, weil er geweint hatte, seine Stimme war frei, er konnte das Leben herbeirufen.

Auch die Silhouette am Cape Bernier hört den Schrei. Der Schwarze fährt herum, hält eine Hand über die Augen, dann springt er los, mit

weiten Sätzen von Stein zu Stein – wie eine Gazelle, muß ich denken –, die letzten Meter zur Höhle.
Am Eingang unserer Höhle steht ein Australneger. Einen Augenblick steht er regungslos und sieht uns an. Dann kommt er langsam näher und hebt eine Hand.
In der Hand hat der Schwarze einen Fisch. Er schenkt uns den Fisch – schenkt uns das Leben.

Constable Marshall

Constable Marshall sieht die Rauchsignale am Cape Bernier am Abend des sechsten Tages, den er mit seinem Treck unterwegs ist, »durch dieses, gelinde gesagt, niederträchtige Gelände«, wie er sich in seinem Bericht ausdrückt. In sechs Tagen sind 22 Mann – davon neun an der Kette – und die 21 Maultiere und Pferde von Forrest River quer durch die Kimberleys gezogen und lagern an diesem Abend etwa 16 Meilen vor der Notlandebucht, weil die Tiere nicht mehr weiter können. Das Gelände ist für sie jetzt unpassierbar.
Constable Marshall über die beiden letzten Tage:
»*Sonntag, 26. Juni.*
Wir nähern uns der Küste. Das Gelände wird hier extrem schwierig. Ronald, der Boy von der Mission und mehrere der Gefangenen meinen, daß Pferde hier nicht näher an die Küste herankommen können. Soweit ich von ihnen erfahren kann, sind wir noch 30 Meilen vom Meer entfernt. Die Eingeborenen sagen, daß wir mit den Pferden näher an die Küste kommen und auch Süßwasser finden, wenn wir noch »zweimal Schlaf und ein Stück«, also etwas über zwei Tagesmärsche, im Inland bleiben. Ich fragte, ob es von dort weit zur Notlandebucht wäre. Sie antworteten, durch Dolmetscher, »wenn Aufbruch am Morgen, abends beim Flugzeug, schnell

NACH VIERZIG TAGEN HUNGER
Wir aßen in dieser Zeit einen handgroßen Fisch, eine fingerlange Eidechse und drei Schnecken, so groß oder so klein wie ein Daumennagel.
Das war alles – in vierzig Tagen. Baumblätter konnten wir nicht verdauen.

Es fing an in Hamburg.

Ich war Flugschüler von Paul Bäumer, ein Pour le mérite-Flieger des Ersten Weltkrieges.

Die Dame neben ihm ist Thea Rasche, eine der ersten deutschen Fliegerinnen – wir nannten sie die »rasche Thea«.

Unser Schulflugzeug war eine LVG-B3, auch ein Veteran des Ersten Weltkrieges.

. . . und das blieb von ihr übrig, als ich bei meinem sechsten Alleinflug brennend abstürzte.

Rechts oben: Mein Freund Wenlin Tschen, Offizier der Chinese Naval Airforce, war auch Flugschüler in Hamburg und holte mich als seinen Berater nach China.

So fuhr ich als junger Mann hinaus und reiste in ein paar Jahren ein Halbdutzendmal zwischen Europa und dem Fernen Osten hin und her, mit dem Sibirienexpreß oder mit Schiffen – so etwas wie ein Globetrotter.

Im Anfang sah ich nur die schönen Seiten der weiten Welt – wie hier Palmen in Indien oder in einer Oase bei Bagdad.

*Ich besuchte Fischer auf Colombo
und Beduinen am Euphrat.*

*In China spielte der Min-Kiang eine große Rolle
und das erste in China gebaute Wasserflugzeug, das Bomben werfen sollte.
Dann wollte ich eines Tages mit einem deutschen Wasserflugzeug von
Berlin rund um Asien nach China fliegen. Das ging nicht gut . . .*

Erster Ostasienflug einer Wasserflugmaschine.

Start heute auf dem Templiner See bei Potsdam.

Unter der Devise „Deutsch-chinesischer Freundschaftsflug" wird heute nachmittag von Berlin aus ein Junkers-Wasserflugzeug (Junkers „F. 13" mit Junkers L-5-Motor) nach China starten. Die Maschine wird geführt von Flugkapitän Bertram, der bereits Mitglied des chinesischen Fliegerkorps ist. Als

Wasser-Flugzeug Berlin—China in furchtbarem Sturm gesunken.

Das Ende der Junkersmaschine „Freundschaft".

Flieger durch Haifische bedroht —

Als ich schiffbrüchig
nach Hause gekommen war,
beeilte ich mich, von
Junkers ein neues
Flugzeug zu bekommen.

Ich nannte es ATLANTIS
und rüstete es sorgfältig
aus – diesmal leider
auch ohne Funk, weil
das sinnlos war in Asien.

Da wir Zuladung sparten,
bauten wir Zusatztanks
ein, um größere Etappen
fliegen zu können.

Wir starteten am 29. Februar,
es war das Schaltjahr 1932.

Montag, 29. Febr. — *Bergisches Abendblatt*
Bertram zum Ostasienflug gestartet

*Auch diesmal ging es rund um die Küsten Europas,
dann über die Wüste zum Euphrat*

... und weiter über das Land der biblischen Geschichte mit Ausgrabungen bei Babylon, Ur, Ktesiphon oder Warka, eine Arbeit deutscher Archäologen.

Wir flogen rund um Asien und landeten, wo immer wir Benzin bekamen. Wir lebten an Bord, schliefen in Hängematten, und mein Monteur Klausmann holte uns Fische aus den Buchten Persiens und Indiens, dann auch aus der Südsee, wo wir uns braun brennen ließen.

Alles ging gut. Klausmann und ich eroberten die Welt – und wurden eines Tages übermütig, als wir über die Timorsee nach Australien wollten.

In Kupang starteten wir zu einem verhängnisvollen Nachtflug.

Am nächsten Morgen kamen wir an eine wilde Küste und mußten notlanden, weil wir kein Benzin mehr hatten.
Wir fanden auch kein Wasser und fingen die Wassertropfen von den Tragflächen auf, als es ein paar Minuten regnete.

Da wir nicht mehr fliegen konnten, wollten wir entlang der Küste segeln.

Wir montierten einen Schwimmer ab, errichteten einen Mast und nähten ein Segel, wozu wir unsere Bademäntel zerschnitten.

Wochen später war aus dem Segelboot ein Wrack geworden, eine Nußschale, mit der wir uns nicht mehr auf die wilde See wagen konnten. Hier lagen wir hilflos in einer Höhle am Cape Bernier und warteten auf die Rettung, da wir keine Kraft mehr hatten, um unser Leben zu kämpfen.

Als wir am 39. Tag glaubten, daß es der letzte Tag unseres Lebens wäre, machte ich noch eine Aufnahme von Klausmann.
Auch Klausmann machte eine Aufnahme von mir, so wie wir uns die Wochen hindurch vermummt hatten zum Schutz gegen die Fliegen.

Damals wußten wir noch nicht, daß das unsere Rettung war.

Wilde Eingeborene, die uns umlauerten, hielten uns für »Jimy-devil«, eine besonders schlimme Art von Teufel.

Am 40. Tag wurden wir von Eingeborenen einer Missionsstation gerettet. »Habt keine Angst, sie werden für Euch sorgen«, hieß es im Brief, den sie überbrachten. Die Eingeborenen hatten uns viele Wochen gesucht ...

... jetzt sorgten sie für uns – sie kochten Känguruhschwanzsuppe und zerkauten das zähe Fleisch, da wir nicht mehr beißen konnten. Wir brauchten dann nur noch zu schlucken.

Unsere Retter gingen auf die Jagd, fischten und einer brachte zwei Känguruhs an einem Tag.

*Alles wurde sofort gegessen und es war unwichtig,
daß unser Mahl mit Asche und Sand paniert war.*

Endlich, am 45. Tag, kamen die Weißen – die Buschpolizei unter Führung von Constable Marshall. Er brachte uns Suppen, leichte Nahrung und Medizin für Klausmann, der am Abend dieses Tages zusammenbrach.

Marshall schrieb einen Bericht für seinen Vorgesetzten in Wyndham und schickte seine beiden besten Läufer los. Die rannten in zwei Tagen und Nächten durch den wilden Busch bis Forrest River, das sind 180 Meilen. Da es keinen Funk gab, rannten sie weiter bis Wyndham – in weniger als vier Tagen insgesamt etwa 400 Kilometer.
Das war die Rettung für Klausmann, man schickte ein Motorboot.

Bevor das Motorboot kam, nahm ich Abschied von meinen schwarzen Freunden – auch von dem guten Alten, der in seiner Jugend drei Frauen hatte und so gute Zähne, daß er ein Krokodil in die Nase beißen konnte.

Zum Schluß fragte mich der Alte
über einen Dolmetscher,
ob er mir ein paar Narben
eines Stammes schneiden dürfe,
so wie hier bei Mudo-Mudo.

Ich mußte ablehnen
und habe ihm sagen lassen,
daß ich überall erzählen
würde, was die Eingeborenen
für uns getan haben.

Schließlich nahm ich auch Abschied von meinen Fliegen. Weil wir sie nicht
mochten und uns vor ihnen schützten, schützten sie uns vor den wilden
Eingeborenen, die uns speeren wollten.

Am Morgen des 53. Tages kamen wir zurück in die Zivilisation, Klausmann ins Krankenhaus. Ich wurde untersucht und bekam zwei Bäder, Haarschnitt, Rasur und frische Wäsche.
Danach machte man die erste Aufnahme – das Halstuch meiner Mutter ist fünffach verknotet und der kleine Bär, unser Talisman, trägt seine Schwimmweste.

Später holte ich mein Flugzeug von der Notlandebucht, setzte es auf Räder und flog in alle Städte Australiens, um mich zu bedanken.

So offen wie hier beim Flug über Melbourne saßen wir im Führersitz, nicht sehr geschützt gegen Wind und Regen, Kälte und Tropensonne.

Man sagte, ich sei »reborn in Australia«, und schenkte mir die Flagge des Landes.
Nächste Seite oben: Eines Tages dann malte ich einen großen Pfeil auf die Seite der
ATLANTIS in Flugrichtung, darunter schrieb ich: RICHTUNG HEIMAT.

Der Oberbürgermeister von Perth (×) begrüßte den Flieger
mit einer jubelnd aufgenommenen Rede

Der deutsche Australien-Flieger Bertram gewinnt die Herzen der Australier

Vom 17. Mai bis zum 26. Juni waren der deutsche Australienflieger Bertram und sein Begleiter Klausmann verschollen. Man rechnete sie schon zu den Toten, da kam die Kunde, daß sie nach einer sechs Wochen langen Irrwanderung durch die Wildnis bei Kap Bernier, 250 Meilen westlich von

bemerkenswert während des Festes war eine Rede des westaustralischen Justizministers, der Bertrams Mut und Kühnheit pries und mit den Worten endete: „Seht ihn an! Ist er nicht einer von uns? Wenn nicht ein Bruder, so doch ein Vetter. Welche Regierung könnte uns wieder zu einem Kriege gegen eine Nation

Unten: Wir sind jetzt allein, mein Flugzeug und ich – wir wollen endlich nach Hause. Vor uns liegen 14 000 Kilometer – das sind 85 Flugstunden. Dann fliegen wir los ...

... fliegen und fliegen, wieder über Meere und Wüsten, viele lange Stunden. Der Motor läuft wie ein Uhrwerk. Wir gönnen uns kaum eine Pause – und nach sechseinhalb Tagen haben wir es geschafft.

Am Ostermontag 1933 landen ein glücklicher Pilot und sein treues Flugzeug in Berlin-Tempelhof.
Der Pfeil RICHTUNG HEIMAT hat uns nach Hause gebracht.

gehen, aber ohne Pferd«. Da das Gelände schon sehr schwierig war, beschloß ich, den Schwarzen zu diesem Lagerplatz zu folgen.
Wir brachen um 6 Uhr auf und waren bis 16 Uhr unterwegs, dann Lager. Wir kamen den ganzen Tag über nur mühsam vorwärts und mußten die Maultiere mehrmals abpacken, um sie wieder auf die Beine zu kriegen. Die Pferde schone ich, so gut es geht, aber auch sie haben eine schwere Zeit und verlieren fast täglich ein Eisen.
Die Spurensucher erfuhren von den Gefangenen nichts Neues. Sahen weder Buschmänner noch Rauchzeichen.
Montag, 27. Juni.
Um 5.30 Uhr brachen wir zur Küste auf, um 14 Uhr konnten wir unsere Tiere nicht mehr weiterbringen, waren aber bereits nahe am Meer. Ich beschloß, lagern und die Pferde ausruhen zu lassen, da das Futter hier das annehmbarste war, das wir bisher gefunden hatten. Während Ronan die Ausrüstung für den folgenden Tag zusammenstellte, suchten Smith, einige Eingeborene und ich die Küste in der unmittelbaren Umgebung des Lagers ab. Weiter unten in Richtung von Cape Bernier sahen wir ein großes Buschfeuer aufflammen. Wir beobachteten das Feuer etwa eine Stunde lang. Die Spurensucher meinten, es müsse von jagenden Buschmännern stammen. Ich beschloß, am kommenden Morgen direkt zu diesem Feuer zu marschieren. Ich hoffte, dort Eingeborene anzutreffen, die uns nützlich sein konnten.
Mit der Dunkelheit kehrten wir zum Lager zurück, wo wir zwei Eingeborene aus Drysdale vorfanden, die gerade von der Mission eingetroffen waren. Sie hatten einen Brief für Sgt. Flinders und einen für Mr. Johnson von Forrest River. Der Brief für den Sergeant mußte eine Nachricht über die vermißten Flieger enthalten. Ich öffnete ihn und las, daß die Vermißten von Boys aus Drysdale vor fünf Tagen nahe Cape Bernier gefunden worden waren. Das Feuer, dessen Rauch ich am Nachmittag gesehen hatte, mußte unmittelbar bei Cape Bernier gewesen sein.
Inzwischen war es völlig dunkel geworden und angesichts des schwierigen Geländes war ein sofortiger Aufbruch unmöglich. Ich stellte ein kleines Paket mit leichten Nahrungsmitteln usw. zusammen. Weder Smith, noch Ronan oder ich konnten ein Auge zutun.

Um 23 Uhr ließen wir einige Maultiere satteln und eins bepacken. Wir nahmen eine kräftige Mahlzeit zu uns und als kurz nach Mitternacht der Mond aufging, brachen Smith, ich und einige Eingeborene nach Cape Bernier auf.«

Soweit Marshall. Ich habe den Polizeibericht über die nun folgenden Tage erst Jahre später erhalten, und muß gestehen, daß ich eine Gänsehaut bekam, als ich ihn las. Marshall berichtet von Tagen, von denen ich kaum noch was wußte, obwohl alles, wovon er schreibt, mit mir geschah oder sich vor meinen Augen abgespielt hatte. Es folgt das ausführliche Tagebuch von Constable Marshall, das ich wörtlich wiedergebe:

»Dienstag, 28. Juni.
Bei Mondaufgang um etwa 0.10 Uhr brachen wir zu den Feuern auf. Das Gelände war sehr schwierig und wir mußten oft absteigen und zu Fuß gehen. Wir kamen nur langsam vorwärts. Dreimal vor Tagesanbruch mußten wir unser Tragtier abpacken und Sand auf die glatten Felsen streuen, damit es wieder auf die Beine kam. Als es gerade hell wurde, sahen wir in einiger Entfernung zwischen Zypressen den Rauch eines kleines Feuers aufsteigen. Ich nahm an, daß es von Buschmännern stammte, aber nachdem wir uns vorsichtig angeschlichen hatten, um sie nicht zu verscheuchen, entdeckten wir sechs Boys von der Drysdale Mission und einen Buschmann. Es handelte sich um eine der Suchgruppen aus Drysdale. Sie hatten Lebensmittel und einen Brief bei sich, der sie auswies. Sie wußten noch nicht, daß die Vermißten gefunden worden waren, auch das Feuer vom Vortag hatten sie nicht bemerkt. Ich deutete in die Richtung, in der wir den Rauch gesehen hatten, und der Buschmann sagte »dort großer Bach«. Ich versprach ihm Tabak, wenn »schneller Läufer« mich zu diesem Wasser führen würde. Er lief los, und wir folgten. Mehrmals kam er uns soweit voraus, daß ich ihm nachrufen mußte, er solle auf die Maultiere warten. Er führte uns durch unpassierbar scheinendes Gelände, bis wir um 8 Uhr morgens an ein größeres Gewässer kamen. Dort sagte er »kein Süßwasser mehr weite Strecke«. Die Brandstellen, deren

Rauch wir am Vortag gesehen hatten, lagen alle entlang dieses Flüßchens, einige schwelten noch. Ich entschied mich, dem Bach bis zur Küste zu folgen, aber schon nach etwa einer halben Meile konnten wir die Maultiere nicht weiterbringen, so daß ich sie zurücklassen mußte.
In diesem Augenblick sah ich eine kleine Feuerstelle am Rand eines Tümpels voller Seerosen. Ausgerissene Seerosen- und Weißbaumwurzeln lagen in der Nähe. Sofort rief ich allen Eingeborenen zu, die Gegend rasch nach Buschmännern abzusuchen. Sie fanden eine alte Schwarze, die sich im Wasser versteckt hatte. Sie sagte »weißer Mann lebt und Lager unten am Bach, nicht weit«. Ich schickte einen Boy mit einer Nachricht für Captain Bertram voraus, daß die Rettung nahe sei und sie sich nicht von ihrem Standort entfernen sollten.
Dann brachen auch wir auf und ließen uns von der alten Eingeborenen zu den Weißen führen. Sie lagerten ungefähr fünf Meilen entfernt am Strand. Um 9.30 Uhr fanden wir sie.
Beide Männer saßen im Sand und sahen uns eher als wir sie. Sie riefen »hello, hello«, mit sehr schwacher Stimme. Gegenseitig halfen sie sich auf und versuchten, uns entgegenzugehen, wobei sie sich aufeinander stützten. Sie standen gebeugt, waren völlig verschmutzt und in einem schockierenden Zustand. Sie waren so überwältigt vor Freude, sich gerettet zu wissen und nach 45 Tagen wieder einen Weißen zu sehen, daß sie völlig zusammenbrachen. Es war ein bejammernswerter Anblick, ich werde ihn nie vergessen. Sie riefen »habt ihr Brot, Brot, Brot?« Beide klammerten sie sich an Smith und mich und ließen uns erst los, als sie eine Packung Biskuits sahen.
Wir führten sie in den Schatten und gaben ihnen verdünnten Branntwein, Biskuit, Trockenmilch und andere leichte Nahrungsmittel. Sie berichteten, daß die Schwarzen sie vor fünf Tagen gefunden und seitdem mit Känguruhfleisch ernährt hätten. Ich gab ihnen Medikamente. Sie wuschen sich und zogen frische Kleidung an. Wir baten sie, sich ruhig hinzusetzen, aber beide waren viel zu aufgerüttelt, um zu ruhen.
Ich schickte zwei Boys zu Ronan zurück mit der Nachricht, daß wir

bei den Vermißten waren und daß er versuchen solle, möglichst noch nachts mit seinen Maultieren zu dem Lager zu kommen, wo wir unsere zurückgelassen hatten. Im Lauf des Nachmittags gab mir Captain Bertram einen genauen Bericht der Ereignisse vom Start in Kupang bis jetzt. Ich schrieb diesen Bericht in zweifacher Ausfertigung nieder und verfaßte einen Brief an Sgt. Flinders und Mr. Johnson von Forrest River. Ich schrieb, daß wir die beiden Deutschen gefunden hatten, gab unsere Position (Cape Bernier) an und bat, uns das Boot der Meatworks so rasch wie möglich zu schicken. Allerdings konnte ich die Läufer noch nicht losschicken, da sie alle einen sehr langen und anstrengenden Tag hinter sich hatten. Um 19 Uhr Nachricht von Ronan, er hatte meinen Lagerplatz nach einem anstrengenden Tagesmarsch erreicht. Die Packtiere hatten große Schwierigkeiten auf den rutschigen Steinen.

Mittwoch, 29. Juni.
Um 6 Uhr morgens schickte ich die Läufer mit den Briefen für Sgt. Flinders und dem Bericht von Captain Bertram nach Forrest River los. Ronan und die Eingeborenen brachten alle Vorräte zum Strand. Beide Deutschen essen gut, jedoch arbeitet Klausmanns Verdauung nicht richtig. Ich verabreichte ihm zwei Unzen Epsomer Bittersalz in einem halben Liter warmem Wasser, später noch eine Unze Brechweinstein und eine Unze Natriumbikarbonat ebenfalls in einem halben Liter warmem Wasser, jedoch ohne Wirkung (er hatte große Stücke halbrohes Känguruhfleisch gegessen). Dann gab ich ihm noch drei Unzen Fruchtsalz, aber ebenfalls ohne Ergebnis. Schließlich nahm ich einen Riegel Kernseife, den ich als Einlauf benutzte. So bekam ich seine Verdauung wieder in Gang. Beide Geretteten waren sehr geschwächt und weinten die meiste Zeit, aber sie aßen weiche Nahrungsmittel und tranken viel Milch.
Nachmittags gestattete ich allen Eingeborenen, zum Hauptlager zu gehen und eine Korrobori zu feiern. Die beiden Mischlinge kümmerten sich um die Packtiere, die ich am nächsten Tag nach Forrest River zurückschicken wollte. Der Abend verging ruhig und um 20 Uhr gingen die beiden Geretteten, Smith, Ronan und ich schlafen. Um 21 Uhr wurde ich von lautem Schreien und Rufen

geweckt, das vom Bach, etwa 200 Yards entfernt, herkam. Ich weckte Ronan und Smith und lief zum Bach: Captain Bertram und Klausmann wälzten sich kämpfend im Sand. Wir hielten Klausmann fest. Ich glaubte zunächst, er habe einen epileptischen Anfall. Dann sagte Bertram: »Klausmann redet wirr. Er glaubt, wir seien alle Teufel und wollten ihn töten.« Er meinte, Klausmann habe den Verstand verloren.
Bertram selbst war ebenfalls in einer sehr schlechten Verfassung. Er hielt seinen Kopf zwischen beiden Händen und sagte immer wieder »mein Gott, verlaß mich nicht, verlaß mich nicht. Ich halte das nicht aus. Ich glaube, ich verliere den Verstand«. Dies ging bis Mitternacht. Klausmann phantasierte und tobte abwechselnd.
Ronan und Smith hatten noch nie mit einem Geistesgestörten zu tun gehabt. Für beide war es eine schwierige Situation. Sie wurden jedoch gut damit fertig und leisteten jede denkbare Unterstützung.

Donnerstag, 30. Juni.
Während der ganzen Nacht redete Klausmann irre und schlug um sich, er mußte die ganze Zeit festgehalten werden. Ich schickte Ronan ins Lager und ließ mir von den Eingeborenen Ketten bringen. Bertram mußte von Klausmann getrennt werden, Smith nahm ihn zu einem Spaziergang mit. Als die Eingeborenen mit den Ketten kamen, ließ ich Klausmann an Knöcheln und Handgelenken fesseln. Er rannte mit dem Kopf gegen Felsen und versuchte, sich mit einer Sicherheitsnadel im Gesicht zu verletzen, die er am Boden gefunden hatte. Da die Nadel stumpf war, richtete sie nicht viel Schaden an.
In aller Eile schrieb ich an Sgt. Flinders und informierte ihn, daß Klausmann den Verstand verloren habe und Bertram ebenfalls in einem kritischen Zustand sei, er solle das Boot so schnell wie irgend möglich schicken und eine Zwangsjacke mitgeben, sobald das Boot in Sicht käme, würde ich Rauchzeichen geben. An Johnson schrieb ich, er solle sein Möglichstes tun, den Brief sofort weiterzuschicken. Ich wählte die beiden besten Läufer aus, die ich hatte. Sie sagten, daß sie Forrest River in zwei Tagen erreichen können. Ich versprach ihnen ein neues Hemd und neue Shorts, wenn ihnen das gelänge,

und schickte sie los. Ronan bat ich, sich nach der besten Futterstelle für die Tiere umzusehen, da er bis zur Ankunft des Bootes bei mir bleiben und sich mit um die beiden Kranken kümmern müsse. Mit Captain Bertram hatte ich ein gutes Gespräch. Ich erklärte ihm unsere Lage und wie wichtig es für Klausmann und seine eigenen Leute sei, daß er jetzt gegen die Versuchung ankämpfe, sich gehen zu lassen, wenn er sich zusammenreiße, könne er viel für Klausmann tun, auch nach der Ankunft in Wyndham. Bertram sagte, er würde kämpfen und sein Bestes versuchen. Er nahm ein nahrhaftes Frühstück zu sich und aß auch tagsüber gut, mußte jedoch die ganze Zeit überwacht und beschäftigt werden.
Auch Klausmann aß gut, verfiel jedoch während des ganzen Tages immer wieder in Tobsuchtsanfälle. Es war immer einer von uns bei ihm.
Ich hatte Glück, daß letzte Nacht keiner der Eingeborenen im Lager war, als Klausmann den Verstand verlor. Hätten sie ihn gehört, ohne zu wissen, was los war, wären sie alle in den Busch geflüchtet. Als sie heute morgen ins Lager kamen, erklärte ich ihnen, was vorgefallen war und sagte ihnen, daß sie keine Angst zu haben brauchten, da der Mann gefesselt sei und ihnen nichts tun könne. Während des Tages erlaubte ich den Gefangenen und allen Eingeborenen, die wir nun nicht mehr brauchten, nach Forrest River zurückzukehren und versorgte sie mit Lebensmitteln.
Für Klausmann bauten wir eine Grashütte, in der Smith, Ronan und ich in zweistündigem Turnus bei ihm wachten. Ich selbst schlief auch neben ihm in der Hütte. Er war an den Beinen und an den Händen gefesselt. Bertram, der ja in der vorangegangenen Nacht nicht zur Ruhe gekommen war, schlief heute gut.

Freitag, 1. Juli.
Klausmann hatte während des größten Teils der Nacht wieder Anfälle, Bertram schlief recht gut. Beide frühstückten mit gutem Appetit. Ronan inspizierte die Pferde und meldet, daß alle Polizeipferde in leidlich gutem Zustand sind. Wunden und Verletzungen, die von den scharfen Felsen stammen, sind versorgt. Einer Stute von der Mission und einem seiner eigenen Pferde geht es sehr

schlecht, wahrscheinlich haben sie bei Stürzen innere Verletzungen davongetragen. Die Tiere befinden sich jetzt auf einer brauchbaren Weide sechs Meilen von hier.
Der Tag verging ohne Probleme. Bertram ißt »like a horse« und sieht besser aus, verlor jedoch fast die Nerven, als er Klausmann rufen hörte. Einer ist ständig bei Klausmann, Bertram wird beschäftigt und abgelenkt.

Samstag, 2. Juli.
Klausmann hatte eine sehr schlechte Nacht, Bertram schlief gut. Ich war die ganze Nacht in der Hütte bei dem Kranken.
Ronan, Smith und ich wechseln uns gegenseitig bei Klausmann ab.

Sonntag, 3. Juli.
Klausmann nach wie vor in schlechtem Zustand und unter Überwachung, Bertram geht es viel besser. Mit den Eingeborenen, die nichts zu tun hatten, brannte ich Schneisen in den Busch, um bei Ankunft des Bootes ein gezieltes Rauchzeichen geben zu können. Ein Feuer, das sich meilenweit in den Busch fressen kann, ist als Positionsangabe völlig nutzlos. Ich ließ vier Rechtecke von je fünf Morgen Größe isolieren, von denen jedes mindestens eine Stunde lang brennt und einen sehr dunklen Rauch gibt. Außerdem ließ ich mehrere große Haufen Gestrüpp im Lager zusammentragen, um unseren Standort genau anzeigen zu können, sobald das Boot näher kommt. Am Strand ließ ich weiße Steine zusammensuchen, um Botschaften in den Sand schreiben zu können, falls das Flugzeug uns überfliegt.

Montag, 4. Juli.
Klausmann wurde die Nacht über bewacht wie üblich, er zeigt keine Anzeichen von Besserung. Bertram geht es gut.
Tagsüber suchte ich mit den Eingeborenen hohe Aussichtspunkte an der Küste aus, von denen man nach dem Boot Ausschau halten konnte. Den Schwimmer, den die Geretteten als Boot benutzt und etwa drei Meilen von unserem Lager entfernt auf dem Strand zurückgelassen hatten, ließ ich mit Sand bedecken, da ich befürchte-

te, daß ein Suchflugzeug davon irregeführt werden und Zeit damit verschwenden könnte.
Nun war alles vorbereitet, um dem Boot oder einem Flugzeug Zeichen geben zu können.«

In der Nacht zu diesem 4. Juli hatten Marshalls Läufer Wyndham erreicht und die Nachricht »sie leben!« ging in die Welt. Der Zeitunterschied zwischen Australien und Europa beträgt acht Stunden, so daß die Blitzmeldung den Sonnenlauf überholen und die Meldung bereits in den Morgenzeitungen des 4. Juli erscheinen konnte.
Ebenso erreichte ein Telegramm, das ich den Läufern mitgegeben hatte, in den frühen Morgenstunden die Stadt Remscheid.

»Sie leben!«

Stadtchronik

Bertrams Telegramm an die Eltern

Eingeborene retten Australien-Flieger

Auch Bordmonteur Klaußmann geborgen

Remscheid, 4. Juli.
Heute morgen 8.45 Uhr lief im Hause Bertram, in der kleinen Wirtschaft an der Nordstraße, das erste direkte Lebenszeichen des seit dem 15. Mai auf seinem Flug um die Erde vermißten Sohnes Hans ein.

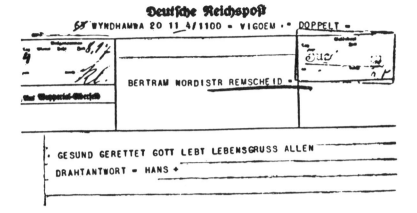

Nach langen, schweren Wochen, in denen die Zeitungen bald hoffnungsfroh von der mutmaßlichen Rettung, bald hoffnungslos von der Aussichtslosigkeit des Wiederauffindens des Fliegers Bertram und seines Begleiters Klausmann berichtet hatten, endlich das erste direkte Lebenszeichen!
Die Nachricht, daß die beiden Flieger lebend aufgefunden seien, sprach sich bald rund in Remscheid, und während des ganzen Tages stellten sich unzählige Freunde des Hauses ein, die den Eltern des Fliegers herzliche Glückwünsche darbrachten. »Drahtantwort!« verlangte der Wiederaufgefundene, und sie telegraphierten sofort zurück: »An den Weltflieger Bertram, Wyndham, Australien. Alle gesund, sind überglücklich. Gruß. Eltern, Geschwister, Fritz und die Lasperter Jungs.«
Aber am glücklichsten von allen war doch die Mutter des Fliegers, die den großen Globus vor sich stehen hatte, auf dem ihr Hans vor dem Start zum Flug um die Erde seinen mutmaßlichen Weg durch einen aufgehefteten roten Faden gekennzeichnet hatte. Die Mutter hatte keinen Augenblick die Hoffnung aufgegeben, daß ihr Hans wiederkehren wird. Denn er trägt ja, seit er Flieger ist, stets das braune Halstuch, in das die Mutter den Segensspruch gestickt: »Gott schütze dich, mein Junge!«
Ganz Remscheid nimmt Anteil an der frohen Botschaft, die im Hause Bertram eingegangen ist. Der Oberbürgermeister hat

angerufen, und »die Lasperter Jungs« können, ebenso wie die Eltern, den Tag nicht erwarten, wo der Hans lachend und strahlend nach Remscheid zurückkehren wird.

Berlin, 5. Juli. (Drahtb.)
Nach einer Meldung aus Sidney treten die geretteten Flieger Bertram und Klausmann heute mit einem Motorboot die Fahrt nach Wyndham an. Beide befinden sich den Umständen nach wohl, sind aber durch die furchtbaren Strapazen ihres Marsches stark erschöpft und leiden noch an Hungerphantasie. Sie können zur Zeit nur Wasser und flüssige Nahrung zu sich nehmen. In Wyndham werden sie noch mehrere Wochen im Krankenhaus bleiben müssen, ehe sie wieder vollkommen genesen sind.

Fortsetzung aus dem Tagebuch des Constable Marshall:
»*Dienstag, 5. Juli.*
Bei Tagesanbruch schickte ich Eingeborene zu den verschiedenen Aussichtspunkten, um auf das Boot zu warten. Ich selbst kümmerte mich um die beiden Deutschen.
Um 8.40 Uhr hörte ich einen Schrei von einem der Ausguck haltenden Boys, dann rief Smith von einer anderen Anhöhe »das Boot kommt«. Ich gab sofort ein Rauchzeichen, das vom Boot auch bemerkt wurde. Wir sahen es in unsere Bucht einlaufen. Captain Bertram und alle, die gerade nicht beschäftigt waren, rannten zum Strand hinunter und begrüßten Captain Crane, Constable Goad und Charles Olsen.
Sie kamen an Land und nahmen eine Mahlzeit ein. Dann trafen wir Vorbereitungen für die Rückfahrt nach Wyndham. Um 10.30 Uhr legten wir ab. Vor der Abfahrt gab ich Ronan Weisung, sich auf dem Rückmarsch Zeit zu lassen und Pferde und Maultiere weitmöglichst zu schonen. Smith blieb bei Ronan.
Für Klausmann richteten wir auf dem Boot ein Lager her, das Bertram nicht sehen konnte.
Unterwegs liefen wir die Notlandebucht an, wo ich mit Captain Bertram an Land ging. Bertram inspizierte seine Maschine und bedeckte das Cockpit mit einer Plane. Dann setzten wir unsere Fahrt

nach Wyndham fort und unterbrachen sie auch nachts nicht mehr. P. C. Goad und ich lösten uns bei Klausmann ab.

Mittwoch, 6. Juli.
Etwa um 7 Uhr legten wir an der Mole in Wyndham an, wo Sergeant Flinders und eine große Menschenmenge uns erwarteten. Sobald man mir Captain Bertram abgenommen und von der Mole weggeführt hatte, legte ich Klausmann mit Hilfe eines Zuschauers und Constable Goads saubere Kleidung an und trug ihn an Land ins Hospital. (Bertram hatte Klausmann seit dessen Nervenzusammenbruch in der Nacht vom 29. Juni nicht zu Gesicht bekommen.) Auf dem ganzen Weg schlug Klausmann mit Händen und Füßen um sich. Er wurde im Krankenhaus aufgenommen und von Dr. Webster, D. M. C., und Dr. Money, dem Arzt eines hier ankernden Schiffes, versorgt. Captain Bertram wurde ebenfalls ins Krankenhaus eingeliefert.
Die Polizeipferde und die Maultiere zeigten sich dem rauhen Gelände und dem forcierten Marschtempo gewachsen, verloren aber viel an Kondition. Zwei von Ronans Pferden wurden stark erschöpft und werden sich m. E. nicht mehr erholen. Eine Stute von der Mission stürzte schwer und wird wahrscheinlich eingehen. Ein Maultier der Missionsstation stürzte von einer Felsleiste und wurde am Rücken verletzt.
Die mir von Sergeant Flinders erteilte Vollmacht ermöglichte es mir, meinen Tierbestand von 14 auf 21 Stück Pferde und Maulesel zu erhöhen. So konnte ich wenigstens einige Eingeborene reiten lassen, ausreichend Vorräte mitführen, große Tagesetappen rasch zurücklegen und die Gesuchten in so kurzer Zeit erreichen. Hätte ich mit 14 Tieren losmarschieren müssen, wäre ich noch heute im Busch und die beiden Männer wären wahrscheinlich tot.
Für Organisation und Ausführung der polizeilichen Suchaktion an Land und die Auswahl von Ausrüstung und Vorräten zeichne ich allein verantwortlich, letztere wurden auch aus meiner eigenen Tasche bezahlt. Eine genaue Abrechnung aller meiner Ausgaben werde ich gesondert vorlegen.
Mir gebührt nicht das Verdienst, die Vermißten gefunden zu haben.

Als ich eintraf, waren sie schon entdeckt worden. Ich bin jedoch der Ansicht, daß Ronan, Smith und ich Klausmann, wenn nicht sogar beiden Männern, das Leben gerettet haben. Wären wir nicht zur Stelle gewesen, hätte Klausmann sich selbst mit Sicherheit, und vielleicht auch Bertram, getötet. Nur der tatkräftigen Hilfe und dem Feingefühl von Ronan und Smith ist es zu verdanken, daß nicht auch Bertram den Verstand verlor.«

gez. W. G. Marshall
Const. 1557.

Weitergeleitet an
den Polizeiinspektor,
Broome.
»Constable Marshall hat hervorragende Arbeitet geleistet.«

gez. J. F. Flinders
Sergeant.

Auszug aus dem Abschlußbericht von Sergeant Flinders, Wyndham:
»Die Barkasse der Meatworks hatte auf ihrer Suche unglücklicherweise sehr rauhes Wetter. Captain Crane ging ein beträchtliches Risiko ein, als er das Boot auf offene See steuerte, da es für Aufgaben außerhalb von La Crosse Island völlig ungeeignet ist. Dies um so mehr, als es nur aus Leichtstahl besteht und vor einer völlig unvermessenen Küste operieren mußte.
Die Piloten der Suchflugzeuge, Captain Sutcliffe und Commander Nicholas, gingen ebenfalls ein Risiko ein, da eine Notlandung im Busch gravierende Folgen gehabt hätte. Beide Piloten hatten vereinbart, im Falle einer Außenlandung bei ihrem Flugzeug zu bleiben, es sei denn, sie befänden sich näher als 20 Meilen bei einer Missionsstation.
Die spanischen Mönche in Drysdale und der Superintendent in Forrest River taten alles, was in ihrer Macht stand.
Der Eilmarsch von Constable Marshall und seiner Streife zur Küste war eine hervorragende Leistung. Zweifellos hat sein rascher Marsch den Vermißten das Leben gerettet, da sie physisch und

psychisch so erschöpft waren, daß sie meines Erachtens nicht mehr lange gelebt hätten. Ohne Zweifel wußten die Schwarzen, daß die Vermißten am Leben waren. Marshalls rascher Vormarsch dürfte sie eingeschüchtert haben, denn obwohl das Flugzeug ausgeraubt worden war, begannen die Eingeborenen, ihre Beute nach Drysdale zu bringen, sobald sie von den Maßnahmen der Polizei Wind bekamen. Wenn Marshall sich nicht so beeilt hätte, wären ihm die Schwarzen möglicherweise noch zuvorgekommen. Ich spreche hier nicht von den Eingeborenen der Stationen Forrest River und Drysdale.
Die Entfernung von Forrest River zum Flugzeug beträgt in Luftlinie 100 Meilen. Der Pferde und der Zick-Zack-Route einer Suchaktion wegen beträgt die tatsächlich zurückzulegende Entfernung jedoch 180 Meilen. Es ist äußerst bemerkenswert, daß mit Ausnahme der Eingeborenen, die selber an der Suche beteiligt waren, keine Schwarzen angetroffen wurden. Constable Marshall stellte fest, daß die Notlandebucht nicht in den Territorien der Schwarzen von Forrest River und Drysdale liegt. Die dortigen Eingeborenen werden das Flugzeug bereits bei der Landung beobachtet und sich nach der Beraubung ins Inland zurückgezogen haben.
Ich persönlich ging von der Annahme aus, die Vermißten seien getötet und ihre Leichen wenige Meilen vom Flugzeug entfernt zurückgelassen worden. Ich war sicher, Marshall würde sie finden. Daher meine Anweisung, die Schwarzen, die des Mordes verdächtigt wurden, in Fesseln zu halten. Der Boy mit dem Zigarettenetui ist vollkommen von der Bildfläche verschwunden.
Captain Bertram gab an, daß er unmittelbar nach der Landung einen Schwarzen gesehen hatte. Dies war bei der ersten Landung in der Mündung des Berkeley. Er landete dann zum zweitenmal in 20 Meilen Entfernung. Ich glaube immer noch, daß die Buschmänner die beiden Weißen während der gesamten Zeit unter Beobachtung hatten und daß nur die Schnelligkeit von Marshall und den Boys der beiden Missionen Schlimmes verhütete.
Als erfahrener Buschläufer mit jahrelanger Praxis in ähnlichen Aufgaben halte ich es für meine Pflicht, den Commissioner noch

einmal nachdrücklich auf Marshalls erstklassige Leistung hinzuweisen.«

Gez. J. F. Flinders
Sgt. 3/c 943.

Damit enden die Polizeiberichte »betreffend Suche nach dem deutschen Flugzeug *Atlantis*«.

Zweiter Teil

Das neue Leben

Die erste Nacht

An Schlaf ist nicht zu denken.
... »*reborn*«, sagte einer aus der Menge, als ich von der Barkasse an Land ging, »*you are reborn, boy*«. ... das Telegramm muß vorgestern zu Hause angekommen sein. Man wird es vom Hauptpostamt durchtelefoniert haben. Wer war am Telefon, mein Bruder? ... muß ich alle Telegramme beantworten, die ich heute bekommen habe? Und bezahlen? ... ich habe nichts mehr, Geld habe ich nicht mehr – jetzt fällt es mir wieder ein: Das Geld haben die Krokodile – aber mein Zigarettenetui, das hat ihnen nicht geschmeckt.
Die Gedanken rasen durch meinen armen Kopf. Er tut mir leid, weil er so viel zu denken hat in dieser ersten Nacht meines Lebens, meines neuen Lebens – »*reborn in Australia*«.
Ich zwinge mich zur Ruhe, das habe ich schon oft gekonnt, wenn es sein mußte, wenn man sich konzentrieren mußte, vor einer schwierigen Landung etwa in einem kleinen Hafen zwischen den vielen Booten, die auf das Wasserflugzeug warteten. Oder in Mangalore damals, wo hunderttausend Inder am Ufer standen und ins flache Wasser gingen, um das Flugzeug anzufassen. Da ich zwei Tage in meinem Flugprogramm verspätet war, hatten die Hunderttausend schon zwei Tage am Ufer gewartet, um den ersten »Himmelsvogel« ihres Lebens zu sehen.
War das hier an der Küste der Kimberleys vielleicht auch so? Als wir – wie lange ist das her? – dreiundfünfzig Tage –, als wir am Morgen nach dem Nachtflug auf die Küste zuflogen, müssen uns die Eingeborenen gesehen haben, wenn welche an der Küste waren. Einer war da, der, der am Ufer stand, als wir geschlafen hatten. Aus der aufgehenden Sonne heraus ist also ein donnernder Vogel auf die Küste zugekommen, ist ins Wasser getaucht und hat sich auf Land gesetzt.

Das muß man gesehen haben, und vielleicht hat man Angst bekommen, als zwei vermummte Gestalten aus dem Vogel gestiegen sind, mit riesengroßen Augen, denn so müssen unsere Fliegerbrillen gewirkt haben, die wir nicht abnahmen wegen der Fliegen.
Ich bin mit meinen Gedanken wieder in den Kimberleys, die in Wirklichkeit ja auch nicht weit weg sind.
Vor meinem Fenster, hinter der Veranda, beginnen sie, ich bin mit meinem Bett, in dem ich liege, ganz am Rande der Zivilisation, und der Nachthimmel hier und drüben über dem Busch ist so, wie er in den vielen Nächten war, als wir in den Kimberleys lagen. Der Unterschied ist nur das Bett!
Mein Gott – ich bin zurück in der Zivilisation, ich erlebe die erste Nacht in meinem neuen Leben – *»reborn!«*
Ich versuche meine Gedanken zu ordnen:
Was ist mit Klausmann? Er liegt im Hospital, wo auch ich kurz war. Er ist in guten Händen und wird wieder gesund werden. Das haben mir Dr. Webster und Dr. Money, die auch mich untersuchten, versichert. Bei mir war gar nichts, kaum noch Untergewicht nach der Verpflegung der letzten Tage, nachdem Marshall kam. So blieb ich nur ein paar Stunden im Hospital und habe es wieder verlassen, nachdem ich zweimal gebadet und mich rasiert hatte. Frische Wäsche, Hemd, Hose und Jacke schenkte man mir. Dann hat man mich zum »Hotel Wyndham« begleitet, wo ich jetzt bin. Auf dem Weg hierher, nur wenige Meter, kamen wir am Postoffice vorbei, wo ich ein paar Telegramme aufgab, auch an den Herrn Premierminister nach Canberra, Sir James Mitchell, und an den Commissioner of Police in Perth, Mr. R. Conelli, das ist der höchste Vorgesetzte von Marshall. Die Gebühren für die Telegramme hat man mir gestundet, ich schulde auch noch das Telegramm in die Heimat.
Es ging alles sehr schnell: Die alarmierende Nachricht von Marshall kam in der Nacht zum Montag gegen 3 Uhr nach Wyndham, mein Telegramm war schon vor Tagesanbruch unterwegs, ebenso die Barkasse, die uns abholen sollte.
Das war vor zwei Tagen, und heute sind wir hier – und alles liegt hinter uns!

Aber nicht die Gedanken, die können nicht abschalten. Da ist vor allem das, was heute hinzukam, was man mir den Tag über und am Abend, bevor ich in mein Zimmer ging, erzählte und zum Lesen gab. Der Reporter der *West Australian*, der bereits vor Tagen mit der Postmaschine von Perth nach Wyndham geflogen war, legte mir alle Presscuttings seiner Zeitung vor, und ich konnte nachlesen, was man getan hatte, um uns ins Leben zurückzuholen. Ich werde lange brauchen, um meinen Dank abzustatten.

Ich las aber auch etwas anderes: *»Kill 'em and Eat 'em«*, hieß es da, »töte und fresse sie«. Und ich las weiter, daß man uns keine Überlebenschancen gegeben und daß Marshall den guten Plan hatte, die Höhlen an der Küste systematisch abzusuchen, um unsere Leichen zu finden.

Das mit dem »Überleben« kann ich verstehen. Wer die Kimberleys kannte, so wie wir sie jetzt auch kennen, der konnte sich ausrechnen, wie lange es für zwei Piloten dauern würde, wenn sie in den Kimberleys notlanden mußten. Mochten die beiden um die halbe Welt geflogen sein und stets richtig navigiert haben – mit ihrer Navigation würden sie im Busch nicht weit kommen. Also keine Chance.

Das aber mit dem »Auffressen«, das kann ich nicht verstehen – und ich will es auch nicht in dieser schönen ersten Nacht meines neuen Lebens. Ich bin jetzt allein, habe ein ganzes Zimmer für mich, mit einem offenen Fenster zu den Kimberleys. Ich bin zum erstenmal allein, nach vielen Wochen. Das ist gut so, und ich werde für mich allein den Film ablaufen lassen, wie es in den fünf Tagen war, bevor Marshall und Smith und die anderen vom Suchtrupp ankamen. Es waren die fünf Tage, die Klausmann und ich mit den Aborigines lebten, von denen man glaubte, daß sie uns töten und fressen würden. Das haben sie nicht getan – »viel wäre allerdings auch nicht mehr drangewesen«, hatte einer aus den Meatworks am Abend gemeint, bevor man mich in mein Zimmer gehen ließ.

Es war ganz anders.

*

Heute vor dreizehn Tagen, am vierzigsten Tag nach der Notlandung, stand kurz nach Sonnenaufgang der Australneger am Eingang unserer Höhle am Cape Bernier und schenkte uns einen Fisch.
Wir haben den Fisch wortlos genommen und mit ein paar Bissen verschlungen. Als ich dann wieder aufschaue, zum Schwarzen hin, der immer noch regungslos – wie eine Silhouette – dasteht, wird alles plötzlich unklar und verschwommen.
Ich krieche zum Eingang der Höhle, richte mich auf, es wird alles dunkel, das Blut steigt zum Kopf, er schmerzt furchtbar.
Herrgott, nur das nicht! Nur nicht jetzt, wo das Leben gekommen ist, die Nerven verlieren!
Da ist noch das Tuch meiner Mutter am Hals. Verzweifelt umklammere ich das Tuch und bete.
Ich weiß genau, daß ich in diesem Augenblick wieder einmal gegen den Wahnsinn kämpfe, diesmal gegen den Wahnsinn, den Freude auslösen kann und der Augenblick, wo die Rettung da ist, um die wir gekämpft haben. So lange der Kampf dauerte, war ich stark und wurde stärker, je schwerer es wurde. Das muß wie das Spannen der Sehne eines Bogens gewesen sein.
Gefährlich aber, wenn die Sehne losgelassen wird und zurückschnellt, da kann sie reißen – so wie vielleicht meine Nerven in diesem Augenblick.
Eine Unendlichkeit knie ich am Eingang der Höhle, starre unentwegt in die Sonne, die so grell in die Augen brennt, fühle, wie mein Widerstand schwächer wird, und ich kann nichts dagegen tun. Dann kniet plötzlich jemand neben mir, stützt mich und reicht mir Wasser. Ein schwarzer, nackter Mensch kniet da. Er betet. Er schenkt mir das Leben zum zweitenmal.

*

So war es, weiß ich, in dieser Nacht in Wyndham.
Damals, bei dem Fisch, und auch schon vorher, am Buschfeuer, habe ich spüren können, wie nahe die Grenze liegt zwischen Vernunft und Wahnsinn. Bei mir war das Gebet dazwischen, und das Halstuch der Mutter, an das ich mich klammern konnte.

Man braucht solche Hilfen im Leben, denke ich – dann lasse ich den Film weiterlaufen, dreizehn Tage zurück.

*

Wir sind ruhiger geworden.
Unser Retter versucht, uns etwas zu erklären. Wir verstehen ihn nicht, verstehen nur seine Freude, uns gefunden zu haben und begreifen, daß er uns gesucht hat. Man hat also doch gewußt, daß wir an dieser Küste sind.
Was nun werden wird, darüber mache ich mir keine Gedanken. Ein Mensch ist jetzt bei uns! Er kennt das Land, wird Wasser und Nahrung beschaffen – und irgend etwas wird geschehen.
Unser Retter geht zum Eingang, will die Höhle verlassen. Das darf er nicht, nicht wieder fortgehen! Keine Minute mehr wollen wir allein sein! Der Schwarze versteht wohl unsere Angst, macht beruhigende Zeichen und deutet auf den Busch drüben. Dann springt er über die Felsen, wir lassen ihn nicht aus den Augen. Wie wunderbar elastisch und kräftig ein gesunder Mensch ist. Waren wir auch einmal so? Ich kann es mir kaum noch vorstellen.
Nach ein paar Minuten steigt aus dem Busch eine Rauchsäule hoch. Unser Freund kommt zurück, klettert auf die höchste Felsplatte, winkt uns zu und zeigt ins Inland. Weit hinten, vielleicht zwei oder drei Kilometer entfernt, steigt jetzt auch Rauch auf, die Antwort. Etwa zwanzig Minuten vergehen. Wir sitzen am Eingang der Höhle und warten. Der Schwarze ist wieder bei uns, deutet plötzlich zum Busch.
Hinter den Felsen tauchen drei weitere Eingeborene auf, hören uns rufen, sehen uns und kommen laufend heran. Vor der Höhle bleiben die drei stehen. Wir müssen beängstigend aussehen, abgemagert zu Skeletten. Keiner sagt etwas. Dann reicht mir einer der drei einen Brief, einen schmutzigen Umschlag, fast unleserlich die Anschrift:
»*For the two lost aviators.*«
Ich öffne den Umschlag und lese:
»*Liebe Freunde! – Wenn Euch dieser Brief lebend erreicht, so ist ein*

*großes Wunder geschehen, und wir haben in tiefer Ehrfurcht unserem Gott Vater zu danken. Seit Wochen suchen wir Euch. Wir haben die Schwarzen in Trupps unterteilt. Jeder Trupp hat eine Abschrift dieses Briefes, einige Pfund Mehl und Büchsenfleisch. Sollte Euch dieser Brief lebend erreichen, so schickt sofort zwei Eingeborene mit der Freudenbotschaft zu uns und gebt genau den Ort an, wo ihr gefunden worden seid. Habt dann noch ein paar Tage Geduld. Wir werden Euch zur Missionsstation holen. Habt keine Angst oder Abscheu vor den Eingeborenen. Sie sind Eure Freunde und werden für Euch sorgen. Wir beten zu unserem Herrn, daß Euch dieses Schreiben lebend erreicht.
Die Patres der Missionsstation Drysdale River.«*

Ich weiß nicht, wie oft ich den Brief lese, ihn Klausmann übersetze. Es ist wahr – die Rettung ist gekommen, wir können es lesen und brauchen nur aufzuschauen, um vier Menschen um uns zu sehen! Der Schwarze, der mir den Brief gab, hat inzwischen einen Leinensack geöffnet und legt vier Büchsen Fleisch und einige Pfund Mehl vor uns auf den Boden. Sofort öffnet Klausmann mit unserer Zange eine Fleischbüchse, das kann er noch. Einer hat inzwischen Holz gesammelt und ein Feuer entfacht, ein anderer hat Wasser geholt, der letzte macht Brot: Auf einen großen Stein wird Mehl gestreut, mit Wasser und Hefe angerührt und zu Teig geknetet, das Feuer wird auseinandergerissen, der Brotteig in die Glut gelegt und mit Asche bedeckt.

Unbeschreiblich, als sich der Duft des frischgebackenen Brotes in der Höhle verbreitet. Es dauert nur viel zu lange, bis man die Asche zurückwirft und das Brot mit einem Stein abklopft. Dann zerbricht unser Retter den warmen Brotlaib in zwei Teile und schenkt sie uns. Klausmann und ich sitzen am Eingang der Höhle, essen Brot und Fleisch. Wir kauen vorsichtig und suchen jeden Krümel von der Erde auf. Die Eingeborenen stehen wortlos vor uns und sehen zu. Später versuche ich, ein paar Zeilen für die Missionare der Drysdale River Mission zu schreiben. Es ist mir kaum möglich. Erregung und Freude sind zu groß, als daß ich den Versuch machen kann, viele Worte zu finden. In wenigen Zeilen gebe ich den Ort an, wo wir sind, und bitte, uns möglichst rasch weitere Hilfe zu schicken. Ein paar Minuten später schon machen sich zwei auf den Weg. Wie ich verstehe, ist es weit bis zur Missionsstation. Ohne sich Ruhe gegönnt und ohne einen Bissen Fleisch oder Brot angenommen zu haben, verlassen sie uns, springen und rennen entlang der Küste.

*

Man sagte mir heute in Wyndham, daß diese beiden Eingeborenen meine Botschaft in drei Tagen zur Mission brachten. Sie müssen ohne Pause durch den Busch gerannt sein.
Genau so wie die Läufer, die Marshall losschickte: In weniger als vier Tagen waren die hier, unglaublich! Bevor die Nachricht in der Nacht zum Montag, gegen 3 Uhr morgens, nach Wyndham kam, hatte man am Abend vorher Feuersignale und Rauchzeichen weit in den Kimberleys gesehen, die immer näher kamen – das war der Weg der Boten.
»Und diese Eingeborenen sollten uns getötet haben?«
»Nein, nicht die, die kamen von der Mission. Aber die anderen«, antwortete man mir.
Als ich versicherte, wir hätten keine anderen Eingeborenen gesehen, erklärte man – und man ließ keinen Zweifel –, daß die *anderen* Eingeborenen immer um uns herum gewesen wären.
»Da waren viele Augen im Busch. Wir haben Spuren rings um die Notlandebucht gefunden.«
Ich kann mir das alles noch nicht zusammenreimen heute nacht, dazu bin ich noch zu nahe am Geschehen, vielleicht verstehe ich alles später einmal, wenn ich Abstand habe. Jetzt kann ich nur schildern, wie es war – zurück in der Höhle, am Abend des vierzigsten Tages.

*

Wir sind allein mit den beiden zurückgebliebenen Schwarzen, die bewegungslos am Eingang der Höhle hocken. Ich habe jetzt Gelegenheit, sie näher zu betrachten.

Zur einfacheren Beschreibung möchte ich jedem Eingeborenen, auch denen, die später dazukommen, einen Namen geben – nach ihrem Äußeren oder ihrer Tätigkeit. Es würde verwirren, würde ich versuchen, ihre Rufnamen, die man mir mit den Kehllauten der Eingeborenensprache vorgurgelte, wiederzugeben. Man würde sicherlich Namen wie »Mooroora«, »Wujacketu« oder »Cowalor« verwechseln. Ich nenne deshalb den Eingeborenen, der uns fand, »Retter« und den zweiten, der zurückgeblieben ist, »Jäger«. Diese Bezeichnung ist richtig, denn er war ohne Zweifel der beste Jäger seines Stammes. Einmal kam er mit zwei erlegten Känguruhs ins Lager, während die anderen erfolglos waren und uns durch Zeichensprache zu erklären versuchten, daß es sehr schwer sei, an der Küste Känguruhs zu speeren, und daß es weiter im Inland mehr gäbe.

Beide, die dort am Eingang der Höhle sitzen, sind sehnige, große Gestalten, mit dicken Narben über Brust, Rücken, Armen und Beinen, Stammeszeichen, die den erwachsenen Jünglingen zur Mannesreife geschnitten werden. Mit Sand und Asche eingerieben, hinterlassen die tiefen Wunden Narben von Daumenstärke. Als besondere Ehrerbietung hat man auch mir Wochen später, als wir uns nochmals wiedersahen, um danach endgültig Abschied nehmen zu müssen, ein paar Stammesnarben angeboten. Ich bin überzeugt, daß man lange beraten hatte und fürchte, daß es für meine schwarzen Freunde unverständlich blieb, als ich dankend ablehnte. Unsere Eingeborenen in der Höhle tragen das pechschwarze Haar zu einem Knoten am Hinterkopf verschlungen und beide sind verhältnismäßig gut rasiert. Ich kann mir nicht vorstellen, wie sie den Bart schneiden, da keiner ein Messer hat, doch habe ich es dann mal gesehen – als man den trockenen Bart mit einem Stein abkratzte. Unbeweglich sitzen die beiden und blicken aufmerksam zur Küste. Plötzlich springt der Jäger auf, deutet zum Strand, rennt mit langen Sätzen von der Höhle weg, steht jetzt am Wasser, mit vorgebeugtem Oberkörper, in den Knien federnd wie ein Läufer beim Start. Sein Speer liegt wurfbereit in der Hand des zurückgebogenen rechten Armes. Ein Schrei – der Speer fliegt ins Wasser, der Jäger im Hechtsprung hinterher. Unser Retter ist in der Höhle geblieben, hat

alles voller Spannung beobachtet und die Bewegungen seines Kameraden mitgemacht. Jetzt versucht er uns zu erklären, daß wir bald wieder essen können. Er scheint vom Jagdglück des anderen überzeugt zu sein. Der kommt dann auch mit einem armlangen Fisch zurück – ich kann allerdings nicht sagen, ob dieser Fisch, den wir braten, besser schmeckt, als der von vorher, das erste Geschenk am Morgen.
Für die Nacht holen die beiden Gras und machen uns ein weiches Lager. Sie selbst benötigen weder Gras noch Kopfkissen, sie liegen auf dem nackten Stein, so nahe am Feuer, daß ich fürchte, ihre Haut würde verbrennen. Aber die Haut unserer Freunde ist wie gegerbtes Leder, und vollkommen gefühllos treten sie auf die spitzen Steine, die unsere Füße blutig gerissen haben.
Zweimal noch wurde Brot gebacken. Am Abend öffnen wir bereits die dritte und damit vorletzte Fleischbüchse. Wir können mit dem Essen nicht aufhören, tun uns nur schwer mit dem Beißen – die Zähne sind locker und die Kaumuskeln kraftlos. Aber das macht nichts: Wir schieben das weiche Brot und das zerschnittene und gekochte Büchsenfleisch in den Mund und schlucken nur – schlukken ununterbrochen, bis die Büchse leer und der letzte Brotkrümel verschwunden ist.
Als der Magen nicht rasch genug arbeitet und alles den gleichen Weg zurückkommt, macht das auch nichts: Wir schlucken alles noch einmal.

*

Sehr dünn ist die Kruste unserer Zivilisation, weiß ich heute in meinem weichen Bett des »Hotel Wyndham«.
Ganz im Anfang dauerte es nur drei Tage, bis zur Krokodilbucht. Als wir nackt und barfuß durch den Busch kriechen mußten, war nichts mehr von Zivilisation übrig geblieben, wir wurden zurückgeworfen in die Primitivität des Buschmenschen, mit dem Unterschied, daß wir inzwischen verlernt hatten, im Busch zu überleben.
Ich denke in dieser ruhigen und langen ersten Nacht meines neuen

Lebens daran, wie die Aborigines der Kimberleys, wie diese einfachen Menschen ihr Leben im Busch meistern. Sie waren immer zufrieden. Ich hatte noch ein paar Tage Zeit, sie zu beobachten, bis die Weißen kamen und uns zurückführten in die Zivilisation.

Ich frage mich heute nacht aber auch, wie lange wir mit den Schwarzen des Landes hätten leben können. Nicht lange, das wurde mir plötzlich klar, als ich das mit Klausmann bemerkte. Es fing am Abend des dritten Tages an – mit dem Känguruhfleisch.

Ich werde es in allen Einzelheiten schildern müssen, um das Geschehen der dreiundfünfzig Tage abzurunden, ich möchte aber nichts auslassen und berichte da weiter, wo ich unterbrach.

*

Es wurde Nacht in unserer Höhle, aus der ich den Sonnenuntergang wieder verfolgen konnte mit all seinem Feuer im Westen. Wir werden die Heimat, die hinter dem Feuer im Westen liegt, nun doch wiedersehen!

Ich schließe die Augen, aber schlafen werde ich nicht, weil ich Angst habe – die Angst, daß alles nur ein Traum war, wenn ich wieder aufwache.

Auch unsere schwarzen Freunde schlafen noch nicht, ihre halblaute, so fremde Sprache vermischt sich mit dem Dröhnen der Brandung. Wie gut ist es, wieder die Stimmen von Menschen zu hören – und nur vierundzwanzig Stunden sind vergangen seit dem Abend vorher, als unser Feuer erlosch.

Jetzt brennt es wieder, einer der beiden legt eben Holz nach, dann legen sie sich hin. Zum Schlafen ist der Oberarm ihr Kopfkissen, der nackte Fels ihr Bett, die Hitze des Feuers ihre Decke.

Als der neue Tag heraufsteigt, setze ich mich an den Eingang der Höhle und warte auf die Sonne. Ich fühle mich beobachtet und wende mich um. Schräg hinter mir sitzt unser Retter und sieht mich unentwegt an. Er bleibt sitzen, als ich mich wieder der Sonne zuwende, die ganze Zeit, bis sie aufgegangen ist. Mein Freund muß sehr stolz sein, und man wird viel über ihn sprechen im Busch.

Nach dem Frühstück – es war schon die letzte Fleischbüchse – rennen unsere Freunde los, der eine mit seinem Speer, der andere mit einem brennenden Holzscheit.
Diesmal gibt es ein großes Feuer, mit einer hohen Rauchsäule über dem Busch. Dabei muß der Schwarze die Windrichtung geprüft und das Feuer so angelegt haben, daß es zur Küste hin brennt, ein Waldbrand also verhindert wird. Als Klausmann und ich mit vieler Mühe ein paar Meter höher auf eine Felsklippe kriechen, sehen wir, daß bereits nach wenigen Minuten an zwei oder drei Stellen weit im Inland Rauch aufsteigt, zuletzt eine Rauchsäule in nur ein paar Kilometer Entfernung. Wir werden bald weiteren Besuch bekommen.
Gegen Mittag sind die beiden zurück, der Jäger diesmal ohne Fisch, das Meer war zu unruhig, verstehe ich ihre Zeichensprache. Als das letzte Brot gebacken ist, kann ich unsere Freunde nur mit Mühe dazu bringen, ein kleines Stück anzunehmen. Sie sind sicherlich daran gewöhnt, längere Zeit zu fasten. Ich bin auch überzeugt, daß sie nichts aus dem Proviantsack der Mission entnommen haben, während der langen Suche, bei der sie vielleicht nicht viel Zeit zum Jagen hatten. Nach dem Datum des Briefes dauerte ihre Suche 20 Tage, der Sack aber war für sie »tabu«, wenn ihnen der Pater das sagte.
Am Spätnachmittag wird es am Cape Bernier lebendig. Aus dem Busch kommen drei Eingeborene, hinter ihnen acht, neun Frauen und eine Anzahl Hunde. Alle rennen zur Höhle, um uns sind lachende Gesichter, aufgeregte Stimmen, kläffende Hunde.
Dann ziehen sich die Frauen mit den Hunden zurück, nachdem ihnen einer etwas zugerufen hatte. Die drei Männer – ein alter, zwei junge – setzen sich zu uns und überreichen Geschenke: einen Fisch, eine gewaltige Fleischkeule – und einen Topf mit Honig.
Ist das Honig?
Der Boden einer alten Konservenbüchse ist mit einer braunen, klebrigen Masse bedeckt, in der sich etwas bewegt – ich erkenne Fliegen, unzählige Fliegen, und mache wohl ein dummes Gesicht, denn alle lachen. Einer setzt sich neben mich, wischt mit dem Finger durch den Topf und schleckt die braune Flüssigkeit mit allen

Zeichen des Wohlbehagens. Um ehrlich zu sein, wir zögern einen Augenblick, dann aber wird der Finger hineingetaucht und abgeleckt. Herrlich! Wilder Honig – was tun da schon ein paar Fliegen!

Jetzt geht's an die Fleischkeule, »Känguruh«, wenn ich den Jäger recht verstehe. Das Fleisch ist zäh, etwas verdreckt von Asche und Sand. Ich versuche, ein Stück abzubeißen. Unmöglich, die Zähne sind zu locker. So geht es nicht. Der Jäger nimmt die Keule, legt sie auf den Boden und klopft das Fleisch mit einem Stein, zerhackt es. – »Hackfleisch mit Erde und Sand paniert«, muß ich denken und freue mich. Aber das Fleisch ist immer noch zu zäh, wir können es nicht beißen.

Da setzt sich der Jäger zwischen uns, nimmt das zerhackte Fleisch in den Mund und kaut, lange und sorgfältig. Dann nimmt er die zerbissene Fleischmasse aus dem Mund und reicht sie uns. Wir brauchen nur zu schlucken.

Um uns herum sitzen nun fünf Aborigines, zerschlagen die Keule, kauen das Fleisch und geben es uns aus ihrem Mund. Von allen Seiten kommen Hände und geben uns weiches Fleisch – und wir schlucken und schlucken, bis von der Keule nur noch der blanke Knochen übrig geblieben ist.

*

»Sie hätten nach den vierzig Tagen nicht so viel essen dürfen«, meinten die Ärzte heute morgen, als sie mich untersuchten, »das hätte schlimm ausgehen können.«

Ich habe nicht widersprochen – ich habe aber auch jetzt in der Nacht auf dem Tisch neben meinem Bett einen großen Krug mit Milch stehen und einen Teller mit Sandwiches. Ich kann zwar nicht mehr so viel essen wie in den ersten Tagen nach der Rettung, aber *sehen* möchte ich die Brote neben meinem Bett, wann immer ich will.

*

In der kommenden Nacht brennen eine Anzahl Feuer zwischen den Felsen vor der Höhle, an ihnen verteilt die Eingeborenen, die fünf Männer und die neun Frauen. Wie sie zusammengehören, habe ich nicht herausgefunden. Da keine Kinder dabei sind, wird es nicht der ganze Stamm sein. Das große Lager liegt wohl weiter im Inland. Zu essen gab es am Abend nichts für die Schwarzen, denn die Känguruhkeule haben Klausmann und ich verschlungen. Niemand aber schien darüber unglücklich zu sein und von den Feuern hören wir bis spät in die Nacht aufgeregte Gespräche und eine seltsam hohe Melodie, die man stundenlang mit leiser Stimme summt.
Am Morgen dann ist Aufbruch zur Jagd. Die Speere, etwa zwei Meter lange Bambusrohre, haben nur einen scharfen Stein als Spitze, bei unserem Jäger ist sie aus Eisen – »von Mission«, erklärt er stolz. Ich verstehe inzwischen seine Zeichensprache ganz gut, auch als er mit raschen Handbewegungen die Sprünge eines Känguruhs in die Luft zeichnet. »Ta-ta-ta-ta«, beschreibt er die Sprünge, mit zwei, drei Sätzen quer durch die Höhle, sehr schnell. Das habe auch ich schon gesehen, damals in der Krokodilbucht, als ich das Känguruh nicht traf und die Pistole wegwarf.
Wie der Jäger treffen will, führt er vor: Er hat ein Flachholz, mit einem Griff an dem einen, einem Zapfen am anderen Ende. Der Speer liegt auf dem Flachholz, der Zapfen greift ins Schaftende. Wenn der Jäger hinter dem fliehenden Känguruh herrennt – er deutet wieder ein paar Sprünge an –, plötzlich stehenbleibt und das Flachholz hochreißt, bekommt der Speer durch den Schwung eine größere Geschwindigkeit und Durchschlagskraft.
Ich habe verstanden, alle freuen sich.
Die vier Jäger – das sind die vier jüngeren Eingeborenen – brechen auf, hinter jedem laufen zwei Frauen mit Ersatzspeeren und einem Tragkorb, das ist ein Stück unbearbeitete Baumrinde. Der Alte und seine Frau bleiben mit den Hunden im Lager zurück.
Über Stunden tut sich nichts. Der Alte setzt sich zwischendurch zu uns und erzählt gestenreich Geschichten, die wir nicht verstehen, vielleicht soviel, daß er früher drei Frauen hatte, als er jung und ein großer Jäger war. Jetzt hat er nur noch eine und sammelt wilden Honig oder bereitet ein Festmahl vor, wie wir erleben werden.

Gegen Mittag hören wir aus dem Busch schrille Rufe. Der Alte lauscht, springt auf, macht große Handbewegungen, verläßt die Höhle und beginnt an einer sandigen Stelle zwischen den Felsen ein Loch zu graben. Neben dem Loch macht er Feuer.
Dann kommt unser Jäger zurück, auf der Schulter ein erlegtes Känguruh, in der Hand den Känguruhschwanz. Und die Frauen hinter ihm schleppen ein zweites Känguruh, ein besonders großes. Unser Freund ist ein guter Jäger, das bezeugen ihm auch die anderen, die ohne Beute zurückkommen.
Bevor es an die Vorbereitung des Festmahls geht, schenkt der Jäger den beiden Weißen je einen Känguruhschwanz – das Gastgeschenk für die Ehrengäste. Danach kann es beginnen.
Die Vorbereitung des Festmahls ist Sache der Männer – wie zu Hause im »Club der kochenden Männer«, denke ich in meiner übermütigen Stimmung, in die ich durch die Fröhlichkeit der Menschen um mich herum versetzt werde. Vom Eingang unserer Höhle schauen wir zu.
Nachdem wir das Ehrengeschenk wieder zur Verfügung gestellt haben, nimmt jeder der beiden Jungen einen Känguruhschwanz, zieht ihn ab, löst die Sehnen, zerschneidet das Fleisch und wirft es in zwei alte Blechtöpfe über einem der Feuer. Die Haut wird für die Hunde beiseite gelegt, die Frauen übernehmen die Sehnen, glätten sie mit Speichel und wickeln sie kunstgerecht über ein Stück Holz. Unsere beiden Freunde zerlegen die Känguruhs und nehmen sie aus.
Der Alte, der bereits das Feuer vorbereitet hatte, legt jetzt das Sandloch, das er vordem aushob, sorgfältig mit glühender Asche aus. Auch in die Bauchhöhle der Tiere wird Glut eingefüllt, danach werden sie in die rauchende Vertiefung gelegt und mit dem Rest des Feuers zugedeckt. Darüber kommt Sand.
Ich weiß nicht mehr, wie lange die Känguruhs gedämpft wurden. Inzwischen ist die Suppe fertig, ein Topf für die Frauen, einer für uns sieben Männer in der Höhle. Wir gehören jetzt dazu.
Mit einem Holz fischen Klausmann und ich Fleischstücke aus dem Topf, sie sind sehr heiß, aber weich genug, so daß niemand vorkauen muß. Unsere fünf Gastgeber holen sich ihre Fleischstücke

mit den Fingern, fassen in die heiße Brühe, wie sie auch vorher die Glut mit den Fingern verteilten.
Die Känguruhschwanzsuppe trinken wir aus dem Blechnapf, in dem der wilde Honig war und der jetzt reihum geht.
Inzwischen prüft einer der Köche den Sandhügel über den Känguruhs. Mit einem Speer sticht er ein paar Löcher, es duftet bis zur Höhle.
Endlich ist es soweit. Sand und Asche werden vom Hügel abgeworfen, die dampfenden Känguruhs aus dem Loch genommen, das kleinere holen sich die Frauen, das größere kommt zur Höhle, wird auf eine Steinplatte zwischen uns gelegt, Sand und Asche werden etwas weggewischt – das Festmahl kann beginnen.
Wir essen eine Stunde, zwei, drei Stunden, wir essen bis zum Abend – wir essen ununterbrochen! Ich bin mittlerweile daran gewöhnt, mich über nichts mehr zu wundern, aber was ich hier sehe, geht über meine Begriffe. Klausmann und ich sind sehr ausgehungert, verschlingen pfundweise das Fleisch, das man wieder vorkauen muß, dann aber müssen wir eine Pause machen, es geht einfach nicht mehr. Die Eingeborenen jedoch essen weiter, man sieht buchstäblich wie die Bäuche anschwellen.
Am Abend ist nicht das kleinste Stückchen Fleisch oder Haut übrig geblieben – es war ein großes »Fressen«!

*

Aber Dr. Webster und Dr. Money hatten recht heute morgen: Wir hätten nicht so viel essen dürfen im Anfang. Die Verdauung machte nicht mit, und am späteren Abend nach der »Freßorgie am Cape Bernier« hatte Klausmann starke Schmerzen.
Damit beginnt mein Bericht über etwas, wovon ich nicht erzählen wollte, wenn es nicht schon jeder gewußt hätte, als wir mit der Barkasse in Wyndham ankamen. Marshall hatte mit seinem Eilbericht Flinders davon unterrichtet, daß Klausmann zusammengebrochen war und daß seine Nerven nicht durchgehalten hatten. Der Reporter der *West Australian* hatte es auch erfahren, also wußte es bereits alle Welt.

Heute nacht ist mir klar, daß es nicht ungewöhnlich war, was mit Klausmann passierte, und daß es genauso hätte mit mir kommen können.

Es fing an auf der Timorsee, am Abend des fünfzehnten Tages, als wir in dem steuerlosen Schwimmer hockten und nachdem uns das Schiff – die *Koolinda* – nicht gesehen hatte und ihre Rauchfahne hinter dem Horizont verschwunden war. Damals fing es an.

Mein Kamerad Klausmann, der sich an den Mast gestellt und mit der Notfahne gewinkt hatte, als die *Koolinda* auf uns zukam, hörte nicht auf mit Winken, bevor sie nicht hinter dem Horizont ins Meer getaucht war. Es war vollkommen sinnlos, so lange zu winken, und es war unheimlich, Klausmann so lange winken zu sehen. Ich habe am Anfang noch nichts gedacht, hatte genug mit mir selbst und meiner Verzweiflung zu tun.

Später dann, nachdem Klausmann endlich aufgehört, seine Notfahne sorgfältig zusammengelegt und sich wieder in seinen engen Sitz gehockt hatte – er saß in der Kammer vor mir –, wartete ich darauf, daß er etwas sagen würde. Ich hatte ihm ein paarmal zugerufen, daß er sich wieder hinsetzen sollte, weil das Boot kopflastig wurde, während er am Mast stand.

Er hatte mir nicht geantwortet, aber auch das beunruhigte mich noch nicht, jeder mußte wohl allein mit seiner Enttäuschung fertig werden. Dann plötzlich kam es.

Klausmann schob sich wieder in seinem Sitz hoch, drehte sich zu mir um und sah mich so merkwürdig an. Er war etwa einen Meter vor mir. Er rutschte über den Schwimmer noch näher zu mir her, faßte mich an und sah mir mit vorgestrecktem Kopf prüfend in die Augen – sein Blick war starr, unheimlich fremd.

Es war die Uhrzeit kurz vor Sonnenuntergang, und da unser Boot nach Westen gerichtet war, müssen sich die letzten vom Wasser reflektierten Sonnenstrahlen in meinen Augen gespiegelt haben.

Und meine Augen waren das Ziel von Klausmann, meine vom Salzwasser entzündeten Augen. Er hatte plötzlich eine Nadel oder so etwas in der Hand und wollte damit an meine Augen.

Er habe mir nur helfen wollen, erklärte Klausmann später, als ich ihn einmal vorsichtig fragte, was er eigentlich gewollt habe. Er habe meine entzündeten Augen von der untergehenden Sonne ausbrennen lassen wollen.
Klausmann hat also in dem Augenblick, in dem er zum erstenmal nicht mehr Herr seiner Sinne war, mir, seinem Kameraden, helfen wollen.
Ich habe ihn damals im Boot vor Schreck angeschrien und ihm befohlen, sich sofort wieder in seinen Sitz zu setzen – und nur die harte Ansprache konnte wohl in diesem Augenblick eine Wirkung haben.
Er kroch wortlos zu seinem Sitz zurück, zwängte sich wieder hinein, weinte und sagte, er würde aufgeben. Doch später in der Nacht, als ich ihn aufforderte, mit mir zur Küste zurückzurudern, faßte er sein Notpaddel und ruderte die vier Tage und Nächte, bis wir da waren.

In den folgenden Tagen und Wochen ist es nicht mehr wiedergekommen, aber sein Blick war manchmal unheimlich fremd und ich hatte oft Angst, daß etwas passiert.
Ich wußte auch nicht, was er bei der Zahnoperation tun würde, als er mit Zange und Sicherheitsnadel immer wieder vor meinem Gesicht hantierte, während ich zwischendurch ohnmächtig war. Aber auch da passierte nichts. Bis zu dem Abend, an dem er zuviel Känguruhfleisch gegessen hatte.

Wir waren allein in der Höhle. Die Eingeborenen schliefen schon, während die Feuer herunterbrannten. Die See war ruhig, man hörte kaum Brandung. Auch unser Feuer flackerte nur noch, und da es keinen Mond gab und auch der Sternenhimmel hinter Wolken verdeckt blieb, waren ringsum nur die zitternden Lichtpunkte der verlöschenden Feuer.
Ich schlief nicht und merkte auf einmal, daß Klausmann zu mir her kroch. Er kam ganz nahe heran und begann zu flüstern. Ich habe ihn zuerst nicht verstanden, dann aber sehr gut, als er mir eindringlich sagte, daß wir in größter Gefahr wären.

»Das sind alles Teufel«, sagte Klausmann, »die warten nur noch etwas, dann werden sie uns totschlagen.«
Da ist es wieder, habe ich sofort gewußt, da ist wieder der Irrsinn! Diesmal habe ich anders reagiert als damals im Boot, als ich ihn vor Schreck anschrie. Irgendwie war ich ja die ganze Zeit darauf vorbereitet gewesen, daß er wieder mal umklappen würde.
Es war gut, daß es dunkel war, so daß Klausmann meine Augen nicht sehen konnte und die Angst, die sich darin spiegeln mußte. Auch meine Stimme konnte ich mit Mühe verstellen und ihm nach einer Weile antworten, nachdem er mir immer wieder versichert hatte, er wisse es ganz genau, sie würden uns töten.
Ich unterbrach ihn, ebenfalls flüsternd, und gab ihm zu verstehen, daß auch ich das schon gedacht habe, aber noch nicht darüber sprechen wollte.
»Zeit gewinnen«, war mein einziger verzweifelter Gedanke, »Zeit gewinnen, bis jemand kommt, ein Weißer von der Mission oder sonstwo her.« Die Eingeborenen würden sofort flüchten und im Busch verschwinden, wenn sie merken, was mit Klausmann los ist. In ihrer Vorstellungswelt muß Irrsinn unerklärlich sein und kann nur vom Bösen kommen, vor dem man weglaufen muß. Oder vielleicht auch totschlagen! Wenn Klausmann nur nicht irgendwann zu toben anfängt, heute nacht, oder in der Zeit, die wir noch auf weiße Menschen warten müssen!
Es ist mir gelungen, ich habe den Kameraden erst einmal davon überzeugen können, daß wir uns auf keinen Fall etwas anmerken lassen dürfen. Schließlich ist er wieder auf seinen Schlafplatz zurückgekrochen, ich habe die Augen geschlossen und gebetet.
Gegen Morgen schlief Klausmann.

An diesem Morgen – es ist der vierte Tag mit den Aborigines – packen die Frauen an den Feuerstellen ihre wenigen Habseligkeiten zusammen. Während die beiden jüngeren Männer mit den Frauen bereits aufbrechen, kommen der Alte, der Retter und der Jäger zur Höhle, um mir etwas zu erklären.
Klausmann schläft noch.
Es handelt sich um Wasser, verstehe ich die Zeichensprache, es gibt

nicht mehr viel Wasser am Cape Bernier. Die Wasserpfützen vom Regen sind fast ausgetrocknet. Wir müssen die Höhle verlassen und zum «großen Wasser» gehen. Dabei deuten sie nach Westen und ich begreife, daß sie den großen Wassertümpel meinen, den wir fanden, nachdem wir von der Timorsee zurück an Land kamen.
Es ist nicht weit, da wir mit dem Rest unseres Schwimmers nicht mehr weit fahren konnten bis hierher. Etwa einen Kilometer wird der Wassertümpel entfernt sein – den Kilometer aber können Klausmann und ich nicht gehen. Das ist unseren Freunden auch klar, sie machen beruhigende Zeichen und verschwinden.
Als Klausmann später aufwachte, sind wir allein. Er erschrak furchtbar, als er sich umsah und niemand mehr da war, außer mir, mit dem er vierzig Tage auf Menschen gewartet hatte. Heute nacht glaubte er noch, die Schwarzen würden uns töten – jetzt glaubte er, sie wären weg und wir wieder allein.
»Sie haben uns nur einmal gefüttert, sie haben sich nur einen Spaß machen wollen«, – so etwas oder ähnliches sagte er. Dann fing er an zu schreien, immer wieder: »Teufel! – Teufel! – Teufel!«
Man mußte die Schreie weit hören, und ich habe gedacht, daß es jetzt aus sei. Die Schreie mußten aus der Höhle wie aus einem Schalltrichter verstärkt werden, ich glaubte für einen Augenblick sogar, den grausigen Schrei als Echo von den Felsen am Cape Bernier zu hören.
Ich wußte nicht, was ich tun sollte, habe den kranken Freund in die Arme genommen und ihn so fest an mich gedrückt, wie ich es mit meiner wenigen Kraft konnte. Er klammerte sich verzweifelt an mich, hörte auf zu schreien und fing an zu weinen – es war ein so hilfloses Weinen, wie ich es noch nicht von ihm gehört hatte, bei all den Gelegenheiten vorher. Ich legte ihn auf sein Graslager und habe sehr lange auf ihn eingeredet – ich glaube, es war ein ganzer Tag. Ich habe ihm alles mögliche erzählt, bis er endlich mit Weinen aufhörte und schließlich einschlief.
Als ich mich dann umdrehte, standen hinter mir am Eingang der Höhle die drei Schwarzen, die mir am Morgen das mit dem Wasser erklärt hatten, der Alte, der Retter und der Jäger. Waren es noch unsere Freunde? Ich weiß nicht, wie lange sie schon da standen, ich

hatte sie nicht kommen hören. Ich weiß auch nicht, ob sie die Schreie gehört hatten und ob es ihnen klar war, was hier vorging. Ich glaube, sie wußten es nicht, denn sie versuchten mit irgendwelchen Zeichen zu erklären, daß wir bald wieder Fisch oder Känguruh bekommen würden, morgen, am »großen Wasser«.

*

Bei der Erinnerung an diese letzte Szene in der Höhle am Cape Bernier habe ich nicht mehr in meinem Bett liegen bleiben können; ich bin aufgestanden und ans Fenster getreten, hinter dem der Tag heraufkommt. Zum Glück war die Zeit mit den Eingeborenen bald zu Ende. Es dauerte nur noch eine Nacht, einen Tag und noch eine Nacht – für mich allerdings eine Ewigkeit der Angst.
Die Eingeborenen waren weggegangen, um für Klausmann und mich einen Weg vorzubereiten von der Höhle zum Wasser. Sie hatten Steine weggeräumt, über die wir nicht hätten klettern können, und das messerscharfe, mannshohe Gras zertreten, so daß wir nicht mehr hindurchmußten.
Sie hatten den Pfad so breit gemacht, daß ich am nächsten Morgen Klausmann unterfassen und wir nebeneinander gehen konnten, langsam zwar, aber Schritt um Schritt. Es wäre zu gefährlich gewesen, wenn ich Klausmann von einem Eingeborenen hätte führen oder tragen lassen müssen, da hätte ich in jedem Augenblick darauf warten können, daß er wieder schreit.
Ich wartete auch jetzt darauf, als wir Arm in Arm gingen, so aber konnte ich immer wieder mal seinen Arm fest drücken oder ihm verstohlen Zeichen geben, die er verstehen mochte wie er wollte. Er mußte nur ruhig bleiben.
Als wir am Abend – jetzt am Ende des fünften Tages – beim Wasser ankamen, war Klausmann so erschöpft, daß er sofort einschlief. Zu essen hatte es den vierten und fünften Tag nichts gegeben und mir wurde abschließend klar, daß so also das Leben der Aborigines in den Kimberleys abläuft: ein Festmahl und essen, solange es etwas gibt, so viel wie möglich, denn es kann Tage dauern, bis man neue Nahrung findet.

Nochmals eine Nacht, in der es ruhig bleibt. Klausmann schläft. Ich versuche, die Zeit zusammenzurechnen, die unsere Boten zur Missionsstation gebraucht haben und wann jemand von den Patres hier sein kann. Die werden nicht so schnell durch den Busch kommen wie die Schwarzen. Ich schätze, es dauert noch drei oder vier Tage.

Dann geschieht plötzlich das Wunder, und es dauert nur noch Minuten.

In den Morgenstunden nach der Nacht am »großen Wasser« taucht ein Eingeborener auf, den ich noch nicht kenne. Er trägt eine Hose und überreicht mir einen handgeschriebenen Zettel, auf dem ich lese:

»Wir sind in ein paar Minuten bei Euch. Nicht erschrecken. Nicht weggehen. Marshall.«

Ich wecke Klausmann.

Kurz danach stehen zwei Weiße vor uns, sie heißen Marshall und Smith. Sie sind gekommen, uns in die Zivilisation zurückzuholen – vielleicht sind sie im letzten Augenblick gekommen, der geblieben war.

*

Eines wird mir am Ende der ersten Nacht meines neuen Lebens noch klar. Als die beiden Weißen, Marshall und Smith, vor mir standen, als damit meine Verantwortung für unser Leben in den Kimberleys in die Hände anderer ging, ist der Film der Erinnerung gerissen. Ich weiß zwar noch so ungefähr, was sich in den nächsten Tagen tat, da ist aber eine Lücke in meiner Erinnerung, mit nur ganz verschwommenen Bildern, und das Bild wird erst in dem Augenblick wieder deutlich, als wir bei der Rückfahrt mit der Barkasse die Notlandebucht anliefen und ich vor meinem Flugzeug *Atlantis* stand – ein paar Tage meines Lebens aber war ich wohl gemeinsam mit Klausmann sehr krank, mein Kamerad nur weitaus schlimmer als ich.

Die Nacht ist zu Ende. Über Wyndham und den Kimberleys dahinter ist es hell geworden, die Sonne wird bald aufgehen.

Es klopft an die Tür. Als ich öffne, steht draußen ein Bote vom Postoffice mit einem Arm voll Telegrammen. Hinter dem Boten steht der Reporter der *West Australian*.
Die Zivilisation fordert ihr Recht. Das Leben geht weiter.

Mein Flugzeug *Atlantis*

Bericht von Bord der »Koolinda«, Anfang September, kurz vor Beginn von Monsun und Springflut.
Wir fahren Richtung Norden entlang der Küste, die ich nun gut kenne, und über das Meer, das ich inzwischen fürchten lernte – Nordwestküste und Timorsee, Namen, die in dieser Phase meines Lebens eine große Rolle spielen, und die mich noch nicht loslassen.
Zuerst wollte ich über dieses Meer fliegen, und war froh, den ersten gelben Schimmer der Küste im Süden zu sehen und eine geschützte Bucht für eine Landung zu finden, als ich kein Benzin mehr hatte. Danach wollte ich über dieses Meer segeln, und mußte sehen, wie die Küste immer undeutlicher wurde, als uns die Strömung nicht loslassen wollte. Es war schwer, wieder an die Küste heranzukommen.
Diesmal sehe ich Timorsee und Nordwestküste von Bord der *Koolinda*, wo mir als Passagier ein Deckstuhl zur Verfügung steht. Es ist die gleiche *Koolinda*, die mich einmal so schlecht behandelte und vorbeifuhr. Wie gerne wäre ich damals an Bord dieses Schiffes geklettert.
Da war noch alles gut – Klausmann war noch gesund, der Schwimmer noch heil, wir hätten uns nur Benzin beschaffen müssen, um unsere *Atlantis* zu holen. Das will ich jetzt auch, nur ist es viel schwerer geworden – Klausmann ist nicht dabei, der Schwimmer liegt zerrissen irgendwo zwischen Felsen, und die *Atlantis* – ich weiß nicht, wie es mit meinem Flugzeug aussieht, nachdem es seit nunmehr vier Monaten an der ungeschützten Nordwestküste auf einem Bein steht. Ich weiß nur, daß ich mich beeilen muß, denn Ende September kommt mit dem Monsun die Springflut. Die würde mein Flugzeug nicht überleben.
Es hat lange gedauert, bis ich mich wieder auf den Weg Richtung

Kimberleys machen konnte, neun Wochen seit meiner Ankunft in Wyndham.

*

Man muß am Anfang in Wyndham und auch anderswo geglaubt haben, daß ich ein bißchen spinne, um es nachsichtig auszudrücken. Kaum hatte man mich aus den Kimberleys herausgeholt, da wollte ich wieder hin.

Ich habe alles versucht und Telegramme nach allen Seiten geschickt: einen neuen Schwimmer wollte ich nach Wyndham haben und ein Schiff, das mich mit Schwimmer und Benzin zur *Atlantis* bringt, auch ohne Klausmann, denn ihn hätte ich nicht mehr mitnehmen können in den Busch.

Aber es gab keinen passenden Schwimmer in Australien, vielleicht hätte es einen in Japan gegeben, das aber war nicht sicher. Und von Deutschland, von Junkers in Dessau, hätte die Verschiffung Monate gedauert. Inzwischen wären Monsun und Springflut gekommen! So ging es nicht und mir wurde bald klar, daß ich erst einmal von Wyndham weg mußte nach Perth, der Hauptstadt von Westaustralien und Sitz der Luftfahrtgesellschaft *W.A. Airways*. Vielleicht würde man mir da helfen können.

Also hieß es Abschied nehmen von Wyndham, von Klausmann, Marshall und meinen Freunden in den Meatworks. Die Menschen in Wyndham waren wirklich meine Freunde geworden, und wir – Klausmann und ich – waren ihre Gäste, die sie aus dem Busch geholt hatten.

Ich konnte Klausmann, der das Hospital noch nicht verlassen durfte, beruhigt hier lassen. Man würde ihn auf den Weg bringen, wenn es die Ärzte erlaubten. So machte ich mich bereit, mit der nächsten Postmaschine, die einmal in der Woche kam, nach Perth zu fliegen.

Am Mittwoch, 13. Juli, ist es soweit, eine Woche, nachdem wir in Wyndham ankamen. Auf dem kleinen Landeplatz steht die D.H.

50, die ich schon kenne und von unten gesehen habe, als sie am Cape Bernier über uns hinwegflog. Pilot ist Commander Nicholas, der uns auf Melville Island suchte, und in Broome, einer Zwischenstation der rund 3000 Kilometer langen Flugstrecke nach Perth wird Nicholas von Captain Sutcliffe abgelöst, der die *Atlantis* gefunden hatte. Ich treffe sie alle wieder, die sich für unser Leben einsetzten.
Als die D.H. 50 nach dem Start noch eine Runde dreht, um Höhe zu gewinnen, bleibt hinter meinem Kabinenfenster mein großes Abenteuer zurück – der Busch, grau in grau, Wyndham mit seiner Straße, mit Hospital, Postoffice und Hotel, die Meatworks, an der Hafenmole die Barkasse, und auf dem kleinen Landeplatz jetzt die Freunde, die zum Abschied gekommen sind, unter ihnen W. G. Marshall, der beste Constable der Kimberleys.
Schließlich sehe ich hinter mir nur noch die Kimberleys, grenzenlos bis zum Horizont.

Von Wyndham bis Perth flog die Postmaschine vier Tage, mit kurzen Etappen immer entlang der Westküste des fünften Erdteils, also immer Land links, Wasser rechts, wie wir rund um Asien flogen, und auch ohne Funk, so wie wir. Gelandet wurde an allen kleinen Hafenplätzen oder größeren Viehfarmen, überall, wo es Post gab für die Hauptstadt. Und da man wußte, daß der »lost Aviator« an Bord war, der in Australien beinahe verhungert wäre, kam man von weit her zu den Landeplätzen, um mir die Hand zu drücken und Proviant zum Flugzeug zu bringen, in dem ich jetzt saß. Ich bekam einen Vorgeschmack australischer Gastfreundschaft und machte mich auf einiges gefaßt, was auf mich zukam.
In Perth gab's den »großen Bahnhof« mit Flugzeugeskorte beim Anflug, Begrüßungsreden nach der Landung, Kranzniederlegung am Ehrenmal und einem Galadinner mit Abendanzug noch am Tag der Ankunft. Es war schon eine große Umstellung von Australiens Hintertür bis zu diesem Festbankett, und es ist erstaunlich, wie schnell man sich wieder umstellen kann vom sandigen, zähen und vorgekauten Känguruhfleisch zum zarten Filetsteak.
Danach wurde es ernst und Entscheidungen waren zu treffen: der

»Welcome! Captain Hans Bertram, the German aviator, reached Perth by the North-West mail 'plane today.«

Norddeutsche Lloyd hatte uns eingeladen, auf einem seiner Schiffe nach Europa zu fahren. Ich nahm die Einladung an für Klausmann. Für mich habe ich dankend abgelehnt, ich wollte mich um mein Flugzeug kümmern.
Aber auch von Perth aus war kein passender Schwimmer zu beschaffen. Es gab nirgendwo einen, der so schnell hätte hier sein können, um am 7. September von Fremantle, dem Hafen von Perth, mit der *Koolinda* nach Norden zu fahren. Das war der letzte Termin, wenn ich vor dem Monsun bei der *Atlantis* sein wollte.
Schließlich fanden wir eine Lösung: irgendwann hatte es mal ein Sportflugzeug in Perth gegeben, das auf dem Swan River landete, auf Schwimmern. Das Flugzeug gab es nicht mehr, aber einen Schwimmer fanden wir noch, unter Gerümpel in der Ecke einer Halle.

Ein Schwimmer also war da – aber er war nur halb so groß wie der Schwimmer meines Flugzeuges. Was würde geschehen, wenn man ein Wasserflugzeug mit zwei verschieden großen Beinen aufs Wasser setzt? Und was würde geschehen, wenn man Gas geben und das Flugzeug auf Startgeschwindigkeit bringen möchte? Werden der kleine Schwimmer und die Tragfläche an seiner Seite nicht unterschneiden, das Flugzeug also kentern? Und wenn es nun doch gelingen würde, das Flugzeug in die Luft zu bringen – wie würde es wieder herunter kommen, wie würde man landen können? Müßten nicht bei der Landung Minischwimmer und Tragfläche mit Sicherheit unterschneiden, das Flugzeug also diesmal kentern? Theoretisch auf jeden Fall, beim Start oder bei der Landung. Aber versucht hatte es noch niemand – also lohnte sich ein Versuch, wenn ich die treue *Atlantis* an der Nordwestküste nicht verrotten lassen wollte.
So sitze ich jetzt in meinem Deckstuhl an Bord der *Koolinda*, mit mir ist Mr. Sexton, ein Mechaniker der W.A. Airways, und im Laderaum liegt gut verpackt unser Leihschwimmer, um ihn herum Benzinkanister und eine Anzahl großer Bündel, gefüllt mit Geschenken für die Eingeborenen, falls wir noch welche in der Notlandebucht antreffen würden. Das aber ist jetzt die große Frage und meine Sorge und Ungewißheit.
Bevor ich Wyndham verließ, schrieb ich einen Brief an Superintendent Johnson von Forrest River Mission und bat ihn, einige zuverlässige Eingeborene zur Notlandebucht zu schicken, um auf die *Atlantis* aufzupassen. Marshall hatte mir die Namen der besten Boys genannt, die von Forrest River aus bei seinem Treck dabei waren. Ich schrieb dem Herrn Superintendent, daß ich in etwa zwei Wochen kommen würde, um mein Flugzeug zu holen.
Aus den zwei Wochen sind zwei Monate geworden. Die Boys von der Mission werden wieder zurück in Forrest River sein und niemand wird mehr in der Notlandebucht aufpassen. Da werden sich wohl die *anderen* Eingeborenen herumtreiben, von denen Marshall eine Anzahl an der Kette mitführte, und vielleicht haben die inzwischen aus den Holmen der Tragflächen Speere gemacht. Ich weiß es nicht, noch nicht, ich muß warten, bis wir da sind.

Sonntag mittag, 18. 9., ist es soweit: die *Koolinda* stoppt die Maschine etwa zwei Meilen vor der Einfahrt zur Notlandebucht. Näher heran kann Captain Bucheridge nicht gehen, die Küste ist nicht vermessen, zuletzt mußten wir loten.
Da liegt also die Notlandebucht wieder vor mir. Es war auch an einem Sonntag, etwa um die gleiche Stunde, als ich sie aus der Luft zum erstenmal sah. Ich war damals sehr froh, weil der Benzinanzeiger am Falltank auf Null stand und es mit Benzin und Fliegen endgültig zu Ende war. Mit den letzten Umdrehungen des Motors hatte der Propeller die *Atlantis* auf den Strand gezogen. Steht mein Flugzeug noch da, und unbeschädigt? Wir werden es erst wissen, wenn wir in die Bucht hineinfahren, das Stück Sandstrand liegt ganz am Ende hinter einer letzten Felsnase.
Wir beeilen uns mit dem Ausladen und verstauen Schwimmer, Benzinkanister und Gepäck in einer Barkasse und zwei Rettungsbooten von Bord der *Koolinda*. Dann fahren wir los, nach einer letzten Besprechung mit Captain Bucheridge im Kartenhaus:
Die *Koolinda* fährt, wenn sie Barkasse und Boote wieder an Bord genommen hat, weiter nach Wyndham und Port Darwin. Auf der Rückfahrt wird sie wieder vor der Notlandebucht stoppen, wenn ich bis dahin noch nicht in der Luft bin und die *Koolinda* durch Überfliegen oder Funk vom nächsten Hafen von einer erfolgreichen Bergung unterrichtet habe. Wenn wir also bis dahin nicht gestartet sind, wird Captain Bucheridge Barkasse und Boote nochmals in die Bucht schicken, um Sexton und mich wieder an Bord zu nehmen, auch den geliehenen Schwimmer und das, was wir etwa an Instrumenten noch ausbauen wollen.
Mir bleiben nur ein paar Tage, meine *Atlantis* zu retten. Nachher würde die Springflut kommen, und damit das Ende. Doch daran will ich noch nicht denken. Jetzt sind wir erst einmal unterwegs, die Barkasse mit den beiden Booten im Schlepp.
Am Anfang tut sich nichts. Wir machen nur wenig Fahrt gegen die Strömung. Die kenne ich schon, dagegen mußten wir anrudern. Die Küste liegt wie tot vor uns.
Plötzlich aber steigt hinter der Felsnase am Ende der Bucht Rauch auf – jetzt eine riesengroße Rauchsäule, senkrecht hoch wie ein

Finger, da wir keinen Wind haben. Die *Atlantis* ist nicht allein! Und wir hören es auch, daß Menschen in der Bucht sind, wir hören sie heulen. Und jetzt sehen wir sie: auf beiden Ufern laufen sie neben unserem Geleitzug her, springen über die Felsen und winken mit beiden Armen. Drüben laufen der Retter, der Jäger, der Alte, auf der anderen Seite die beiden Jungen – unsere fünf Tischkumpane vom Festmahl am Cape Bernier.
Wir fahren um die letzte Felsnase und können bis zum Hintergrund der Bucht sehen. Auf dem kleinen Sandstrand steht meine *Atlantis*, und die Sonne blitzt von den silbernen Tragflächen. Das Junkers-Wasserflugzeug hat die monatelange schwere Prüfung an der Nordwestküste bestanden. Sein glücklicher Pilot kommt zurück, es wieder in die Luft zu holen.
Neben der *Atlantis* stehen die Vier aus Forrest River, ich erkenne sie an den Hosen, die sie tragen. Sie haben gewartet, weit über die zwei Wochen hinaus und ohne zu wissen, wie lange es dauern würde. Sie sollen mir später sagen, warum sie das taten.
Das Wasser vor dem Sandstrand wird flach, Barkasse und Boote werfen Anker, wir beginnen mit dem Entladen und müssen uns beeilen, um die *Koolinda* nicht zu lange warten zu lassen.
Es geht schnell. Meine Freunde sind schon herangewatet. Ich sehe nur noch lachende, schwarze Gesichter und hoch erhobene Hände, worin Benzinkanister und Gepäckstücke zum Ufer schweben. Es sind etwa fünfzig Meter.
So viel Leben hat diese Bucht der Nordwestküste wohl noch nicht gesehen. Acht Offiziere und Matrosen vom Schiff, neun Schwarze, Sexton und ich. Alle sind im Wasser, hin und her zwischen Booten und Ufer. Das mußte ein alarmierendes Signal sein für Meerestiere, die Geräusche auf große Entfernung anzieht. So auch hier.
Als zuletzt der Schwimmer im Wasser liegt und zum Ufer gezogen wird, taucht neben uns eine Rückenflosse auf. Ein neugieriger Hai! Das hat zur Folge, daß wir plötzlich allein sind, Sexton, die neun Schwarzen und ich. Eine Anzahl Kanister liegen im Wasser, und Barkasse und Boote beeilen sich, zu ihrem Schiff zu kommen.
In dem flachen Wasser kann es nur ein junger Hai gewesen sein, und der ist wohl mehr erschrocken als die Besatzung der *Koolinda*.

Barkasse und Boote sind hinter der Felsnase verschwunden, die letzten Benzinkanister und der Schwimmer sind an Land. Ich gehe zur *Atlantis*.

Mein Flugzeug hat sich verändert, es ist grau geworden. Das ist das Salz der Timorsee, das auf Tragflächen und Rumpf liegen blieb, wenn bei Flut und starkem Wind Wasserspritzer über die Maschine getrieben wurden. Zweimal am Tag, immer dann, wenn die Flut am höchsten war, stand das Flugzeug im Wasser, denn Klausmann und ich konnten es nach der Landung nur so hoch auf den Strand ziehen, wie der höchste Wasserstand das Flugzeug trug. Wir hatten die *Atlantis* zuletzt noch gedreht, so daß sie mit der Nase zum Wasser stand. Das war besser für die Verankerung gegen den Wind von See, es war aber nicht gut für den Motor: der war nun ganz vorn und bekam am meisten Salz ab.

Wie wird es *im* Motor aussehen? Wird der jemals wieder laufen? Ich stehe ratlos vor meiner Maschine und weiß es nicht. Ich kann nur hoffen. Am liebsten möchte ich es gleich probieren, Benzin einfüllen und versuchen, den Motor zu starten. Doch das geht nicht, die *Atlantis* auf ihrem einen Bein und den Stützen unter der linken Tragfläche verträgt noch keine Erschütterung, wenn der Motor etwa anspringen würde. Wir müssen nach Plan arbeiten, wie wir es in Perth mit Freunden, die auch etwas von See- und Luftfahrt verstehen, festgelegt haben:

Zuerst das zweite Bein, den neuen Schwimmer anmontieren, dann bei Ebbe einen Kanal graben von den Schwimmern zum Ufer, bei Flut die Maschine über den Kanal ins tiefere Wasser bringen, verankern und versuchen, den Höhenunterschied der ungleichen Schwimmer auszutrimmen. Danach können wir Benzin einfüllen, nur in den rechten Tank auf der Seite des richtigen Schwimmers. Jetzt erst kommt der Motor, wobei wir noch nicht wissen, was wir mit ihm vor einem ersten Startversuch tun werden. Wie weit hat sich das Salz der verruchten Timorsee in den Motor eingefressen?

Soweit das Programm, das Sexton und ich allein durchführen wollten. Das brauchen wir nun nicht, wir haben neun Helfer und müssen nur aufpassen, daß sie nicht zu fest anpacken. Das Kommando bei den Schwarzen übernimmt Fred, ein Mischling.

Fred spricht etwas englisch, er kann mir am Abend am Lagerfeuer meine Fragen beantworten. Wir haben sehr gut von den Vorräten gegessen, die wir mitbrachten, und von den zahlreichen Kisten voller Konserven wird nicht viel an Bord der *Atlantis* sein, wenn der Start gelingen sollte.
Es ist richtig. Der Herr Superintendent von Forrest River Mission hat von 14 Tagen gesprochen, wie ich ihm geschrieben hatte. Er zweifelte wohl selbst ein wenig an meiner optimistischen Zeitangabe und sagte seinen Boys, daß es vielleicht auch etwas länger dauern könnte. Man möchte warten, bis ich komme.
»Aber es waren mehr als zwei Monate«, sagte ich.
»White man asked us to do so – so we did«, antwortete Fred.
So einfach also war das: »Der weiße Mann bat uns, das zu tun – also haben wir es getan.«
Die Fünf vom Cape Bernier haben noch länger gewartet. Sie sind gleich zur Notlandebucht, nachdem uns die Barkasse der Meatworks abgeholt hatte. Ich sagte ihnen damals, daß ich zurückkommen und das Flugzeug holen werde. Also sind auch sie zum Flugzeug gezogen und haben gewartet, nur die Männer, Frauen und Hunde sind im Lager weiter im Inland, wo es leichter ist.
Es gab kein Wasser in der Notlandebucht, das mußte man vom »großen Wasser«, unserem Wassertümpel, der nicht austrocknet, herbeischaffen, und Känguruhs gab es auch bald nicht mehr an diesem Teil der Küste, auch für die Känguruhs mußte man weit ins Inland. Aber gewartet haben meine Freunde, bis ich kam.
Unter den Vieren von Forrest River sind auch die beiden »Renner«, von denen man bald in ganz Australien sprach, nachdem bekannt wurde, was sie geleistet hatten. Wenn die Daten nicht von Sergeant Flinders und Constable Marshall vorliegen würden, wäre es kaum zu glauben. Aber hier sind die Tatsachen:
Marshall hatte uns am fünfundvierzigsten Tag nach der Notlandung gefunden, das war Dienstag, 28. Juni. Am Abend hatte Marshall seinen Bericht für Flinders geschrieben und ich das Telegramm für die Eltern. Bei Tagesanbruch am nächsten Morgen, also am Mittwoch, 29. Juni, machten sich zwei Eingeborene auf den Weg nach Forrest River und Wyndham. Sie würden sich sehr beeilen, das

war sicher. In der folgenden Nacht hatte Klausmann seinen Zusammenbruch und Marshall schickte nochmals zwei Eingeborene los, um Flinders zu alarmieren und die Barkasse ganz dringend anzufordern.

»Ich wählte die besten Läufer aus, die ich hatte«, schrieb Marshall in seinem Bericht. »Sie sagten, daß sie Forrest River in zwei Tagen erreichen könnten. Ich versprach ihnen ein neues Hemd und neue Shorts, wenn ihnen das gelänge und schickte sie los.«

Dazu Sergeant Flinders in seinem Abschlußbericht: »Die Zick-Zack-Route von Forrest River zur Küste beträgt 180 Meilen.«

Das war richtig, wie es die Tagesleistungen aus Marshall's Bericht ergeben: er brauchte von Forrest River bis zum letzten Lager 171 Meilen, von da waren es noch etwa neun Meilen bis zum »großen Wasser«.

180 Meilen sind umgerechnet 288 Kilometer – und das »durch ein, gelinde gesagt, niederträchtiges Gelände«, wie Marshall die Kimberleys beschreibt.

Die beiden »besten Läufer« rannten los, es war Donnerstag früh, 30. Juni. Sie kamen nach zwei Tagen und Nächten nach Forrest River – 288 Kilometer durch die Kimberleys lagen hinter ihnen, als sich in Forrest River herausstellte, daß das Motorboot zur Fahrt über den Cambridge Gulf nach Wyndham nicht zur Verfügung stand, weil es im Augenblick in Wyndham war. Da auch das primitive Funkgerät der Station wieder einmal ausgefallen war, mußte die Nachricht zu Fuß nach Wyndham gebracht werden, also rund um den Cambridge Gulf, eine Strecke von vier bis fünf Tagesmärschen. Der Superintendent wollte andere Läufer losschicken, aber die beiden, die die 288 Kilometer Kimberleys hinter sich hatten, waren bereits unterwegs Richtung Wyndham.

Die »besten Läufer« holten die beiden anderen, die 24 Stunden Vorsprung hatten, ein – und am Montag, 4. Juli, gegen 3 Uhr früh, laufen vier Eingeborene durch Wyndhams Straße zur Polizeistation von Sgt. Flinders. Die »besten Läufer« rannten 400 Kilometer in weniger als vier Tagen!

Jetzt sitzen die beiden »Renner« mit am Lagerfeuer, und ich bitte Fred zu fragen, wie das möglich gewesen sei. Sie sagten nicht viel,

und Fred übersetzte, es war die gleiche Antwort: »White man asked to do – we did.«
Es ist richtig, daß Marshall ihnen Hemd und Hose versprochen hatte, ich möchte aber glauben, daß sie so gerannt sind, um zu helfen. Marshall hatte ihnen gesagt, daß Klausmann sehr krank sei und dringend Hilfe brauche.

Am Abend des zweiten Tages schwimmt die *Atlantis*.
Bisher verlief alles nach Plan, beim Schwimmer und Kanal. Als Wasser mit steigender Flut über den Kanal die Schwimmer erreichte, ging ein Zittern durch die Maschine, dann wurde sie vom Sandstrand gehoben, auf dem sie so lange stehen mußte. Über den Kanal bringen wir sie ins tiefere Wasser, wo es auch bei Ebbe noch tief genug sein wird. Nach vorn wird der Anker ausgebracht, zu den Seiten, zum Ufer zurück, die Leinen.
Etwas schief liegt mein gutes Flugzeug im Wasser, aber es schwimmt. Jetzt trimmen und Benzin. Die Tanks in der rechten Tragfläche werden gefüllt, das reicht bis zum Zielhafen der ersten Etappe, das ist Broome, die erste Station an der Westküste für den Flug nach Perth. Wyndham kann ich nicht anfliegen, es liegt in entgegengesetzter Richtung und es wäre eine zusätzliche Landung. Mit den Landungen aber muß ich sparsam sein, da jede das Flugzeug zerschmeißen kann. In Perth werde ich die *Atlantis* vom Wasser auf Land setzen, die ungleichen Schwimmer gegen ein Fahrgestell austauschen. Mit der Landmaschine will ich dann zum Flug rund um Australien starten, danach zurück nach Europa.
Soweit bin ich bereits mit meinen Flugplänen. Nur, daß vorerst noch gar nicht sicher ist, ob die *Atlantis* überhaupt noch fliegen kann, da ist zuerst noch der Motor, dann die Schwimmer.
Bevor ich entscheide, wie wir den Motor angehen, kann ich noch etwas einbauen, was Klausmann sicher gerne selbst wieder eingebaut hätte – das sind Kompaß und Anlaßmagnet, unsere Begleiter in den 53 Tagen. Der Kompaß ist heil geblieben, der Anlasser auch – und als der eingebaut ist, beschließe ich plötzlich, mit dem Motor sofort einen Versuch zu machen, also vorher gar nichts zu überprüfen, nicht die Kerzen, nicht Verteiler, nicht Leitungen,

Kabel oder Zylinder. Ich bitte Sexton, den Motor durchzudrehen, den Propeller über ein paar Kompressionen zu bringen.
Sexton tut sich schwer, dann hat er zwei Kompressionen geschafft, er tritt auf die Tragfläche zur Seite, ich drehe den Zündschlüssel, jetzt die Kurbel vom Anlasser.
Und mein guter Anlasser, der uns im Busch das Feuer schenkte, läßt mich auch diesmal nicht im Stich: der Motor springt an, hustet ein paarmal, ich helfe ihm mit etwas mehr Gas – dann läuft er, so ruhig, wie er immer lief vor den viereinhalb Monaten. Das Salz der Timorsee hat meinem Motor nichts antun können!

Am Abend sitzen wir noch lange am Lagerfeuer zusammen. Zum Abschied sind auch die Frauen gekommen, der Alte hat sie geholt. Heute dürfen sie ihr Feuer nahe bei unserm machen, und ich bin mehrmals zu ihnen hinüber gegangen, immer wieder mit geöffneten Büchsen unserer Delikatessen. Dazu verteile ich Geschenke, Wäsche und Kleider für die Frauen, Hemden und Hosen für die Männer, all das, was wir aus den großen Bündeln auspacken, die man mir in Perth an Bord der *Koolinda* brachte. Die Männer bekommen vor allem ihren Tabak, das sind gepreßte Stücke, wovon sie abbeißen und kauen.
Wenn der Start gelingt, werde ich also morgen früh endgültig Abschied nehmen von der australischen Nordwestküste und von den schwarzen Menschen. Es ist merkwürdig, aber es ist so, daß ich nicht nur froh bin, endlich hier wegzukommen – es ist wohl auch so, daß ich ein Stück meines Lebens an dieser Küste zurücklasse, meine unbekümmerte Jugend – *reborn in Australia,* dem Leben zurückgegeben von den Aborigines dieses Landes, die mit mir um das Feuer sitzen.
Auch meine Freunde sind heute abend ruhiger als an den Abenden vorher. Der Alte hatte mich über Fred, den er als Dolmetscher mitbrachte, fragen lassen, ob er mir ein paar Narben seines Stammes schneiden dürfe.
Ich mußte ablehnen, habe aber versucht, ihm und den anderen, dem Retter, dem Jäger, den »besten Läufern« über Fred sagen zu lassen,

daß ich in Australien und überall davon erzählen werde, was sie für Klausmann und mich getan haben.

Schließlich hat man mir an diesem letzten Abend am Lagerfeuer noch etwas erzählt, wofür ich mich nicht verbürgen kann, da ich es nicht gesehen habe. Wir hatten von den Krokodilen gesprochen, die Jagd auf uns machten. Da erzählte der Alte eine Geschichte aus seiner Jugend, und Fred übersetzte:

Er sei einmal beim Fischen von einem Krokodil gepackt worden, am linken Unterschenkel. Dabei deutet er auf ein paar Narben und die anderen nicken eifrig (ich nehme an, sie kannten die Geschichte schon von vielen Abenden am Feuer).

Das Krokodil habe ihn also gepackt, nicht durchgebissen, denn dann wäre das Bein ab gewesen, nein, ein Krokodil versuche immer alles zu bekommen und seine Beute erst einmal unter Wasser zu ziehen, es sei also rückwärts auf den Sumpf zugekrochen, in dem es zu Hause war. Und er, es sei ihm nichts übrig geblieben, habe auf dem anderen Bein mithüpfen müssen. Den Speer habe er vorher auf einen Fisch geworfen, den habe er nicht mehr gehabt.

Aber seine Zähne habe er noch alle gehabt, sehr gute, bessere als heute. Mit den Zähnen habe er das Krokodil besiegt.

Fred muß es mir zweimal übersetzen, ich glaube erst nicht recht verstanden zu haben. Es sei so gewesen:

Er habe gewußt, erklärte mein guter Alter, daß Krokodile außer den Augen eine besonders empfindliche Stelle hätten – ihre Nase, oder besser: die Stelle, wo die Nase angewachsen sei.

Er habe also, so schließt die Geschichte, seinen Mund beim Hüpfen ganz weit aufgemacht, habe sich an den Hüften festgehalten – um mehr Schwung zu haben –, habe sich dann plötzlich nach vorne geworfen und das Krokodil hinter die breite Nase gebissen.

Das habe das Krokodil erschreckt, es habe für einen Augenblick den Rachen aufgerissen und sein Bein losgelassen. Er habe es schnell herausgezogen und sei zum Ufer zurückgehumpelt.

Die Geschichte ist aus. Ob es Jägerlatein der Aborigenes war, weiß ich nicht – möglich wäre in den Kimberleys auch das mit der Krokodilnase.

Am Morgen nehme ich dann auch Abschied von meinen Fliegen und Moskitos, die uns Tag und Nacht begleitet haben an der Nordwestküste, wenn ich auch später nicht mehr darüber sprach, weil es da schlimmere Dinge gab.

Die Leinen sind gelöst, der Anker an Bord, der Motor springt an. Ich gebe Gas – jetzt wird es sich zeigen, was die Schwimmer tun. Je schneller die Maschine wird, um so mehr neigt sie sich nach links. Der große Schwimmer hat mehr Auftrieb, ich halte mit aller Kraft die Maschine auf Kurs und versuche mit voll ausgeschlagener Verwindung den falschen Schwimmer aus dem Wasser zu bringen.

Es gelingt – die *Atlantis* wird von ihrem rechten Schwimmer allein getragen, schneller und schneller, er kommt auf Stufe und jagt jetzt über die Wellenköpfe der Bucht. Ich habe gewonnen!

»Der Flieger schließt die Hände über den Griffen des Steuers«, sagt Antoine de Saint-Exupéry, der Dichter unter den Fliegern, »und langsam sammelt er wie ein Geschenk in seiner hohlen Hand die wachsende Kraft, die sich in dem Flugzeug zu der Reife bildet, die das Fliegen möglich macht – die metallenen Nerven der Steuerung werden zu Boten der Macht. Und wenn der Augenblick herangereift ist, vermag der Flieger mit einer Bewegung, die geringer ist als die des Pflückens einer Blume, das Flugzeug vom Wasser zu lösen und es in die Luft zu erheben.«

ATLANTIS SAVED.

BERTRAM AT BROOME.

A GOOD LANDING.

Broome, Mittwoch, 21. September.
... 14 Uhr 38 landeten heute Captain Hans Bertram und sein Mechaniker (Mr. Sexton) mit dem Wasserflugzeug ATLANTIS, von Seaplane Bay kommend, in Broome.

Das Wetter war gut. Das Flugzeug flog zweimal über den Hafen, dann landete Captain Bertram neben einem lugger, der vor Anker lag. Das Flugzeug flog sehr langsam, als es das Wasser berührte, und kam nach nur 30 yards zum Stillstand. Es gab keine Anzeichen dafür, daß es ausscheren würde, trotz des kurzen Schwimmers. »Ich bin heute der glücklichste Mensch auf der Welt«, waren die ersten Worte von Captain Bertram.

Der Reporter der *West Australian* hat wörtlich berichtet, genau das sagte ich, nachdem ich »die Landung meines Lebens« gemacht hatte – nach einem Flug, den ich auch nie vergessen werde.
Ich flog über die Notlandebucht, wo meine schwarzen Freunde winkten und kleiner wurden, ich flog über Cape Bernier und sah unsere Höhle, ich sah das »große Wasser« und einen Teil unseres zerrissenen Schwimmers, der in Australien bleiben mußte, ich nahm Kurs auf Drysdale und überflog die Mission, von wo aus die Patres ihre schwarzen Boten nach Wyndham schickten mit der Nachricht vom gefundenen Zigarettenetui, ich flog schließlich nicht mehr entlang der Küste, sondern quer über die Kimberleys, über die rauchende Hölle.
Als dann die Kimberleys hinter mir lagen und vor mir an der Westküste Broome auftauchte, der kleine Hafen, bekannt durch seine Perlfischerei, bereitete ich mich auf meine Landung vor – viel sorgfältiger als bei der ersten Landung nach meinem ersten Alleinflug als Flugschüler in Hamburg. Wie damals, habe ich auch jetzt alles mehrmals aufgesagt, bevor ich Gas wegnahm: ruhig anschweben, genau gegen den Wind, nicht zu flach, um nicht durchzusacken, nicht zu steil, um nicht zu hart aufzusetzen, etwas Gas drin lassen bis kurz über dem Boden – jetzt Wasser –, ausschweben lassen, dann Gas ganz zurück, wenn man spürt, daß sie herunter will.
Bis hierher wäre es die normale Landung gewesen – im Hafen von Broome kommt etwas hinzu: ich darf nur auf einem Bein landen, auf dem rechten, dem richtigen. Das linke Bein ist zu klein und würde den Anteil der Last des Flugzeuges vielleicht nicht tragen können und unterschneiden. Unterschneiden eines Schwimmers

aber bei etwa 80 Kilometer Geschwindigkeit würde das Ende bedeuten. Um das zu verhindern, gebe ich mir bei dieser Landung einige Anweisungen mehr: bis zum Ausschweben die Maschine gerade halten, wie normal, diesmal aber, bevor sie sich hinsetzen will, etwas Verwindung nach rechts, nicht zu viel, damit nicht das Ende der rechten Tragfläche das Wasser berührt, doch so viel Verwindung, daß beim Durchsacken jetzt nur der rechte Schwimmer, der richtige, aufs Wasser kommt. Wenn danach das Dröhnen anfängt, wenn also der Schwimmer über die Wellenköpfe schneidet und die Schläge durch das Metall des Flugzeuges wie Hammerschläge dröhnen, Kurs halten, ganz genau, weil der rechte Schwimmer nach rechts will. Auch das wäre das Ende.

Alles aber ist gut, wenn ich die Verwindung im richtigen Augenblick nach links gebe. Jetzt muß die linke Tragfläche herunter, der kleine Schwimmer setzt auf – schließlich können sich die beiden ungleichen Schwimmer darum streiten, nach welcher Seite sie die *Atlantis* ziehen wollen – die *Atlantis* hat keine Geschwindigkeit mehr und schwimmt nun ruhig im Hafen von Broome.

Ich habe die Landung noch viermal gemacht, bis die Westküste hinter mir lag und vor mir der Swan River von Perth, der letzte Hafen für das *Wasserflugzeug Atlantis*.

Richtung Heimat

Ein halbes Jahr später, Anfang April, male ich auf dem Flugplatz von Soerabaja, Java, einen großen roten Pfeil auf die Seite meines Flugzeuges, in Flugrichtung. Unter den Pfeil schreibe ich: Richtung Heimat.

Jetzt wollen wir's wissen, mein Flugzeug und ich, wir wollen nun endlich nach Hause! Bis dahin sind es noch rund 14 000 Kilometer, etwa 85 Flugstunden, bei einer Reisegeschwindigkeit von 160 km/h.

Rechnen wir die gleiche Zeit für die Zwischenlandungen hinzu – tanken, Motor nachsehen, Öl- und Kerzenwechsel, Paßformalitäten, vielleicht auch ein paar Stunden Schlaf –, so ergibt das insgesamt 170 Stunden, rund sieben Tage, eine Woche. Wenn wir morgen früh, Dienstag, 11. 4., starten, so können wir Ostermontag zu Hause sein.

Da wir jetzt allein sind, mein Flugzeug und ich, müssen wir einen Soloflug machen, über eine weite Strecke in einer etwas kurzen Zeit, in der es nicht viel Schlaf geben wird. Aber wir wollen nicht länger warten, nachdem die Maschine gestern abend fertiggeworden ist und ich den ersten Probeflug machen konnte.

Vier Monate hat es gedauert, bis die Ersatzteile aus Dessau kamen, und wenn die holländischen Monteure der Seeflugstation Moro-Krembangan, Soerabaja, nicht so großartig gearbeitet hätten, wäre die *Atlantis* nicht mehr auf die Beine gekommen.

Vor vier Monaten machte sie beim Nachtstart auf dem nassen Flugplatz von Soerabaja, am Rande der Südsee, einen schlimmen Bruch, und es sah so aus, als müßte ich die Reste auf ein Schiff verladen.

Die *Atlantis* hat viel durchstehen müssen, und es fing gleich hinter Perth an, nachdem ich damals die Schwimmer gegen das Fahrgestell austauschte. Für das Wasserflugzeug gab es immer genug Wasser zum Landen, für das Landflugzeug aber waren die Plätze manchmal schäbig und naß, so gleich am Anfang meines Fluges rund um Australien, bei dem ich mich überall bedanken wollte.

*

Die Landung auf dem Swan River von Perth, die letzte auf den hinkenden Beinen, war am Samstag, 24. 9. Es kamen viele Zuschauer zur Begrüßung – vielleicht kamen sie auch, um dabei zu sein, wenn die riskante Landung, worüber eine Menge geschrieben wurde, einmal nicht gelingen würde. Sie gelang bestens, ich hatte inzwischen gelernt und war sehr stolz.

In ein paar Tagen wurde die *Atlantis* auf Räder gesetzt, Motor und

Zelle gründlich durchgesehen, dann war sie startklar für den Flug nach Adelaide, Melbourne, Canberra, Sydney und Brisbane, also rund um Australiens Vorderseite, wo in jeder Stadt mehr Menschen leben als in der gesamten nördlichen Hälfte des Kontinents, an der ich durch die Hintertür angekommen war.

Auf der ersten Etappe, von Perth nach Adelaide, passierte es bei der Zwischenlandung in Kalgoorlie, einer kleinen Goldgräberstadt mit einem winzigen Landeplatz, das war eine größere Wiese mit Clubhaus – es passierte bei der ersten Landung auf Rädern, und die *West Australian* hatte eine neue Sensation:

BERTRAM HAS
FORCED LANDING

Machine Damaged
At Kalgoorlie

Kalgoorlie, 29. 9.
. . . das Flugzeug machte, wie es aussah, eine perfekte Landung. Zur Verwunderung der Besucher aber, die zum Empfang gekommen waren, wurde es dann plötzlich wieder schneller und es hatte den Anschein, als ob es direkt auf die erschreckten Besucher, die zur Seite flüchteten, zukäme.
Durch ein geschicktes Manöver kam das Flugzeug eben am Clubhaus vorbei, riß zwei Zaunpfähle und einen kleinen Baum aus, übersprang die Straße und kam auf dem Feld dahinter zum Stehen. Captain Bertram blieb unverletzt.

Das ist richtig, mir war nichts passiert – aber wie sah mein Flugzeug aus: In der Flügelnase einer Tragfläche waren Löcher und Beulen, und vom Propeller war ein Blatt verbogen, vom anderen ein Stück an der Spitze abgeschlagen!

Das war keine Landung, auf die ich stolz sein konnte. Ich hätte bei dem kleinen Platz besser aufpassen müssen. So setzte ich zu spät und mit zu viel Fahrt auf, die *Atlantis* rollte und rollte, auf Besucher und Clubhaus zu. Auch das für die Landung sorgfältig kurzgeschorene Gras (wenn man es nur nicht geschoren hätte!) bremste nicht, wie ich es vom Wasser gewöhnt war, wenn die Schwimmer eintauchten. Als das Rollen nicht langsamer wurde (Bremsen für die Räder gab es an meiner Maschine nicht), habe ich zum Glück früh genug wieder Gas gegeben, konnte über die Besucher hinwegspringen, kam auch am Clubhaus vorbei, nahm aber, als die Maschine wieder durchsackte, ein paar Zaunpfähle und den kleinen Baum mit. Hinter dem Straßengraben, über den ich hinweghüpfen konnte, gab es ein Stück Feld, der holprige Boden dann brachte die *Atlantis* zum Stehen, nachdem ich die Zündung herausgerissen hatte.

Da stand ich nun, am Anfang meines Fluges rund um Australien, um den bereits viel Wirbel gemacht worden war mit Terminen für Empfänge und Vorträge. Jetzt mußte ich wohl mit der Eisenbahn fahren und darauf verzichten, nach den Landungen die beiden Flaggen zu hissen, die ich an Bord hatte, meine alte von zu Hause und die australische, die man mir verliehen hatte – *reborn in Australia*.

Ich war ungerecht und nicht sehr höflich, als mich einer vom Empfangskomitee, das mit den Besuchern hinter der Maschine hergelaufen war, offiziell begrüßte, wobei er etwas atemlos von einem Zettel ablas.

Ich sah nur den Propeller meines Flugzeuges. Die Beulen und Löcher in der Tragfläche konnte ich reparieren, dafür hatte ich das passende gerippte Blech und Nieten an Bord, aber der Propeller – wo sollte ich einen neuen Propeller herbekommen? Diesmal konnte es nicht so gehen wie beim Schwimmer – der Propeller mußte passen, da konnte man nicht mogeln.

Der Herr vom Empfangskomitee war fertig, und ich hatte es auch geschafft, ein paar Worte zu sagen, als mich ein kleiner Mann ansprach. Ich habe zuerst nicht hingehört, bis mich einer darauf aufmerksam machte, daß das der Schmied von Kalgoorlie sei und daß ich dem den Propeller ruhig anvertrauen könnte. Der hätte schon ganz andere Dinge hinbekommen.

Mir war es inzwischen ziemlich egal, was mit dem zerschlagenen Propeller geschah, ich ließ mich ins Hotel fahren, machte mich ein wenig sauber und ging nach unten, wo ich in einem überfüllten Saal den Vortrag »53 Tage im Busch« zu halten hatte. Ich war in einer Stimmung von Galgenhumor, und da ich dasselbe bereits in Perth erzählt hatte, kannte ich die englischen Worte, die ich falsch betonen mußte, um meine Zuhörer auch mal zum Lachen zu bringen. Das war gut bei der dramatischen Story.

Als ich nach dem Vortrag mit ein paar Goldgräbern ein Glas Bier trank, meinte einer, wir sollten mal sehen, was mit dem Propeller sei.

Man brachte mich über einen Hof in eine Schmiede, wo heftig gehämmert wurde. Der Schmied klopfte an dem verbogenen Propellerblatt herum, und ich traute meinen Augen nicht, als ich sah, daß es schon wieder Form annahm. Beim anderen Blatt, an dem die Spitze abgeschlagen war, hatte er bereits eine saubere Rundung gefeilt – und als später in der Nacht der verbogene Teil wieder so aussah wie sein Bruder auf der anderen Seite der Propellernabe, nahm der Schmied eine Säge und schnitt auch von diesem Blatt so viel ab, wie das andere Blatt kürzer war.

Schließlich steckten wir den bearbeiteten Propeller auf ein waagerechtes Rohr und ließen ihn rotieren. Er lief rund, ganz genau ausgewuchtet, es war ein kleines Wunder – nur daß er nun etwa zehn Zentimeter weniger Durchmesser hatte!

Das war in der Nacht in der Schmiede von Kalgoorli unwichtig – wenn der Propeller weniger Durchmesser hatte, so mußte er ein paar Umdrehungen mehr machen, und in Adelaide, meinem nächsten Ziel, gab es einen richtigen Flugplatz, da konnte man nachsehen, ob der Motor einen Knacks abbekommen hatte. Bis dahin mußten wir allerdings erst einmal fliegen, es waren rund 2000 Kilometer, also ohne Wind zwölfeinhalb Flugstunden, so daß der Propeller bei 1,340 Umdrehungen in der Minute – ich konnte es ausrechnen: Der Propeller mußte sich etwa 1 000 000 mal drehen, um uns über die nächste Etappe zu bringen.

Er hat uns gut hingebracht, und noch viel weiter. Der Motor war in Ordnung, der Propeller kein bißchen unwuchtig – das war der Schmied von Kalgoorlie ...

Der Bericht vom Flug rund um Australien und von der Gastfreundschaft eines ganzen Landes könnte ein Buch füllen. Man hat mir zeigen wollen, wie schön der fünfte Erdteil ist, von dem ich am Anfang einen so schlechten Eindruck hatte.
Es gab viel zu sehen bei diesem Flug und vieles war einmalig, so schon auf der ersten Etappe von Kalgoorlie nach Adelaide: Von den 2000 Kilometern der Strecke konnte ich etwa die Hälfte entlang einer Bahnlinie fliegen, ohne das Seitenruder auch nur einmal zu bewegen – es ist die längste Bahnstrecke der Welt ohne Kurve, ein endloses gerades Schienenpaar quer durch eine Wüste, nur ein paarmal unterbrochen von einer »Station«, das war dann der Wassertank für die Lokomotive mit ein paar Häusern.
Auch die Hauptstadt Canberra dürfte einmalig sein und die Geschichte ihrer Entstehung: Als sich die beiden größten Städte Australiens, Sydney und Melbourne, nicht darüber einigen konnten, welche Hauptstadt werden solle, habe man eine Karte genommen – so erzählte man mir –, habe mit einem Lineal auf der Karte die beiden Städte verbunden, habe die Entfernung halbiert und einen Punkt gemacht. Da sollte die Hauptstadt gebaut werden. So erzählte man, und es könnte stimmen, denn als beim Flug von Melbourne nach Sydney die Hauptstadt genau auf halber Strecke hinter einer letzten Bergkette der *Australien Alps* auftauchte, lag vor mir ein großes schönes Stadtbild mit einem fertigen Straßennetz weit ins Land hinein und mit sehr viel Platz dazwischen, wo vielleicht später einmal Häuser stehen werden. Das weiße *House of Parliament* wurde ganz zu Anfang gebaut, man sieht es sofort, wenn man über die Berge kommt.
Ich kam auch nach Hobart auf Tasmanien, das ist die große Insel südlich von Australien. Südlicher ging es nicht mehr, da kommt nur noch viel Wasser und der Südpol, aber ich mußte auch nach Tasmanien, um keine Einladung auszulassen.
In Brisbane dann, dem nördlichsten großen Hafen an der Ostküste,

machte ich kehrt mit Richtung wieder auf Sydney und Melbourne, um meinen Rückflug nach Europa vorzubereiten.

Bei diesem »Flug des Dankes« forderte man einiges von mir, angefangen am frühen Morgen in den Schulen, über den Empfang im Rathaus, Besichtigungen, Dinner in irgendeinem Club, private Besuche am Nachmittag bis zum Vortrag am Abend, abschließend das große Essen und manchmal noch ein Festbankett; so ging das Tag für Tag, über zwei Monate, so lange, wie es an der Nordwestküste dauerte und fast so anstrengend. Immer wieder Reden und Autogramme, und in jedem Ort, mochten es nur ein paar Häuser sein, die Kranzniederlegung am Ehrenmal, das war die Gedenkstätte für die Opfer des Weltkrieges, in den auch das ferne Australien hineingezogen wurde.

Ich glaube, daß ich dazu beitragen konnte, die Vergangenheit zu überwinden. Da mir Australien ein fast verlorenes Leben wiedergegeben hatte und ich jetzt umherflog, um dafür zu danken, hat man den *good will* angenommen.

Ich lernte auch die Pioniere der australischen Luftfahrt kennen, an der Spitze Sir Charles Kingsford-Smith, der als erster den Pacific überquerte, jenes unheimlich große Wasser zwischen Australien und Amerika. Als ich von »Smithy«, wie ihn seine Freunde nennen durften, erfuhr, daß es im Augenblick darum ginge, das Interesse der Öffentlichkeit dafür zu gewinnen, eine regelmäßige Luftverbindung zwischen dem Mutterland England und Australien zu schaffen und daß jeder in der einen oder der anderen Richtung durchgeführte Flug zwischen den beiden Antipoden diesem Ziel dienlich wäre, entschloß ich mich, meinen Rückflug nach Europa zu einem Rekordversuch Australien–England zu machen.

Eine gute Maschine hatte ich, einen guten Copiloten fand ich aus dem Kreis um Smithy: Skotty Allan, ein erfahrener Pilot und Pionier in der Luftfahrt seiner Wahlheimat Australien.

Wir beide taten uns zusammen und trimmten die *Atlantis* für die lange Strecke, die mit möglichst wenigen Zwischenlandungen zu bewältigen war: Da mußten vor allem Benzintanks in der vorderen Hälfte der Kabine eingebaut werden, mit einem schmalen Durchgang nach hinten, wo in dem freien Rest der Kabine noch so viel

Platz war, daß wir von Ecke zu Ecke eine Hängematte spannen konnten für die Freiwache, wenn der andere am Steuer saß. Den Rekordflug wollten wir in fünf Tagen und Nächten schaffen, wir rechneten von Küste zu Küste, also von Port Darvin bis London, etwa 100 Stunden reine Flugzeit, und konnten mit kurzen Zwischenlandungen unter fünf Tagen bleiben, wenn es am Boden keinen Aufenthalt gab. Wir mußten also auch nachts starten.
Das war das größte Risiko – die Nachtstarts auf den kleinen Landeplätzen der Südsee, die jetzt, im Dezember, dazu noch naß sein würden. Wir nahmen das Risiko in Kauf und all die Dinge an Bord, die man uns brachte für die Ausstellung im *Australia House of London:* Es kamen frische Lebensmittel mit den Daten des Rekordfluges, Fleisch (auch von den Meatworks aus Wyndham), Teigwaren, ein kleiner Ballen Wolle und schließlich die vordatierten Tageszeitungen mit dem Abflugdatum von Port Darwin.
Es sollte der 12. Dezember sein, kurz vor Tagesanbruch, Punkt 5 Uhr. Die letzten Vorbereitungen wurden in Melbourne geflogen, vor allem Startversuche mit überlasteter Maschine, wobei Sandsäkke bei den Versuchsflügen die Benzinlast der noch leeren Tanks ersetzen mußten. Die Sandsäcke wurden nach geglücktem Start vor der Landung abgeworfen. Der Propeller von Kalgoorlie arbeitete großartig.
Bevor wir am Abend des 8. Dezember in Melbourne zum Flug quer durch Australien nach Port Darwin startklar waren, hatte man noch eine besondere Überraschung für mich, ein Abschiedsgeschenk meiner australischen Gastgeber. Ich wurde beim Abschiedsdinner zwischen Suppe und Fleischgang ans Telefon gerufen, erwartete von irgendwoher ein Abschiedsgespräch – und höre plötzlich die Stimme meiner Mutter am anderen Ende der Leitung. Ich habe mir sagen lassen, daß dieses Gespräch über Tage vorbereitet und ein paarmal auf der Strecke um die halbe Welt verstärkt werden mußte. So konnte ich mit Skotty Allan und den guten Wünschen meiner Mutter am nächsten Morgen, 9. Dezember, von Melbourne zum Flug quer durch Australien starten, 3600 Kilometer Wüstenstrecke mit Zwischenlandung in Alice Springs im Herzen des fünften Erdteils. Der Flug mußte eine Generalprobe sein für unsere

Navigation, ohne Funk selbstverständlich, aber Funk hatten die anderen auch nicht, die vor uns die Strecke geflogen waren, wenn auch langsamer als wir es wollten.

Am 10. Dezember kam ich so endlich nach Port Darwin, wohin ich am 15. Mai beim Nachtflug über die Timorsee kommen wollte. Ich kam jetzt von der anderen Seite nach Darwin, über die Wüsten Australiens, und diesmal ging alles gut, »der Motor lief rund«, wie wir sagen, und die Navigation war über den Daumen gepeilt in Ordnung. Bevor wir Darwin anflogen, lagen hinter dem Dunst im Westen die Kimberleys, der Flug rund um Australien war endgültig beendet.

Mit meinem Copiloten Skotty Allan klappte alles bestens, allerdings nur, wenn wir uns englisch verständigen konnten, denn wenn wir uns erregten, sprach Skotty schottischen Dialekt, den auch ein Engländer kaum versteht, und ich antwortete in meiner Muttersprache, so daß wir aneinander vorbeiredeten, was vielleicht in solchen Augenblicken ganz gut war.

Wir kamen also pünktlich und haargenau nach Port Darwin. Nach einem Ruhetag und einem letzten Überprüfen von Motor und Zelle sollte es am 12. Dezember losgehen.

West Australian bringt die letzte Meldung:

LONDON IN 5 DAYS!

Bertram's Big Flight Plans

In der Nacht vor dem Start stehen mehrere Gewitter über der Timorsee. Meine gute alte Timorsee veranstaltet ein Feuerwerk, damit ich sie in Erinnerung behalte. Das werde ich bestimmt tun. Als wir zum Flugplatz fahren, mache ich mir Sorgen über das viele Wasser. Es regnet seit Stunden, und der Platz ist aufgeweicht wie ein

Schwamm. Es wird gehen, da wir nicht überlastet sind, wir werden im Gebiet der Südsee mit den nassen und nur kleinen Plätzen auch nur kürzere Strecken fliegen, um beim Start nicht zu schwer zu sein. Die verlorene Zeit werden wir aufholen, wenn wir ab Singapore bessere Plätze haben und für 18 Stunden Benzin mitnehmen können.

Eine Halle gibt es nicht auf dem Flugplatz von Port Darwin, die *Atlantis* steht im Freien, gut verankert am Rande der Startbahn. Wir haben sie am Abend mit einer Plane abgedeckt, das Wasser tut ihr nichts, da hat ihre Metallhaut schon mehr abbekommen. Nur in den Motor darf kein Wasser, und nicht ins offene Cockpit.

Am Abend hatten wir auch eine Wache ans Flugzeug gestellt, da aber ist nun niemand mehr, als wir zum Platz kommen, dem Wachmann wird es zu naß geworden sein, und das Flugzeug kann niemand stehlen, wird er gedacht haben.

Viel brauchen wir nicht mehr zur Vorbereitung, es ist alles an Bord, nur die Scheinwerfer der Wagen, die uns begleitet haben, müssen noch am Ende der Startbahn – es ist eine ziemlich breite Straße – in Position gebracht werden, sie dürfen uns nicht blenden, geben aber eine gute Hilfe, die Bäume zu erkennen, wenn wir darüber hinweg müssen.

Kurz vor 5 Uhr ist alles klar, der Motor abgebremst, die Verankerung gelöst – in ein paar Minuten werde ich Australien verlassen! Sieben Monate war ich hier, ich werde lange brauchen, vielleicht Jahre, um den Abstand zu bekommen zu dem, was hier geschah. Doch im Augenblick gibt es nur den Start, danach die Timorsee und den weiten Weg um die halbe Welt nach Hause.

Die Scheinwerfer am Platzrand sind zu erkennen, der Regen macht eine Pause – es ist auf die Minute 5 Uhr, als ich Gas gebe, die Zeitnehmer für den Rekordflug blinken das Signal mit einer Taschenlampe. Los.

Nur torkelnd setzt sich die Maschine bei Vollgas in Bewegung. Das ist der nasse Platz. Jetzt geht es, wir werden schneller und mit jedem Augenblick leichter, je mehr Luft unter die Tragflächen kommt.

Die *Atlantis* ist heute sehr schwanzlastig, als ob Australien sie festhalten möchte. Während ich die Steuersäule ganz vordrücke, um das Rumpfende hoch zu bekommen, beeilt sich Skotty mit der Trimmung, voll nach vorn. Das hilft, gemeinsam bringen wir sie auf Fahrt und können abheben, bevor die Scheinwerfer heran sind. Jetzt sind sie unter uns, die Bäume, die Hafenmole und danach die Timorsee. Wir sind unterwegs.

Wir fliegen etwa eine Stunde durch die verschiedenen Gewitter und werden ziemlich durchgerüttelt. Gegen 6 Uhr liegen die Wolken hinter uns, das erste Tageslicht kommt herauf. Skotty macht eine Peilung, danach beginnt seine Freiwache, er geht nach hinten, in zwei Stunden wird er mich am Steuer ablösen.
Wir haben eine einfache Verbindung vom Cockpit zur Kabine: Wer sich in die Hängematte legt, bindet die Schlaufe eines Lederriemens um seinen Arm, das andere Ende ist im Cockpit und wird gezogen, wenn es Zeit ist zur Ablösung nach vorn zu kommen.
Skotty ist hinten, ich bin allein mit meiner Maschine über dem Wasser, das mir soviel Unheil brachte. Ich überlege, ob ich abergläubisch bin und drei Kreuze machen werde, wenn die Timorsee hinter mir liegt.
Bevor ich mir eine Antwort geben kann, ist plötzlich Skotty wieder neben mir. Ich habe nicht gezogen, seine Freiwache ist noch nicht abgelaufen. Wenn er jetzt schon zurückkommt, so muß etwas nicht stimmen, und als er mit dem Daumen über die Schulter nach hinten deutet, ist es klar, daß in der Kabine etwas nicht in Ordnung ist. Sind es die Tanks? Skotty sagt kein Wort, vielleicht ist auch der Motor zu laut, er übernimmt das Steuer und deutet nochmals nach hinten.
Ich schnalle mich los und krieche durch den schmalen Gang zwischen den Tanks in die Kabine. Da bleibe ich erst einmal hocken und glaube, daß der böse Geist der Timorsee nun doch noch zu uns in die *Atlantis* gekommen ist – auf dem Klappsitz an der Kabinenrückwand sitzt ein Mensch!
Ich habe in meinem Fliegerleben schon ziemlich viel in der Luft erlebt, hatte auch schon Feuer an Bord – ich hatte aber noch nie ein Lebewesen im Flugzeug, das beim Start noch nicht da war. Es dauert allerdings nicht lange, bis es mir klar wird, weshalb die

Atlantis so schwanzlastig war beim Start in Port Darvin – der blinde Passagier saß in dem engen Raum hinter der Kabine, durch den die Steuerzüge zum Höhenruder und zum Seitenruder führen. Er hat sich also in der Nacht an Bord geschlichen, als der Polizist naß wurde und das Flugzeug allein ließ, er ist unter der Plane hindurch ins Cockpit geklettert, in die Kabine, und hat schließlich die kleine Klappe geöffnet, die zum Steuerraum führt.
Da also saß er beim Start, ganz hinten, war nicht angeschnallt, und konnte sich bei der Schaukelei in der Gewitterfront nicht festhalten – neben ihm aber und unter ihm bewegten sich die Steuerzüge, mit denen wir das Flugzeug führen mußten.
Es hatte wieder mal jemand seinen Daumen dazwischen gehalten, denke ich, sonst hätte uns die Timorsee doch noch bekommen.
Als mir dann Skotty später erzählte, was in der Kabine passiert war, habe ich ihn verstanden, obwohl er schottisch sprach: Skotty hatte es sich eben in der Hängematte bequem gemacht, als er beim Umwenden zur Kabinenrückwand auch die kleine Klappe zum Mannloch im Blickwinkel hat. Diese Klappe bewegt sich plötzlich langsam ein wenig zur Seite, und durch die schmale Öffnung kommt eine Hand. Die Hand kam ganz langsam, es dauerte eine Ewigkeit, erzählte Skotty, wenn ich ihn richtig verstanden habe – als er dann mit einem Satz aus der Hängematte sprang und die Klappe aufriß, starrten ihn zwei große Augen an, aus einem Gesicht, das grün und gelb war.
So sah der junge Mann, er mag 17 Jahre alt gewesen sein, auch jetzt noch aus, als er vor mir auf dem Klappsitz an der Rückwand saß, grün und gelb. Er habe ein Stück mitfliegen wollen, sagte unser blinder Passagier, und ich habe gedacht, daß mir Australien nun noch ein weiteres Muster seiner Produktion mit auf den Weg gegeben hatte.
In diesem Sinne habe ich mich dann auch von Soerabaja aus, von wo wir unseren Gast zurückschickten, bei meinen australischen Freunden bedankt.
Am Abend des ersten Flugtages lag die Timorsee und ein Teil der nassen Südsee hinter uns. Die Maschine wird klargemacht zum Nachtstart in Soerabaja. Noch vier Tage bis London.

Aber es sollte nicht sein, daß mein Weg schon in vier Tagen mit einem Rekordflug von Australien nach England zu Ende war. Das Schicksal wollte es anders.

Es regnet in Strömen. Beim Tanken werden Regenschirme und Zeltplane über die Fülltrichter gehalten, damit kein Wasser ins Benzin kommt. 1300 Liter werden getankt – ausgerechnet 1300! »Und beim Start haben wir den Dreizehnten«, meint Skotty. Ich weiß nicht, ob *er* abergläubisch ist, *ich* möchte es nicht sein, möchte weiter – bald ist Weihnachten, ich will nach Hause!
Im Flugplan der fünf Tage bis London haben wir für die Zwischenlandungen auf den nassen Flugplätzen der Südsee verschwenderisch Stunden eingerechnet, um in der Nacht nicht zu lange durch die Regenfronten fliegen zu müssen.
Wir nehmen uns nach dem Tanken die Zeit, den Flugplatz abzufahren. Dabei tauchen in den Scheinwerfern unseres Wagens immer wieder Wasserpfützen auf und hinter uns steht das Wasser in den Fahrspuren. Von *dem* Boden würden wir nicht loskommen, das ist klar. Aber es gibt eine Straße quer über den Platz, wie in Port Darwin. Unsere Maschine ist nicht voll getankt und wiegt nur 2600 kg, ein Gewicht, das sie bei trockenem Boden schon nach 200 Metern in die Luft bringen würde. In der Nacht auf der Straße wird sie etwas mehr brauchen, aber wir haben ganze 700 Meter von Platzende zu Platzende zur Verfügung, wir müssen nur auf der Straße bleiben, die ist gerade und trocken, wenn auch mit Gras bewachsen, was etwas bremsen wird.
Sie ist allerdings nur fünf oder sechs Meter breit, wir müssen aufpassen! Da es nicht genug Laternen für die ganze Länge der Straße gibt, werden zwei Wagen mit gekreuzten Scheinwerfern ans Ende gestellt. Ein Wagen wird uns von der Baracke, wo wir getankt haben, zum Anfang der Straße führen.
Um den Platz herum gibt es nach den 700 Metern den Entwässerungsgraben, etwa zwei Meter breit und tief für das viele Wasser. Hinter dem Graben kommt noch ein Stück Flachland, danach Bäume.
Jetzt wissen wir's. Es gilt also, genau auf die gekreuzten Scheinwer-

fer zuzustarten, und das werden wir wohl können, dazu sind wir zwei gute und erfahrene Piloten. Wir werden die Maschine genau auf Kurs halten, wenn sich jeder auf seiner Seite aus dem offenen Cockpit hinausbeugt, um an der Motorhaube vorbeisehen zu können.

Wir warten noch zwei Stunden. Nach Mitternacht machen wir uns fertig, verabschieden uns von den wenigen Freunden, die gewartet haben, ein paar Soldaten helfen bei den Vorbereitungen. Über Soerabaja hängen tief und schwer Regenwolken, für einen Augenblick kommt der Mond durch, um sich in dem nassen Feld vor uns zu spiegeln. Dann ist das Mondlicht wieder weggewischt, wir lassen den Motor an.

In einer solchen Nacht habe ich immer bedauert, daß die *Atlantis* keinen geschlossenen Führersitz hat. Die Schwestermaschine, die für Langstrecken, für Ozeanflüge ausgelegt war, hatte eine geschlossene Haube über dem Cockpit, die *Atlantis* blieb offen, weil ich in den Tropen lieber offen fliegen wollte.

Nicht aber in einer Nacht wie dieser. Man muß sich tief setzen und den Kopf hinter die niedrige Windschutzscheibe beugen, wenn der Propeller die feuchte Luft über die Maschine jagt. Der Vorteil des offenen Cockpits ist heute nacht nur, daß wir uns nachher beim Start hinausbeugen können.

Der Motor läuft gut, fertig, die Bremsklötze werden weggezogen, der Wagen vor uns fährt los, wir rollen hinterher, die Lichter und die Menschen im Windschatten der Baracke bleiben zurück. Die Maschine rollt unsicher auf dem nassen Boden, bleibt zweimal stecken, so daß ich mehr Gas geben muß. Der Wagen vor uns hat das Ende der Straße erreicht und steht so, daß seine Scheinwerfer in Startrichtung zeigen. Zwei Soldaten, die mit dem Wagen gefahren sind, fassen die Bügel an den Flächenenden der *Atlantis* und schwenken sie herum.

Wir sind jetzt auf der Mitte der Straße und sehen deutlich wie schmal sie ist, als die Scheinwerfer des Wagens die Wasserpfützen rechts und links neben der Straße erfassen, so weit der Lichtschein fällt. Wir wollen nun endlich los.

Als ich Gas gebe, regnet es wieder. Die Lichter am anderen Ende des Platzes sind nur verwaschene Punkte, und die fluoreszierenden Zeiger der Instrumente vor uns sind zu hell. Man darf nicht oft hinsehen, um nicht immer für einen Augenblick nachtblind zu sein, wenn man sich hinausbeugt und die Scheinwerfer sucht.
Nur zwei Instrumente sind jetzt wichtig: Tourenzähler und Fahrtmesser. Bei Vollgas müssen wir 1400 Touren haben und beim Abheben 90 km/h.
Das Licht des Wagens hinter uns ist von der Nacht verschluckt.
Was dann kommt, wird zum Spuk, zum Alptraum meines Fliegerlebens:
Regen, tiefe Dunkelheit, ein paar Lichtpunkte in Startrichtung, vibrierende leuchtende Zeiger auf Instrumenten, jagende Sekunden und eine immer kürzer werdende Straße mit einem Graben dahinter. Die 1400 Touren sind in Ordnung, doch der Zeiger des Fahrtmessers steigt nur langsam, und die Straße wird kürzer, hat nur noch die halbe Länge. Der Zeiger zittert jetzt um 60, 65 km/h – es müssen 90 sein! Die Sekunden rasen und der Zeiger braucht eine Ewigkeit, bis er auf 80 ist – zu spät, denn die Scheinwerfer sind da, das Ende der Straße. Ich reiße mein Flugzeug hoch, auch ohne 90 km/h, es macht einen Sprung, aber fliegen kann es noch nicht, es setzt wieder auf und Wasser schlägt über uns.
Das ist bereits hinter der Straße und vor uns ist der Graben, nicht mehr weit weg und zwei Meter tief und breit.
Skotty weiß, daß ich die Verantwortung habe, er hat das Steuer losgelassen und die Hände gehoben, das habe ich noch gesehen, und tue das, was ich tun muß: Ich nehme die Zündung heraus, reiße das Höhensteuer zurück und trete das Seitenruder nach rechts, mit soviel Kraft, wie ich habe.
Dann kann ich warten und es geht sehr schnell: Das Fahrgestell reißt ab, die Maschine schleudert herum und rutscht über den Graben, seitlich getragen von Tragflächen und Rumpf. Sie wäre sonst senkrecht in den Graben gegangen, mit Überschlag, glühendem Motor und 1300 Liter Benzin.
Das tat sie jetzt nicht, sogar der Propeller blieb heil, er stand quer, als der Motor anhielt.

Dann war es plötzlich sehr still geworden. Es hatte auch aufgehört zu regnen.

*

So war es vor vier Monaten, und es dauerte lange und vieles mußte geschehen, bevor ich heute Richtung Heimat auf das Flugzeug schreiben konnte, unter den Pfeil in Flugrichtung.
Die *Atlantis* hat sich damals selbst gerettet und kam über den Graben, weil sie ein Tiefdecker ist. Nachdem das Fahrgestell abgerissen war, rutschte sie auf dem nassen Boden wie auf einem Polster. Wenn nur nicht das Fahrgestell beim seitlichen Abreißen in der rechten Fläche die Holme zerschlagen hätte! Die Beplankung unter Tragflächen und Rumpf war zerfetzt, und im Anfang sah es so aus, als ob ich aufgeben müßte.
Das tat ich nicht. Junkers schickte alles, was die *Atlantis* brauchte, und die guten Monteure der holländischen Seeflugstation Moro-Krembangan machten sich an die Arbeit. Skotty fuhr nach Australien zurück, aus dem Rekordflug war nichts geworden, und sein Urlaub war abgelaufen. Ich fuhr in der Zwischenzeit, als die Ersatzteile unterwegs waren, mit einem japanischen Frachter nach China, wo man schon lange auf mich wartete. Ich sah auch nach meinem Haus in Amoy und meldete mich in Nanking. Doch das gehört nicht zur Geschichte meines Australienfluges, den möchte ich erst einmal zu Ende bringen.
Anfang April steht die *Atlantis* wieder auf ihren Beinen, und ich habe die Probeflüge hinter mir.
Ich bin jetzt allein. Alle, die einmal dabei waren, sind längst zu Hause, auch Klausmann, er fuhr mit dem Schiff, und es geht ihm gut, wie er schreibt. Bei mir ist nur noch mein Flugzeug, meine treue *Atlantis*, und wenn ich Motor, Instrumente und Zelle anschaue oder höre und sehe, wie sie arbeiten, so glaube ich manchmal, daß das Flugzeug lebt.
Ich werde es nach Hause bringen, in sieben Tagen (– es gab schon einmal sieben Tage, als man uns im Busch suchte).

Erster Tag

Soerabaja, 11. April, 3 Uhr.
Ich starte auf der gleichen Straße, es sind die gleichen 700 Meter, dahinter der Graben. Ich starte aber mit nur halber Zuladung, für einen nur Dreieinhalb-Stunden-Flug bis Batavia, wo ich nach Tagesanbruch landen und volltanken werde zur großen Tagesetappe.
Ich habe auch eine Anzahl Laternen in der Stadt beschaffen lassen, die stehen jetzt in Reihe neben der Straße, und in halber Länge der Startstrecke ist die Lampe rot – wenn ich bis dahin nicht in der Luft bin, breche ich den Start ab. Das wäre früh genug vor dem Graben. Ich bin so vorsichtig geworden, wie ich es nur sein kann, ich habe genug Ohrfeigen bekommen. Diesmal muß es gut gehen, über die ganze Strecke. Und der erste Start geht gut. Kurz nach 3 Uhr bin ich in der Luft. Der große Soloflug über 14 000 km – es soll der größte meiner Fliegerlaufbahn sein – hat begonnen.
Die Südsee verabschiedet sich mit viel Wasser, wie könnte es anders sein, Regen und Gewitter – aber die Blitze sind nur wie die Entladung meines Willens, mit dem ich nach Hause muß!
Vor uns liegt ein Flug der Bewährung, für das Flugzeug und für mich. Wir sind vor einem Jahr losgeflogen, um zu zeigen, daß wir gute Flugzeuge bauen und dabei sein wollen beim Aufbau des Luftverkehrs, der mit Sicherheit eines Tages unsere Erde umspannen wird. Wir haben Schweres hinter uns gebracht und überlebt – wir müssen aber zu einem guten Ende kommen, damit die Beurteilung auch unter dem Schlußstrich gut ist.
Wir könnten uns mehr Zeit lassen für den Rückflug, man würde verstehen, wenn wir angeschlagen sind von dem, was hinter uns liegt. Man würde auch verstehen, so schrieb man, wenn wir uns auf ein Schiff setzen würden. Wir hätten uns bereits bewährt in den Kimberleys, und wir sollten das Schicksal nicht mehr herausfordern.
Wir haben Zwiesprache gehalten, mein Flugzeug und ich – so etwas

gibt es –, und kamen rasch zum Ergebnis: Wir werden nach Hause *fliegen*, und das so schnell, wie es Motor und Mensch können.
Also sind wir jetzt unterwegs.

Pünktlich, nach dreieinhalb Stunden, 6 Uhr 30, Landung in Batavia, nur kurzer Aufenthalt und alles volltanken. Der Platz ist gut, es ist Tageslicht und die nächste Etappe geht über fast zehn Stunden, Tagesziel Alor-Star, gegenüber der Nordküste von Sumatra.
Gute Freunde sind zum Flugplatz gekommen. Vor elf Monaten kam ich mit der *Atlantis* hierher, als sie noch ein Wasserflugzeug war und nach Australien wollte. Nach dem Flugplan hätte ich in einem halben Monat rund um Australien fliegen und zurück sein wollen – es hat fast ein Jahr gedauert.
Ich habe leider nicht viel Zeit für die Freunde. Einer schenkt mir eine Pistole, »für alle Fälle«. Meine alte Pistole rostet bei den Krokodilen in den Kimberleys, ich nehme die neue dankend an, man kann nicht wissen, die Flugstrecke ist lang und wild – über Urwald, Wüste und Gebirge –, man kann nicht wissen, wo man vielleicht hinunter muß.
Nach dem Start hat sich dieser Gedanke festgesetzt und ich überlege, von wieviel Möglichkeiten eine Notlandung abhängt:
Da ist der kleine Öldruckmesser vor mir am Instrumentenbrett – wenn der Öldruck fällt, muß ich mich beeilen, so schnell als möglich zu landen, irgendwo, um den Motor zu retten.
Da sind die Ventilfedern – in einem rasenden Tempo müssen sie auf und ab, um die Ventile zu öffnen und zu schließen. Ein ganz kleiner Fehler im Metall würde genügen, die Feder würde mit Sicherheit einmal brechen, wir müßten hinunter. Als ich anfing mit Fliegen, fragte ich einen bekannten Ozeanflieger, warum er nicht eine zweimotorige Maschine genommen habe, wegen der Sicherheit. »Eben, wegen der Sicherheit«, war die Antwort, »zwei Motore haben doppelt so viele Ventile«.
Es gibt noch zahlreiche Kolbenringe, die die Zylinder zerfressen können, und Lager, die vielleicht heiß laufen – es gibt noch . . .
Habe ich Angst? – Ja, ich habe Angst, und die wird größer, je näher ich nach Hause komme! Es gibt nur eines, hiermit fertig zu werden:

nicht daran denken. Das aber scheint mir ein Nachteil des Solofluges zu sein, daß man zuviel denkt. Man mag sich zwingen, sich mit anderen Dingen zu befassen – man kann es nicht verhindern, mit einem Ohr auf den gleichmäßigen Lauf des Motors zu lauschen.

Und die Zeit schleicht, eine Minute ist lang, wenn man auf den Sekundenzeiger sieht, und zehn Minuten, eine ganze Stunde, die Zeit wird zur Ewigkeit, wenn man wartet.

Das habe ich vor dem Flug gewußt und habe versucht eine Lösung zu finden. Neben mir in einer Seitentasche des Cockpit gibt es einen Stundenplan, und eine lange Liste sagt mir, wann ich alles tun muß: nicht wild durcheinander, sondern auf die Minute öffne ich die Thermosflasche, oder esse ein Sandwich oder bereite das Mittagessen neben meinem Sitz auf einer sauberen Unterlage vor, Huhn etwa und Obst, nicht zu viel, denn ein großes Geschäft kann ich beim Fliegen nicht erledigen – ein kleines schon, dafür gibt es eine leere Konservenbüchse in Griffnähe, und die freie Luft neben dem offenen Cockpit wird kaum verunreinigt, wenn ich die Konservendose über Bord halte.

Ganz am Anfang der Liste ist es ernster, da steht der Schaltplan für die 23 Benzintanks, soviele gibt es in den Tragflächen und in der Kabine. Alle Leitungen von diesen Tanks führen zu einer elektrischen Benzinpumpe, die den Falltank bedient. Der ist rechts neben mir über dem Durchgang zur Kabine. Vom Falltank »fällt« das Benzin (daher der Name) durch den Höhenunterschied zum Vergaser. An der Seite des Falltanks, in Augenhöhe, gibt es ein Schauglas, ein senkrechtes Glasrohr mit Korkschwimmer. Der Falltank faßt Benzin für etwa 10 Minuten, die Zeit also hat man, auf einen anderen Tank umzuschalten, wenn im Schauglas der Korkschwimmer nach unten geht. Würde nicht rechtzeitig umgeschaltet und der Falltank leerlaufen, gäbe es kein Benzin für den Vergaser und der Motor würde stehen bleiben. Wenn man Glück hat, könnte er mit ein paar Umdrehungen des Anlassers wieder zum Laufen gebracht werden. Aber sicher wäre das nicht und es ist daher besser, dieses Risiko nicht einzugehen. Der Falltank braucht somit einen Piloten, der nicht im Halbschlaf dahinfliegt.

Unangenehm ist es auch, wenn die elektrische Benzinpumpe ausfällt, denn dann muß das Benzin von den Tanks mit einer Handpumpe in den Falltank befördert werden. Das passierte vorher schon ein paarmal, nur war ich da nicht allein. So hoffe ich, daß es diesmal nicht passiert und ich nicht bis Europa pumpen muß.
Genug für heute. Wir sind über zwölfeinhalb Stunden in der Luft. Jetzt muß bald Alor-Star kommen und die Landung.
Die Stadt liegt unter mir, ich suche den Flugplatz, fliege zwei große Schleifen um die Stadt – aber da gibt es keinen Flugplatz! Auf meiner Karte heißt es: Vier Meilen Nordwest von Stadtmitte. Also fliege ich zur Stadtmitte, dann genau nach Nordwest, auf die Sekunde genau vier Meilen – es gibt keinen Flugplatz! Ich wiederhole das Manöver zweimal, ohne Ergebnis, ich muß etwas tun, das Benzin wird knapp.
Um es kurz zu machen: Ich lande auf einem trockenen Reisfeld, mache zum Glück wieder einmal eine Dreipunktlandung, warte ein paar Stunden, und muß mir dann sagen lassen, als man mich endlich gefunden hat, daß das leider ein Schreibfehler auf der Karte sei – der Platz liegt nicht vier Meilen Nord*west* von Stadtmitte, sondern sieben Meilen Nord*ost*.

Zweiter Tag

Der »Schreibfehler« hat mich aus dem Flugplan geworfen.
Nach Plan sollte jeweils in den frühesten Morgenstunden – zwischen 1 Uhr und 3 Uhr – gestartet werden, die erste Etappe nicht zu groß sein, da es ein Nachtstart war. Nach der Zwischenlandung bei Tagesanbruch ging es dann mit vollen Tanks auf die zweite und große Etappe des Tages, die durfte bis zum Abend dauern, nicht länger, da ich mir Nachtlandungen verboten hatte. Ich war vorsichtig geworden, und so hatte es auch am ersten Tag geklappt. Aber schon war der gute Zeitplan umgeworfen, da ich das

Tageslicht abwarten mußte, um aus dem Reisfeld hinauszukommen, nachdem wir die *Atlantis* in der Nacht »federleicht« gemacht und alles Bewegliche ausgeladen und zum richtigen Platz gebracht hatten.

Wenn ich wenigstens in dieser vergeudeten Nacht hätte schlafen können, um Reserve für die folgenden kurzen Nächte zu haben – daran aber war nicht zu denken, wegen des Umladens und wegen der Sicherheit. Ich hätte die *Atlantis* unter keinen Umständen auf dem Reisfeld allein gelassen und verzichtete auch auf die Hängematte an Bord, als ich im Licht meiner Taschenlampe immer wieder neugierige Augen um die Maschine aufleuchten sah.

Mit dem ersten Tagesgrauen sprang ich aus dem unheimlichen Reisfeld hinaus, flog die paar Kilometer und konnte um 7 Uhr 30 zur großen Tagesetappe Alor-Star–Akyab starten. Auf Calcutta, wohin ich heute nach Plan wollte, mußte ich verzichten, das wären weitere vier Flugstunden gewesen und es wäre zur verbotenen Nachtlandung gekommen. Nach dem Start waren Müdigkeit und Ärger weggewischt, als ich mir im Nachhinein vorstellte, daß das Reisfeld bei der Landung auch naß und weich hätte sein können.

Es war trocken, und unter mir rollt nun die Flugstrecke des zweiten Tages ab. Es ist wieder ein großes Stück der Küste Asiens, diesmal in umgekehrter Richtung als vor einem Jahr, also diesmal Land rechts und Wasser links.

Das Wasser da links unter mir ist der Golf von Bengalen, ein Name, der für mich so alarmierend ist wie die Timorsee – ein gefährlicher, riesengroßer Golf mit Monsunen und Überschwemmungen, wobei es stets viele Opfer gibt.

Auch ich wäre beinahe ein Opfer dieses Golfes geworden, mit mir zwei Kameraden. Wir wurden gerettet, mein Flugzeug aber hat sich der Golf geholt.

Um den langen zweiten Flugtag abzukürzen, werde ich erzählen, wie es damals war. Der Arbeitsplan mit den Benzintanks und all den anderen Punkten wird inzwischen genau eingehalten.

Es ist die Geschichte eines Flugzeugs namens *Freundschaft*. Der Name war in deutscher Schrift und chinesischen Schriftzeichen auf ein Junkersflugzeug geschrieben, das von Deutschland, wo es gebaut wurde, auf dem Luftweg nach China übergeführt werden sollte, als Wasserflugzeug von Berlin über die Wasserstraßen Europas, das waren die Flüsse Elbe und Donau, danach übers Mittelmeer, über Euphrat und Tigris zum Golf von Persien, schließlich rund um Asien, wie später die *Atlantis* flog. Das Flugzeug *Atlantis* war Nachfolger der *Freundschaft*, nachdem diese gesunken war.

Zur Vorgeschichte muß ich erklären, daß ich in Diensten Chiang Kai-sheks als Berater bei der *Chinese Naval Airforce* war, und es ergibt sich vielleicht, später mehr darüber zu sagen, wie ich in jungen Jahren zu dieser Aufgabe kam. Ein Junkers Metallflugzeug sollte das Vorbild für chinesische Marineflugzeuge sein, also rüsteten wir in Dessau ein solches Flugzeug für den Überführungsflug nach China aus und machten uns auf den Weg, drei Mann Besatzung, als Copilot neben mir einer meiner früheren Fluglehrer – Rolf Schonger –, als Mechaniker Klausmann, der war also auch da schon dabei.

Zwölf Tage ging alles gut, planmäßig bis Colombo auf Ceylon, der Südspitze Indiens. Dann kam der 13. Tag und der Golf von Bengalen, um den wir herumfliegen mußten über Madras, Vizagapatam, Calcutta, Rangun, Akyab, Penang und Singapore, von wo es dann an der Küste des Gelben Meeres entlang Richtung Norden nach China gehen sollte.

Am 13. Flugtag im Golf von Bengalen passierte es, vor dem Hafen von Vizagapatam. Ich hatte den Namen nie richtig schreiben können und war nicht überrascht, als sich beim Anflug auf den Hafen mit dem schwierigen Namen schlechtes Wetter anmeldete. Vom Golf trieben schwere Wolken heran, wie sich der Monsun ankündigt. Er, der sonst so pünktlich ist, hätte nach Zeitplan vor drei Wochen zu Ende sein müssen. Wir hatten zu Hause gewartet, um sicher um den gefährlichen Golf zu kommen.

Jetzt aber, kurz vor Vizagapatam, kam er nochmals zurück und legte sich mit seinen tiefhängenden Wolken so in die Hügel vor der Einfahrt, daß ich es nicht wagen konnte, zwischen ihnen hindurch in den schützenden Hafen einzufliegen. Monsunregen ist ein

Schleier von Wasser – der lag jetzt vor der Hafeneinfahrt. Wir kamen nicht hinein. Bis zu einem Ausweichhafen reichte das Benzin nicht, wir mußten auf der Außenreede landen, und das bei Wind in Sturmstärke und hohem Seegang, der hier unter Land quer zur Windrichtung verlief.

Wir mußten hinunter und waren froh, als wir ein Schiff sahen, das plötzlich aus dem Regenschleier auftauchte. Es hatte vor der Hafeneinfahrt beigedreht. Das Schiff konnte unsere Chance sein, wenn wir in Lee, im Windschatten landen und den Treibanker ausbringen würden.

Eine Landung muß gegen den Wind erfolgen, sonst werden die Schwimmer seitlich abgerissen, wenn die Maschine bei Seitenwind aufsetzt. Ein Wasserflugzeug sollte aber auch gegen die Richtung der Wellen aufs Wasser kommen, um nicht von der Seite hochgehoben zu werden. Dabei könnte eine Tragfläche unterschneiden und das Landemanöver damit beendet sein.

So war es bei uns vor dem Hafen von Vizagapatam.

Wir setzten in Lee des Schiffes auf, gegen den Wind, das ging in Ordnung – es war aber noch zu viel Fahrt im Flugzeug, so daß wir aus dem Schutz des Schiffes hinauskamen.

Schon die erste hohe Welle von Backbord hob den linken Schwimmer so hoch, daß die rechte Tragfläche ins Wasser gedrückt und da festgehalten wurde. Einen Überschlag gab es nicht, aber für einen Augenblick war der Backbordschwimmer frei in der Luft, als die Welle, die ihn hochgehoben hatte, weiterrollte. Wir brauchten jetzt nur auf die nächste Welle zu warten und wußten, daß die Streben zwischen Rumpf und Schwimmer wie Streichhölzer brechen würden, wenn der ungeschützte Schwimmer voll breitseits von der See getroffen wurde.

So geschah es – das Reißen des Metalls höre ich noch heute. Wir mußten uns beeilen, aus Führersitz und Kabine zu kommen, denn es war klar, daß das Flugzeug nur noch Minuten schwimmen würde, bis auch die leergeflogenen Benzintanks und der noch heile Schwimmer, die im Augenblick noch Auftrieb gaben, zerschlagen waren. Wir kletterten auf die sich immer steiler aufrichtende linke Tragfläche und hatten eine Leine, mit der wir uns aneinander

binden konnten, auch den Aktenkoffer banden wir mit an. Wir trugen Schwimmwesten und wollten nicht auseinandergetrieben werden – auch wegen der Haie, von denen es an dieser Küste eine Menge geben würde, wie man uns warnend gesagt hatte.
Als die *Freundschaft* sank und wir von der aufragenden Tragfläche geschleudert wurden – es mögen sieben Minuten nach der Landung gewesen sein – waren wir so weit vom Schiff abgetrieben, daß wir nicht viel Hoffnung haben konnten, daß man uns in diesem Wasserschleier von Monsunregen finden würde.
Man fand uns doch, das Rettungsboot tauchte haargenau vor uns auf und brachte uns an Bord des Schiffes; es war ein englischer Frachter, mit dem wir dann später, als der Monsunregen eine Pause machte, in den Hafen von Vizagapatam fuhren. Haie haben wir nicht gesehen, und sie uns wohl auch nicht bei dem schlechten Wetter.
Unser Flugzeug aber hatte der Golf von Bengalen, wir mußten als Schiffbrüchige nach Hause, und ich beeilte mich, von Junkers ein neues Flugzeug für China zu bekommen. Dem neuen Flugzeug gab ich den Namen *Atlantis* und machte mich ein paar Monate später nochmals auf den Weg. Klausmann war wieder an Bord.
Diesmal sollte der Flug nicht nur bis China gehen, es kamen bei der Überlegung für den Absatz deutscher Flugzeuge andere Länder hinzu. Das Wasserflugzeug *Atlantis* flog die gleiche Strecke, kam über Vizagapatam hinaus, um den Golf von Bengalen herum und weiter über Südsee und Kimberleys bis zum Swan River von Perth. Jetzt ist die *Atlantis* auf dem Rückflug, mit Rädern unter dem Rumpf, so daß sie nicht mehr auf dem Golf von Bengalen landen muß.

Mittags habe ich noch nicht die halbe Strecke von Alor-Star nach Akyab hinter mir. Ich bin sehr müde und darf nicht daran denken, daß es noch sieben Stunden bis zum Abend dauern wird. Das Wetter ist zu gut, es sollte mehr Wind geben, damit ich mehr zu tun haben würde mit Fliegen und Navigation. So brauche ich das Steuer nur mit einem Finger zu halten und muß alles mögliche unternehmen, damit die Augen offen bleiben. Wenn man sie nur ein paar

Minuten mal zumachen könnte, wie beim Autofahren bei einer Pause am Straßenrand.

Ich möchte die Borduhr am Instrumentenbrett vor mir gerne dazu bringen, schneller zu gehen – sie tut es nicht, die Zeiger scheinen sich im Gegenteil immer langsamer zu bewegen, je älter der Tag wird.

Schließlich finde ich die Lösung, meine unendliche Müdigkeit zu überwinden: Ich verspreche mir, es am Abend in Akyab genug sein zu lassen und einen Tag Pause zu machen.

In der ersten Nacht vor dem Start in Soerabaja gab es keinen Schlaf, weil ich zu aufgeregt war, in der zweiten, weil ich im Reisfeld saß und aufpassen mußte. Es ist ein Unding zu glauben, daß das sieben Tage so weitergehen soll. Ich werde froh sein, wenn ich die sieben Stunden bis Akyab durchstehe.

In Akyab werde ich den Flug unterbrechen!

Ich werde nach der Landung die Maschine noch fertigmachen, tanken, Öl wechseln, ich werde auch die Kerzen nachsehen, den Verteiler, die Fettpresse auffüllen und mir Proviant geben lassen. Das alles wird ein bis zwei Stunden dauern, so lange muß ich noch durchhalten.

Danach werde ich die *Atlantis* abdecken, die Plane von innen festmachen, die Kabinentür abschließen und mich zu einem Hotel fahren lassen. Ich werde eine ganze Nacht und noch länger schlafen, das verspreche ich mir ganz fest, um jetzt die Augen offen halten zu können. Als sich meine innere Stimme dagegen auflehnt, werde ich böse. Das regt an und macht wach. Heute abend ist Schluß!

Mit diesem Versprechen schaffe ich die unendlich lange zweite Tageshälfte, lande bei Sonnenuntergang in Akyab und tue alles für mein Flugzeug, was ich zur Vorbereitung der nächsten Etappe tun muß.

Es wurde später, als ich gedacht hatte, da ich noch Kerzen wechseln mußte und Ärger mit einem Magnet hatte, bis ich den kleinen Kabelfehler fand. Als ich dann fertig war – es war gegen 10 Uhr –, fragte mich der Kommandant des Flugplatzes, der gewartet und mich in sein Haus eingeladen hatte, wann ich starten möchte.

»Um 1 Uhr«, habe ich ihm geantwortet, habe mich für die

Einladung bedankt, mich für zwei Stunden auf ein Feldbett im Flughafengebäude gelegt, habe kalt geduscht, eine Tasse Tee getrunken und bin zur *Atlantis* gegangen, um den Motor anzulassen.
Start Akyab 1 Uhr, laut Bordbuch.

Dritter Tag

Da der Flugplatz groß genug war und es genug Laternen gab, hatte ich mehr getankt und setzte die erste Etappe an bis Allahabad, das sind etwa acht Stunden, also ohne Zwischenlandung in Calcutta bis ins Innere Indiens.
Es ist eine wunderschöne klare Nacht, ich bin frisch und bester Laune, daß ich den schweren Tag gestern mit ein bißchen Mogeln geschafft habe. Als mich Freunde später fragten, ob es nicht doch ein wenig übertriebener Ehrgeiz gewesen sei, dieser Rekordflug fast ohne Schlaf, konnte ich nur versuchen, ihnen klar zu machen, daß es mehr eine Krankheit von Heimweh war.
Nach allem, was hinter mir lag, *mußte* ich jetzt nach Hause, so schnell wie möglich – so wie der Pfeil neben mir am Flugzeug Richtung und Ziel angab. Mit jeder Umdrehung meines guten Motors kommen wir weiter, jetzt nur noch fünf Tage – wenn alles gut geht.
Mir fällt plötzlich ein, daß ich vorhin das heutige Datum ins Bordbuch schrieb: 13. April – wieder einmal die Dreizehn, von der ich nicht weiß, ob sie mir Glück bringt oder Unglück. Eigentlich beides, wenn ich zurückdenke, Glück im Unglück: Ich habe an einem Dreizehnten dreimal ein Flugzeug zerschmissen – und bin jedesmal mit heiler Haut davon gekommen, ohne einen Kratzer.
So vor vier Monaten, als die *Atlantis* an einem Dreizehnten in Soerabaja über den Graben mußte – das mit der *Freundschaft* im Monsunsturm war an einem 13. Flugtag – und lange davor, als ich ein junger Flugschüler war, hatte ich an einem Dreizehnten Feuer an Bord.

Das war gefährlich, und wenn ich jetzt beim Nachtflug an einer Seite des Motors den glühenden Auspuff sehe, so ist das wie damals in Hamburg, als mein Flugzeug in der Luft brannte und beim Aufschlag auf den Boden explodierte.

Es war ein Doppeldecker, eines unserer beiden Schulflugzeuge, eine LVG – B 3, ein Überbleibsel aus dem Weltkrieg, ein Zweisitzer mit den offenen Sitzen hintereinander. Es war ein sehr schönes Flugzeug, man saß wie auf einem Balkon – »auf dem Balkon vom lieben Gott«, sagte mein Fluglehrer Bäumer, ein bekannter Kriegsflieger, der jetzt in Hamburg-Fuhlsbüttel eine Flugschule hatte.

Es gab zweimal die gleiche Maschine, weil aber fast immer eine in Reparatur war, war nur eine versichert, was noch eine Bedeutung haben wird. Wir mußten sparen und kauften das Flugbenzin faßweise.

Ich war ein »junges Häschen«, wie man von den Anfängern sagte, hatte ganze fünf Alleinflüge hinter mir und durfte heute den sechsten machen, weil das Wetter gut war. Es waren ausnahmsweise beide Maschinen klar, Bäumer machte Schulflüge mit der einen, die andere, mit der ich später fliegen sollte, machte vorher noch einen Flug über den Hamburger Hafen, wofür der Passagier zehn Mark bezahlen mußte.

Nach der Landung übernahm ich das Flugzeug und zog den Ledermantel an, den der Passagier beim Rundflug anhatte. Der Ledermantel gehörte der Schule, wir Schüler mußten Fliegerhaube und Fliegerbrille selbst kaufen.

Mir fiel auf, daß der Ledermantel nach Benzin roch, aber das war kein ungewöhnlicher Geruch bei unseren Flugzeugen. Ich stieg ein, drehte gegen den Wind und war schon in der Luft, weil die Doppeldecker wie ein Fahrstuhl hoch gingen.

Am damaligen Flughafen Fuhlsbüttel gab es außer den Baracken, wo unsere Flugzeuge standen, auf der anderen Seite des Platzes eine neue große Halle, wo immer das Flugzeug der Lufthansa abgestellt wurde, eine dreimotorige Junkersmaschine G 24, um die Passagiere aus- und einsteigen zu lassen. So war es auch heute: Die G 24 vor der Halle, sie war eben angekommen, und die Passagiere stiegen aus, als ich von den Baracken her über den Platz startete und bald auf 150 und 200 Meter war. Hinter der Halle hätte ich mit der Linkskurve um den Platz anfangen müssen.

Doch so weit kam ich nicht, nur bis kurz vor die Halle, da machte es plötzlich vom Motor her »puff« – oder etwas Ähnliches –, und das Flugzeug brannte!

Ich habe zuerst nicht begriffen, was los war, merkte nur sofort, daß ich rechts und links neben dem Rumpf, wo sonst Tragfläche war, nach unten sehen konnte. Nur die Holme waren noch da, nichts mehr aber von der Bespannung, die war auf beiden Seiten vom Rumpf mit einem einzigen Feuerwisch weggebrannt.

Auch die obere Tragfläche brannte, der Motor, der Rumpf vor mir, und ich hatte viel Glück, daß ich im hinteren Sitz saß, den Ledermantel anhatte, die Fliegerhaube und die große Brille trug.

Es passierte genau vor der Halle, wo die Passagiere standen und nach oben sahen.

Ich hatte nicht gelernt, was man mit einem brennenden Flugzeug tun müsse und hatte nur den Wunsch, ganz schnell nach unten zu kommen. Der Motor lief nicht mehr, ich glaube, daß ich die Zündung herausgenommen hatte. Um hinunter zu kommen, mußte ich den Steuerknüppel ganz nach vorn drücken, das war gefährlich, weil ich in die Nähe der Flammen kam.

Ich glaube auch, daß sich das Flugzeug von allein auf den Kopf stellte, während ich mich krampfhaft an dem Bügel zwischen den beiden Sitzen festhielt. Dabei muß ich mich auch losgeschnallt und halb auf die Bordwand gesetzt haben, um sofort draußen zu sein, wenn ich unten war.

Es ging sehr schnell und sehr steil hinunter, zum Glück im spitzen Winkel von der Halle weg, etwas mehr zum Platz hin. Der kam jetzt auf mich zu, und ich hatte gelernt, daß man abfangen muß, bevor man unten ist.

Das habe ich getan, habe kurz über dem Boden das Steuer mit aller Kraft nach hinten gerissen – die Zuschauer konnten sich später nicht darüber einigen, wie hoch es war –, und da die Flammen das Rumpfende, an dem das Höhenruder war, noch nicht erreicht hatten, reagierte dieses gute und große Ruder sofort: Die Maschine bäumte sich auf, die angekohlten Holme brachen, alles krachte auf den Grasboden – und der Benzintank, auf dem ich gesessen hatte, explodierte.

Da aber war ich nicht mehr im Flugzeug, ich wurde beim Aufschlag über Bord geworfen, rollte durch den Schwung ein Stück weiter und blieb ein paar Meter vor den Zeugen dieses Schauspiels liegen, die mir den brennenden Ledermantel schon ausgezogen hatten, bevor mir klar wurde, daß alles zu Ende war.

So stand ich ein paar Meter vor meiner brennenden Maschine und wußte nicht, ob es die versicherte oder unversicherte war. Das hätte mir Bäumer sagen können, der bereits über den Platz geflogen war, sich den Schaden kurz angesehen hatte und zu mir kam.

Ich konnte nichts sagen, Bäumer sagte auch nichts, er sah mich nur prüfend an, zog seinen Ledermantel aus und half mir ihn anzuziehen. Dann gab er mir den Zündschlüssel für den Motor seiner Maschine, den er abgestellt hatte und sagte, daß ich gleich von hier weg starten könnte, da der Wind nur schwach sei. Ich sollte dreimal um den Platz fliegen, danach gegen den Wind hereinkommen und ihn hier abholen.

So habe ich »junges Häschen« meinen siebten Alleinflug gemacht und wurde Flieger, weil Bäumer ein guter Lehrer war. Bordbücher müssen stimmen, also ist es erwiesen, daß ich meinen siebten Alleinflug sieben Minuten nach dem Ende des sechsten machte.

Es war übrigens die unversicherte LVG-B 3, aber der Hamburger Senat hat meines Wissens geholfen.

Ich sitze wieder in meinem Flugzeug *Atlantis*. Die Nacht ist zu Ende, der Golf von Bengalen liegt hinter mir. Bei dieser Strecke von Akyab nach Allahabad läuft bisher alles planmäßig. Kurz vor Tagesanbruch sah ich weit voraus die Lichter von Calcutta und überflog den Ganges, als es hell wurde. Jetzt bin ich unterwegs quer durch Indien und muß aufpassen mit der Navigation.

Die Ursache für den Brand in Hamburg war ein gebrochenes Benzinrohr am Motor, wie man feststellen konnte. Der Bruch muß

am Anfang klein gewesen sein, hatte aber beim Rundflug über den Hafen so viel durchgelassen, daß alles, was hinter der Bruchstelle lag, durch den Fahrtwind mit Benzin besprüht war, so auch die Tragflächen neben dem Rumpf. Durch die stärkere Vibration bei meinem Start wird der Riß größer geworden sein, bis schließlich Benzin auf den glühenden Auspuff kam.
Von der Maschine ist nur eine Hälfte vom Holzpropeller übriggeblieben, mit verkohlter Innenseite. Wenn ich nach Hause komme, werde ich meinen Propeller wiedersehen, er steht hinter meinem Schreibtisch und soll mich mein Leben hindurch begleiten.

8 Uhr 40 Landung in Allahabad.
Wenn ich mich mit dem Tanken beeile, schaffe ich heute noch Karachi und würde die verlorenen Stunden im Reisfeld von Alor-Star wieder aufgeholt haben.
Ich beeile mich leider zu sehr und passe nicht auf, als ich zum Start rolle. Es gibt plötzlich ein häßliches, kratzendes Geräusch – ich habe mit der rechten Fläche eine Fahnenstange überrollt, die ohne Fahnentuch neben der Rollbahn im Boden steckte.
Die Folge ist ein Riß in der Fläche und eineinhalb Stunden Aufenthalt, um ihn zu flicken. Damit ist es zu spät für Karachi, ich werde nur noch über die halbe Entfernung fliegen und in Jodhpur landen. Das soll übrigens ein besonderer Flugplatz sein, wie man mir in Allahabad sagte. Mehr weiß ich nicht.
Das mit dem Riß (am Dreizehnten) ist zwar ärgerlich, hat aber den Vorteil, daß ich schon gegen 16 Uhr landen kann, mich also heute mit Sicherheit für eine Anzahl Stunden in einem Bett ausstrecken werde.
So glaubte ich, bis ich in Jodhpur getankt und die *Atlantis* verankert und abgeschlossen hatte. Bevor ich mich mit meinem Gepäcksack Richtung Hotel auf den Weg machen konnte, fuhr ein Rolls Royce vor, ein weißgekleideter Herr stieg aus und überreichte mir mit einer Verbeugung eine goldeingefaßte Einladungskarte zum Dinner um 19 Uhr beim Maharadscha, dem auch der Flugplatz gehörte.
Das also war wohl das Besondere an Jodhpur, wie man in Allahabad

sagte: Der Maharadscha pflegte prominente Besucher seines Flugplatzes zum Essen einzuladen, gleichgültig, wieviel Personen es waren.
Diesmal war es ein einzelner Gast, der sich lieber ausgezogen als für ein Dinner umgezogen hätte. Aber da half nichts, eine Absage war unmöglich. Ich hatte noch Zeit für eine Dusche und eine Rasur, während mein im Gepäcksack zerknitterter weißer Anzug gebügelt wurde.
Pünktlich um 19 Uhr saß ich dem Maharadscha von Jodhpur an einer langen Tafel aus schwarzem Marmor gegenüber, beide Herren an der Schmalseite mit viel Abstand voneinander und goldenen Kerzenleuchtern dazwischen, mit sehr schönen Brokat-Sets auf dem Marmor, mit goldenen Tellern und goldenem Besteck. Ich sah nur Gold und Schwarz und Weiß. Das Weiß waren die Diener, die wie Statuen an den Wänden standen und von denen jeder nur das tat, wozu er eingeteilt war: ein Gericht vorlegen der eine, ein Glas mit einem Getränk füllen ein anderer, Teller wechseln ein dritter, dann wieder der erste. Die drei an der einen Wand bedienten den Maharadscha, die drei an der anderen mich. Und hinter uns stand noch ein vierter, der den drei anderen kaum sichtbare Zeichen gab, wann sie an der Reihe waren.
Unterhalten haben wir uns wenig, und ich hätte dem Maharadscha zu gern erzählt, wie uns die Aborigines im australischen Busch Känguruhfleisch vorgekaut hatten.
Nach zwei Stunden konnte ich mich verabschieden und doch noch etwas schlafen, wobei ich fast glaube, bereits im Halbschlaf an der schwarzen Marmortafel gesessen zu haben.
Start in Jodhpur, 1 Uhr 30, zum Flug nach Karachi.

Vierter Tag

Der vierte Flugtag ist der längste, er ist aber auch der gefährlichste und schönste der ganzen Strecke. Hierzu die Erklärung:

Nimmt man einen Globus und dreht ihn so, daß die beiden Punkte Berlin und Soerabaja sich in gleicher Höhe gegenüberliegen, und verbindet man die beiden Punkte mit einer Kordel, so wird man sehen, daß der höchste Punkt dieser Verbindung in der Nähe von Karachi liegt. Das einfach deshalb, weil die Entfernungen von Karachi nach Berlin und von Karachi nach Soerabaja gleich sind. In Karachi habe ich also die halbe Strecke hinter mir, und wenn ich das auf dem Globus betrachte, so bin ich entlang der Kordel bis Karachi immer bergauf geflogen – von Karachi aus geht es dann bergab, und immer steiler, also auch schneller, je näher ich nach Berlin komme. Diese Überlegung spielte in der Vorbereitung des Fluges eine große Rolle. Ich hatte mir nicht nur das Rauchen abgewöhnt, weil Rauchen an Bord verboten ist, ich hatte mir auch eingeredet, daß ich nur die erste Hälfte, also »bergauf«, durchhalten müsse und daß ich gewonnen hätte, wenn ich erst einmal in Karachi zur Landung ansetzen würde.

Das ist nun soweit. Mit dem ersten Tageslicht, Punkt 6 Uhr, lande ich in Karachi – Indien liegt hinter mir, die schwere erste Hälfte des ganzen Fluges. Für die zweite Hälfte, den Flug »bergab«, tanke ich alle Tanks voll und bestimme als nächstes Ziel Bushire, den persischen Hafen fast am Ende des Golfes und zwölf Flugstunden von Karachi entfernt. Da ich mit der Sonne Richtung West fliege und die Entfernung dieser Etappe über 15 Längengrade geht, habe ich bis zum Einbruch der Dunkelheit noch eine Stunde Flugzeit gewonnen. Es wird allerdings ein langer und heißer Tag werden. Ich starte, als die Sonne aufgeht und fliege vor ihr her. Sie wird mich bald einholen, immer höher steigen, später senkrecht über mir stehen, mich schließlich überholen und blenden, bevor sie untergeht und ich in Bushire ankomme – sie wird die zwölf Stunden des ganzen Tages in den offenen Führersitz auf mich herunterbrennen. Es sind wilde Küsten an diesem Golf, in den ich hineinfliege, auf der einen Seite Persien, auf der anderen Arabien. Einmal heißt es auf der Karte »Côte des Pirates«, das ist an dem Zipfel, mit dem Arabien in den Persischen Golf vorstößt. Um Kurs zu halten, fliege ich über diesen Zipfel Land hinweg und sehe unter mir nur ein paar Lehmhütten. Oman, Quatar, Bahrein – Namen, die mir nichts sagen und wo die Armut zu Hause ist. Irgend jemand hat mir allerdings gesagt, daß man da unten Öl suche. Ich kann mir das nicht vorstellen und bin froh, ohne Motorpanne hier weg zu kommen. Ich fliege auf dieser Etappe zwölf Stunden unter einem wolkenlosen Himmel, an dem die brennende Sonne ohne Erbarmen über mir hängt. Wenn ich je gefordert wurde bei meinen Flügen, dann ist das heute. Ich muß in meinem Sitz bleiben, kann die Steuer des Flugzeuges nicht einen Augenblick loslassen, die Füße nicht von den Pedalen des Seitenruders nehmen und die Hand nicht vom Ruder für Höhe und Verwindung. Ohne meine ununterbrochene Führung würde mein Flugzeug abstürzen, also darf ich nicht einmal aufstehen im Backofen des zwölfstündigen Fluges. Ich kann mich seitlich recken, wenn es zu schlimm wird, kann Teile meines Körpers bewegen – nur aufstehen darf ich nicht, nicht ein einziges Mal, solange ich in der Luft bin.

Die Bewegungen des Fliegens sind nur noch automatisch, gefährlich automatisch, wenn man nicht mehr dabei denken muß. Navigation ist auf dieser Strecke nicht nötig, es geht immer geradeaus zwischen den zwei Küsten. Ich kann die zurückgelegten Entfernungen auf der Karte eintragen, das ergibt eine lange Perlenschnur von Punkten, doch schneller komme ich damit nicht voran, die Sonne braucht ihre Zeit, bis sie einmal über den Himmel gewandert ist.

Auch mein altes bewährtes Prinzip mit der Handbreite von Sonnenunterrand zum Horizont brauche ich nicht anzuwenden, um zu wissen, wie lange es noch dauert – heute muß die Sonne ganz herunter, bevor ich in Bushire bin.

Ich fliege entlang der »alten Straße«, die ich schon zweimal in entgegengesetzter Richtung geflogen bin, zuerst mit der *Freundschaft*, danach mit der *Atlantis*, als sie noch Wasserflugzeug war. Ich erkenne die Buchten, wo wir landeten und uns auch einmal irrten, als wir Gwatar und Gwadar verwechselten – das eine war noch Persien, das andere Belutschistan, beides nur Fischerdörfer mit schroffen Wänden um eine schützende Bucht. Das Benzin hatten wir mit Kamelen nach Gwadar bringen lassen, landeten aber in Gwatar und fanden keine Kanister. Wir hatten noch Reserve und hätten die paar Kilometer zum Benzin fliegen können, wenn das mit den Pässen nicht so schwierig gewesen wäre, weil die Visa für das »d« eingetragen waren, nicht aber für das »t«. Wir mußten lange warten und es war nur gut, daß wir kühles Wasser um die Schwimmer hatten und Schatten unter den Tragflächen.

Jetzt fliege ich die »alte Straße« zurück und verbrenne fast in der Sonnenglut – vielleicht ist es auch Erschöpfung.

Warum tue ich das eigentlich, frage ich mich, warum fliege ich hier über dem Persischen Golf hin und her, oder irgendwo über ein anderes fremdes Land? Warum bleibe ich nicht zu Hause, von wo ich nicht schnell genug wegkommen kann, wenn ich da bin? Warum kommt immer wieder dieses Fernweh, wenn man zu Hause ist – das Heimweh kommt mit Sicherheit, wenn man draußen ist und wenn man da in Not kommt.

Diesmal war es draußen sehr schwer und die Not sehr groß, es waren die Kimberleys, wo ich glauben mußte, nie wieder zurückzukommen. Deshalb fliege ich jetzt Tag und Nacht und bete, daß der Motor durchhält. Und wenn ich endlich wieder zu Hause bin, kommt dann wieder das Fernweh und will ich wieder los?

Nein – diesmal habe ich genug!

Beim Flug über die »alte Straße«, bei der ich fast ausgebrannt werde, beschließe ich, mein Leben zu ändern, ganz anders zu gestalten, wenn ich den Flug hinter mir habe. Ich möchte ein Stück Land suchen und einen Anker nehmen, um mich ganz fest mit meinem Land zu verbinden, damit ich nicht mehr hinauskann, wenn das Fernweh mich holen will.

Ich habe genug, weiß ich plötzlich, ich werde noch durch diese Glut fliegen, noch ein paar Tage weiter, um dann endlich von meinem Flugzeugsitz aufzustehen und eine sehr lange Pause zu machen.

Ich schaffe den Tag, lande auf die Minute genau nach zwölf Stunden in Bushire, es ist 19 Uhr 10, kurz vor Sonnenuntergang. Sechzehneinhalb Stunden war ich heute in der Luft, 53 Stunden seit Soerabaja, noch 32 Stunden bis Berlin.

Meinen Entschluß, den mit dem Anker, ändere ich nicht mehr.

Fünfter Tag

Start Bushire, 1 Uhr 10, Tagesziel Aleppo, also quer über die Wüste, über Basra, Babylon, Bagdad, zwischen Tigris und Euphrat nach Norden, Flugzeit elf Stunden.

Da ich auch über diese Wüste schon zweimal mit meinen Wasserflugzeugen flog, weiß ich, was mich erwartet, wenn ich in die Glut der Mittagssonne komme. Mit dem Start, eine Stunde nach Mitternacht, werde ich die halbe Strecke hinter mir haben, bevor Tag und Hitze beginnen.

Ich fliege über das Land der biblischen Geschichte und überlege, wie es sein wird, wenn später einmal moderne Verkehrsmaschinen hier fliegen. Sie werden hoch und schnell sein, viel schneller und viel höher als ich – die Passagiere aber, die in den geschlossenen Kabinen mit gekühlter Luft sitzen, fliegen dann zwar über das gleiche Land, doch sehen werden sie nicht viel, weil es draußen nichts zu sehen gibt, so tief unten, nur Sand und flimmernden Dunst.

Die *Atlantis* darf nicht hoch, da ich Tuchfühlung zur Erde behalten muß wegen der Navigation. Später wird man Funkpeilung an Bord haben, ich habe nur meine Augen, Karte, Kompaß und Uhr, und manchmal ist es ein kleines Wunder, wie man immer wieder hinfindet, wohin man will, wenn es über Stunden nur Sand gegeben hat.

Ich fliege heute bewußter als sonst und nehme Abschied von all dem Wunderbaren, was mir das Fliegen schenkte: In der Freiheit meiner Jugend habe ich mir die Luft und die Ferne erobert – wenn ich in Berlin lande und das alles hinter mir liegt, bleibt nur die Erinnerung. Die aber kann mir niemand nehmen, solange ich leben werde, und ich bin sehr dankbar, als mir klar wird, daß ich den richtigen Weg gegangen bin.

Es sind die Jahre der Pioniere, das wissen wir, die wir ohne Funk kreuz und quer über den Erdball fliegen, wenn wir auch nicht darüber sprechen. Viele sind nicht angekommen, wohin sie wollten, und wir wissen auch, daß noch viele bleiben werden. Wenn sich aber mal zwei trafen, vielleicht auf einer Terrasse in Singapore, wenn einer aus der einen, der andere aus der anderen Richtung kam und wir jetzt auf der Terrasse in Singapore eine Pause machten, dann gab es kaum ein Gesprächsthema zwischen uns. Nur von Zeit zu Zeit fiel ein Name, meist von einem, der nicht mehr dabei war, oder man ließ eine Bemerkung fallen über die sumpfige Stelle auf einem Flugplatz, der weit weg war. Nur wenn man sich verabschiedete und auseinanderging, wußte man, wie sehr man zusammengehörte.

Damit wird es für mich jetzt ein Ende haben – der Entschluß mit dem Anker wird fester, je näher ich nach Hause komme. Als die Sonne aus dem Dunst über der Wüste heraufrollt, sind es noch etwa 27 Flugstunden, davon zum Abschied noch sechs Stunden Wüstenflug mit seinem grellen, flimmernden Licht, mit Spiegelungen in Salzseen und mit schwarzen Strichen dann und wann, wenn Karawanen durch das braungelbe Land ziehen.

Um die Schönheiten der Wüste zu erkennen, muß man sie betreten. Aus der Luft ist sie tot und leer, unten aber beklemmend schön in ihrer Weite und Freiheit.

Wann immer es möglich war und ich Zeit hatte, bin ich in der Wüste gelandet, so einmal mit der *Freundschaft* bei Deir-ez-zorr, einem französischen Militärposten an einer Brücke über den Euphrat, mit der *Atlantis* bei El-Khidr, einem Dorf zwischen Bagdad und Basra am Persischen Golf. Wir fuhren von El-Khidr nach Warka, einer Ausgrabungsstätte wie Babylon, Ur und Ktesiphon, die ich vordem überflogen hatte.

Es waren Bilder der biblischen Geschichte: das mühsam von einem Ochsen gedrehte quietschende Schöpfrad am Ufer des Flusses, der langsame Zug einer Karawane, der Beduine mit dem Falken, die wilde Fahrt von der Piste weg hinter flüchtenden Gazellen, und am Abend das schwarze Zelt mit der Gastlichkeit seiner Bewohner, mit denen wir um die große Schale saßen, die angefüllt war mit dem herrlichen Gericht aus Hammelfleisch, Reis und den besten Gewürzen.

Es waren unvergeßliche Stunden, an die ich denke, als ich den letzten Teil der Strecke nach Aleppo fliege. Man darf nicht nur über die Länder hinwegfliegen, habe ich auf meinen Reisen gelernt, man muß mit ihren Bewohnern essen und trinken, um das Land kennenzulernen, so auch das mit den schwarzen Zelten.

Kurz vor 12 Uhr zerschneidet ein doppelter Strich in Flugrichtung die Eintönigkeit der Wüste – die Bahnlinie, an der Aleppo liegt. Von weitem schon erhebt sich die Burg über dem grauen Steinhaufen der Stadt, und ich lande um 12 Uhr 10, auf die Minute waren es elf Flugstunden von Bushire.

Jetzt sind es noch 21 Stunden bis Berlin, zwei Flugtage, die beiden Ostertage. Vor mir liegt der Endspurt und die stets größer werdende Furcht, daß ganz am Schluß doch noch eine Ventilfeder bricht.

In Aleppo habe ich viel Zeit, meinen Motor auf Herz und Nieren zu überprüfen, die Kameraden – es ist ein französischer Militärflugplatz – geben mir jede Hilfe und für die erste Hälfte der Nacht ein gutes Bett im Kasino.

4 Uhr 20 am Ostersonntag starte ich nach Athen, zur planmäßigen letzten Zwischenlandung – wenn es gut geht.

Sechster und siebter Tag

Stunde um Stunde geht es gut, dann setzt die Elektropumpe aus, und ich beginne mit der Hand zu pumpen, jeweils nach acht Minuten, bis der Kork im Schauglas des Falltanks wieder oben schwimmt und damit zehn Minuten Benzin für den Motor zusichert. Das Pumpen dauert immer zwei bis drei Minuten, es geht auch schneller, wenn ich mehr Schwung habe.

Ich bin nicht alarmiert, es hätte ja auch viel früher passieren können. Jetzt sind es nur noch 18 Stunden bis Berlin, da ich nicht damit rechnen kann, daß mir am Ostersonntag jemand in Athen meine Benzinpumpe repariert. Ich verstehe nichts davon, also werde ich

pumpen, immer nach acht Minuten – somit insgesamt etwa fünf Stunden. Was bedeutet das schon beim Endspurt nach Hause!
Mein Stundenplan ist nun am Schluß noch durcheinandergekommen, doch kann ich jetzt zusätzlich Striche machen, was auch eine Möglichkeit ist, die Zeit zu überbrücken.
Die *Atlantis* wird mit jeder Stunde schneller, stelle ich mir vor, der Weg entlang der Kordel auf dem Globus immer steiler. Mit jeder Stunde aber wird es auch schwerer für meine Geduld, je länger ich über das Mittelmeer fliege, von Insel zu Insel, bis endlich das Festland Europas vor meinen entzündeten Augen auftaucht und ich auf dem Flugplatz von Athen lande. Die Akropolis habe ich vor lauter Aufregung nicht gesehen.
Es waren knapp acht Stunden von Aleppo bis hierher, jetzt sind es noch etwas mehr als dreizehn bis Berlin.
Niemand hilft mir an diesem hohen Feiertag, aber das ist unwichtig, ich mache mein Flugzeug allein fertig, wasche es auch und räume die Kabine auf, in der ich die letzte Nacht an Bord in meiner Hängematte bleibe.

Athen, 3 Uhr 30, Start zur letzten Etappe.
Es ist die längste, quer durch Europa, ein unbeschreiblicher Flug der Freude, des Stolzes, der Wehmut und Trauer.
Alles an Bord arbeitet wie nie zuvor, stelle ich mir vor, der Motor, die Instrumente, ich glaube sogar, daß sich die Räder drehen, um über ein paar Wolkenfetzen den Flug noch schneller zu machen – und allem vorweg fliegt der Pfeil, den ich auf die Seite des Rumpfes gemalt habe – Richtung Heimat.
Unter mir weg zieht halb Europa, wie das Band einer Landkarte – der Balkan, Belgrad, die Donau, Wien, Prag. Um 15 Uhr 35 windet sich vor mir die Elbe durch das Elbsandsteingebirge, mit einer kleinen Kursänderung überfliege ich 16 Uhr 25 die Junkerswerke in Dessau, wo man mein Flugzeug baute.
Danach sind es nur noch Minuten, die letzten – hinter dem Horizont erhebt sich Berlin, ich nehme Gas weg, setze zum Gleitflug an und mache eine Dreipunktlandung in Tempelhof.
Es ist Ostermontag, 16 Uhr 55.

Noch ein paar Bilder zum Abschluß, um den Flug abzurunden.
Es war ein Großflugtag an diesem Ostermontag in Tempelhof, und Altmeister Udet nahm mit einem Ende der Tragfläche seiner Kunstflugmaschine, an der er einen Haken befestigt hatte, ein Taschentuch aus Bodennähe auf.
Ich habe ihm mit meiner Landung ein wenig »die Schau gestohlen«, fürchte ich. Niemand wußte, daß die *Atlantis* heute zurückkommen würde. Man wußte, daß sie vor einer Woche auf Java gestartet war, auch aus Indien hatte man eine etwas unklare Funkmeldung bekommen, dann nichts mehr.
Als die Maschine im Süden auftauchte und nach einer Ehrenrunde zur Landung ansetzte, las man unter der Tragfläche D 1925 und konnte über Lautsprecher durchsagen, wer da endlich angekommen war.
Es waren viele Freunde zum Flugtag gekommen, die saßen dann nachher in meinem Zimmer, das man für mich im Flughafenhotel freimachte, als man merkte, wie müde ich war. Die Freunde, die rund um mein Bett saßen und tranken, erklärten mir später einmal, daß ich die ganze Nacht über erzählt hätte – ich weiß davon nichts mehr, da ich nach meiner Erinnerung sehr fest geschlafen habe.
Ich erinnere mich nur undeutlich daran, daß einer, der etwas damit zu tun hatte, davon sprach, daß die *Atlantis* in Australien nicht versichert gewesen sei. Das war natürlich Unsinn, sie war voll versichert, ich hatte die vielen kleingeschriebenen Einzelheiten auf der Police sehr genau studiert, weil ich Erfahrung hatte nach dem Schiffbruch der *Freundschaft* – die *Atlantis* war als Land- und Wasserflugzeug versichert.
»Das ist richtig«, glaube ich im Schlaf gehört zu haben, »sie war aber nicht versichert als Segelboot.«
Ich mag mich verhört haben, machte mir aber auch keine Sorgen mehr, ich hatte sie ja zurückgebracht.
Am nächsten Tag flog ich nach Remscheid, auch hier eine Runde über der Stadt, landete in Köln, wo viele Wagen warteten, um mich abzuholen. Die Fahrt durch das Bergische Land, meine Heimat, war die schönste Fahrt, die ich bisher gemacht hatte. Dann stieg ich aus und war zu Hause.

Das letzte Bild ist der letzte Flug mit meiner *Atlantis*. Ich brachte sie zurück nach Dessau, wo man sie mir vor langer Zeit anvertraut hatte.

Von der Flugstrecke ist nichts Sonderliches zu berichten – nur von einer etwas peinlichen Kleinigkeit, und ich muß vielleicht um Vergebung bitten, daß ich es erzähle.

Als ich in der Luft war, um den kurzen Sprung nach Dessau zu machen, griff ich neben mich, wie ich das um die halbe Welt herum jeweils nach dem Start zu tun pflegte. Ich brauchte die alte Blechbüchse, da ich auch vor dem Start in Köln das kleine menschliche Bedürfnis nicht erledigt hatte, bevor ich einstieg. Die Zeit hatte ich mir bei meinem Soloflug immer sparen können, da ich meine Blechbüchse an Bord hatte.

Die aber war jetzt nicht mehr an Bord, irgendwer hatte sie wohl weggeräumt, um Ordnung zu machen vor Übergabe der Maschine in Dessau.

Meine Büchse war nicht da, mein Bedürfnis aber sehr groß – so groß, daß ich mir vor Dessau eine Wiese am Elbufer aussuchte und landete.

Es war die letzte Notlandung, die ich machte, etwas später stieg ich in Dessau endgültig aus und gab Herrn Professor Junkers sein Flugzeug zurück.

Der alte Herr besah sich die *Atlantis*, die einiges durchgemacht hatte, ganz genau, ging um die Maschine herum und blieb nachdenklich vor dem Motor stehen. Irgend etwas muß ihm aufgefallen sein, deshalb habe ich gebeichtet:

Es war der Propeller, der zehn Zentimeter weniger Durchmesser hatte – aber alle mußten zugeben, daß der Schmied von Kalgoorlie gute Arbeit geleistet hatte für meine liebe *Atlantis*.

Dritter Teil

Ein Blick zurück

Vorwort zu einem Nachwort

Es sind eine Reihe von Jahren vergangen seit jenem Ostermontag, als ich mit der *Atlantis* in Berlin landete. Andere sind inzwischen zum Mond geflogen und haben auch da eine gute Landung gemacht. Die Flugzeuge sind viel schneller geworden und fliegen noch viel höher, als wir es uns hätten vorstellen können – dafür sehen die Passagiere auch immer weniger, je höher und schneller sie fliegen. Es sollten also die, die noch tief und langsam fliegen durften, davon erzählen, was es heute nicht mehr zu sehen gibt. Es waren die Jahre der letzten weißen Flecken auf den Landkarten unserer Erde. Heute gibt es solche Flecken wohl nicht mehr, auf die nicht der Fuß eines Menschen getreten oder der Schatten eines Flugzeuges gefallen ist. Damals aber, ein halbes Menschenalter zurück, mußten Pole und Wüsten, Berge und Meere unserer Erde von Pionieren erobert werden. Ich bin dankbar, daß ich dazu gehören konnte, und ich werde berichten, wie ich dazu kam.

Ich kann von der Zeit der Flugpioniere erzählen, weil ich überlebte. Es war nicht so, als ob ich etwa vorsichtiger gewesen sei oder mehr gekonnt hätte als die, die geblieben sind. Ich hatte nur mehr Glück. Geblieben sind die Besten! So wie Sir Charles Kingsford-Smith, »Caesar of the Skies« – »Smithy«, wie ihn seine Freunde nennen durften, auch ich, als wir uns in Sydney bei meinem Flug rund um Australien kennenlernten. Smithy hatte mich damals darauf gebracht, mit der *Atlantis* einen Rekordflug von Australien nach England zu versuchen – in fünf Tagen und im »Interesse der Öffentlichkeit«. Als mein Rekordflug mit Skotty Allan bereits nach dem ersten Tag scheiterte, versuchte es Smithy in der umgekehrten Richtung. Er wollte noch schneller fliegen und schaffte auch

London–Athen–Bagdad–Allahabad, die halbe Strecke, in dreißigeinhalb Stunden. Die nächste Etappe sollte Singapore sein, danach Port Darwin, das wären insgesamt nur drei Tage gewesen – nach solchen Flügen mußte die Öffentlichkeit alarmiert und die Einrichtung dieser großen Luftstraße zwischen den Antipoden einen Schritt weitergekommen sein.

Smithy fliegt die gleiche Strecke, die »alte Straße«, die auch ich flog und startet in Allahabad nach kurzer Zwischenlandung gegen 19 Uhr, sobald die Maschine betankt und der Motor klar ist. Smithy hat einen Begleiter, Tommy Pethybridge, ein guter Monteur, der vor kurzem auch fliegen gelernt hat.

Die »alte Straße« führt bei der nächsten Etappe nach Singapore über den Golf von Bengalen – über meinen verhaßten Golf mit den heimtückischen Stürmen.

Kurz nach Mitternacht hört der Offizier vom Dienst die Maschine über dem Flugplatz von Calcutta, jetzt geht es hinaus über den Golf – und danach hört man nichts mehr . . .

Ein malayischer Priester, ein Buddhist, will in der Nacht ein fallendes Feuer über dem Golf gesehen haben – ein »fallendes Feuer«, eine Sternschnuppe vielleicht – vielleicht war es Smithy, »Caesar of the Skies«.

*

Dann ist da auch Captain Butler, der sein Leben einsetzte und verlor auf der gleichen Strecke wie Kingsford-Smith, und in der Wüste, aus der wir entkamen.

Es ist wohl so, daß die Lebenslinien von Menschen schon mal nebeneinander verlaufen, mit ähnlichen Schicksalen. Das Ende braucht nicht das gleiche zu sein.

So war es mit Captain Butler und mir. Es gab viele Parallelen. Er flog einmal einen Teil der gleichen Strecke wie ich, fast auf den Tag zur gleichen Zeit – nur das Ende war anders.

Wir waren auch beide im Anflug auf Port Darwin, als wir vom Kurs abkamen – beim Nachtflug und Sturm über der Timorsee das Wasserflugzeug *Atlantis* – beim Sandsturm über der australischen Wüste der Doppeldecker von Captain Butler. Wir machten beide eine Notlandung – im fast gleichen Gebiet – und wurden lange gesucht. Uns brachte man nach dreiundfünfzig Tagen in die Zivilisation zurück, bei Captain Butler und seinem Begleiter war es zu spät, als man sie nach einhundertdreiundzwanzig Tagen fand. Wir litten sehr unter Moskitos und Fliegen, die uns schließlich das Leben retteten – bei Butler und seinem Begleiter waren es Termiten, die ihnen das Leben nahmen.

Es ist ein grausames Geschehen, belegt aber von den zerfetzten Seiten in Butlers Tagebuch, das er vor den Termiten in einer Blechbüchse schützte, die er luftdicht verschloß.

Auch Captain Butler, den ich im Kreis der Kameraden um Kingsford-Smith in Sydney kennenlernte, wollte bei der Entwicklung der großen Strecke England–Australien dabei sein und kümmerte sich um das Teilstück quer durch Australien, das sind die 3600 Kilometer von Port Darwin, wo die Englandroute das australische Festland erreicht, über die vielen Kilometer Wüste zur Südküste, wo Australiens große Städte liegen.

Zum Auftakt unseres Rekordfluges flog die *Atlantis* am 9. und 10. Dezember von der Südküste nach Port Darwin, mit Zwischenlandung in Alice Springs, etwa auf halber Strecke. Unsere Generalprobe, der 3600-Kilometer-Wüstenflug, war erfolgreich, der Rekordflug war es nicht und scheiterte bereits am zweiten Tag in Soerabaja. Das war der 13. Dezember.

Einen Tag später, am 14. Dezember, startet auch Captain Butler an der Südküste und fliegt die gleiche Strecke bis Alice Springs, wo er am Abend landet. Jetzt liegen noch die restlichen rund 2000 Kilometer bis Port Darwin vor ihm. Doch die schafft er nicht mehr. Beim Morgengrauen am 15. Dezember ist Captain Butler unterwegs auf seiner letzten Etappe, an Bord sein Begleiter, der junge Douglas.

Für eine Stunde fliegt neben seiner Maschine das Polizeiflugzeug A-A-P-17, Besatzung C. P. Smith und Sergeant Holbert. Die Polizeimaschine ist in Alice Springs stationiert und kümmert sich um Farmen, die es irgendwo gibt und von denen man lange nichts gehört hat.

Etwa eine Stunde fliegen die Flugzeuge auf Tuchfühlung nebeneinander nach Norden, dann dreht A-A-P-17 bei und folgt einem ausgetrockneten Flußbett. Die Kameraden der Polizeimaschine winken zu Butler und Douglas herüber, danach ist der Doppeldekker allein über der zentralen australischen Wüste, mit noch etwa 1800 Kilometern bis Port Darwin.
Die Navigation ist einfach, solange die Sicht gut ist. Schräg vor der Maschine ist ein Strich in die Wüste gezogen, in Flugrichtung – die Telegrafenlinie, die geradewegs bis Port Darwin führt, quer durch den ganzen Kontinent, ein paar Drähte auf hohen Masten – von hier oben sind es Streichhölzer mit einem Zwirnsfaden dazwischen.
Butler oder Douglas, einer von beiden, läßt den Strich nicht einen Augenblick aus den Augen, Kurs immer parallel, auch mal um einen Hügel herum, wenn die Linie herumführt, nur nicht abschneiden, weil es leicht ist, den feinen Strich zu verlieren und sehr schwer, ihn in dem diesigen Licht wiederzufinden. Wenn es über etwa neun Stunden keine Abweichung gibt, so wird in Flugrichtung die Küste der Timorsee auftauchen und Port Darwin mit seinen wenigen geraden Straßen und dem kleinen Hafen.
Man kommt also hin, wenn die Sicht gut bleibt – sie bleibt aber nicht gut und nach etwa zwei Stunden beginnt das Drama mit seiner gnadenlosen Präzision bis zum Ende.
Der Anfang ist ein harmloses Flimmern, weit im Osten, im Gegenlicht der Sonne, ganz am Ende der Sicht, so weit weg, daß man glaubt die Krümmung der Erdkugel zu erkennen. Mit einem Mal beginnt der unendlich lange Strich am Horizont zu zittern. Das Zittern kommt heran und die Sandwüste wird ein wogendes Feld. Über das Meer aus Sand ziehen Streifen wie auf den Meeren aus Wasser, wenn die ersten Böen den Sturm anmelden.
Als dann auch die ersten Sandfinger zu dem einsamen Flugzeug heraufschießen, hier und da und immer mehr, auf allen Seiten, weiß Captain Butler, daß jetzt ein Sandsturm kommt, so gefährlich wie kaum ein anderer Sturm auf der Welt. Dem Sand kann man nicht entkommen, nach keiner Seite hin, auch nicht nach oben, wie es Butler im Anfang versucht – ohne Rücksicht auf die Sicht nach unten, die es jetzt nicht mehr gibt. Die Telegrafenlinie ist

verschwunden, zugedeckt unter der brodelnden, rauchenden Wüste.
Unaufhaltsam kommt der Sand herauf, nicht die groben Körner, die sind zu schwer und bleiben unten – wie Polypenarme aber der ganz feine Staub, um sich jede Öffnung zu suchen, in die er eindringen kann. Spürt man ihn zwischen den Zähnen, wohin er durch die geschlossenen Lippen gekommen ist, so kommt er auch in die feine Düse des Vergasers, um sie zu verstopfen und dem Motor die Luft zu nehmen, die er zum Leben braucht.
Zuerst hört man es, wenn ein Motor stirbt – die Kolben tun sich schwer beim Hin und Her in den Zylindern. »Der Motor läuft hart«, sagt man und weiß, daß das nicht lange gut gehen kann. Dann sieht man es auch, wenn der Tourenzähler immer weniger Umdrehungen des Propellers anzeigt. Da hilft auch Vollgas nichts – man kann den Motor nur retten, wenn er nicht gezwungen wird, weiter zu laufen – wenn man ihn ausschaltet.
Captain Butler ist ein erfahrener Pilot, also dreht er den kleinen Schlüssel am Magnetschalter nach links und beendet den sinnlosen Kampf seines Motors gegen den Sand.
Jetzt geht es nach unten, aus 3000 Meter Höhe, denn so hoch ist Butler vor den Sandfingern geflüchtet. Aus dieser Höhe gibt es für den Doppeldecker eine weite Strecke Gleitflug, wenn Butler nur wissen würde, *wohin* er gleiten soll – nach rechts oder nach links? Die Frage ist jetzt, wo die Streichhölzer der Telegrafenlinie geblieben sind – rechts oder links?
Butler entschließt sich für keine Richtung. Er legt die Maschine auf die Seite und dreht eine endlose Kurve, eine Spirale bis unten, so wie ich sie oft drehen mußte in dem Angsttraum, der immer wieder mal kam und den ich als den schlimmsten Traum eines Piloten kenne: Da flog ich in diesem Traum in einer großen Halle – ringsum Wände, so daß ich unentwegt kurven mußte – ohne landen zu können, da die Halle voller Menschen war, die das Geisterflugzeug nicht hören und nicht sehen konnten. Einmal aber mußte das Kurven aufhören und die Maschine hinunter – wenn das Benzin alle ist! Ich war immer froh, wenn ich vorher wach wurde und begreifen durfte, daß es ein Traum war.

Bei Butler gibt es kein Erwachen, die Spirale ist kein Traum. Er muß hinunter und weiß nicht, wie es da aussieht, denn es gibt keine Sicht mehr. Ohne Unterbrechung dreht sich die Nadel des Höhenmessers, bis es soweit ist, daß Butler die Spirale beenden muß, um nicht in den Boden zu rennen. Sein hilfloses Flugzeug, das nicht mehr lange leben wird, muß er jetzt aufrichten und gegen den Sturmwind aus Sand hängen, damit es vielleicht wie ein Fahrstuhl nach unten kommt und doch noch eine Chance hat.

Als aber der Hügel vor ihm auftaucht und die Felsen, gibt es keinen Ausweg mehr, wie es zu diesem Drama keinen geben darf.

Es ist für die Besatzung kein Todessturz, da Butler ein guter Pilot ist und weiß, wie man einen solchen Absturz zu fliegen hat: hochreißen die Maschine mit der letzten Fahrt, die sie hat, und mit Verwindung und Seitensteuer so hinhängen, daß sie über die Seite abrutscht und die Tragflächen beim Zusammenstauchen wie große Federpolster wirken.

Wenn jetzt der Aufschlag erfolgt, so reißt auch der Motor nur seitlich ab, ohne die zu erschlagen, die hinter ihm sitzen. Einen Überschlag allerdings kann Butler nicht vermeiden, nachdem der Rumpf, oder das, was von ihm übrig blieb, nochmals hochgeworfen wird. Dann ist alles vorbei, keine Bewegung mehr, nur noch das Heulen des Sturmes.

Als A-A-P-17 mit der Suche beginnt, liegt das riesengroße Land unter einem Leichentuch von Sand. Wenn auch der Sturm inzwischen ausgewütet hat, so dauert es Tage, bis der letzte Staub aus der großen Höhe herunterkommt. Danach ist in dem Grau da unten endgültig nichts mehr zu erkennen – nur die Masten der Telegrafenlinie sind wieder aufgetaucht, ragen hoch und tragen den Draht, in dem das Leben übertragen wird. Dieser Draht muß für die, die Hilfe brauchen, die Hilferufe übermitteln. Man muß ihn zerschneiden, dann kommt die Rettung, weil jemand kommt, um den Draht zu flicken. Man braucht also nur einen Mast hinaufzusteigen, das ist leicht möglich, da vorsorglich Steigeisen eingeschlagen sind.

Das alles weiß auch Captain Butler, nur weiß er nicht, wo die Masten sind – im Westen oder Osten? Er weiß nur, daß ihm wenig Zeit bleibt, sie zu finden, denn es sieht schlimm aus nach der harten Notlandung.
Butler ist beim Überschlag mit der Stirn auf die Kante des Instrumentenbretts geschlagen und war ein paar Stunden ohnmächtig. Als er zu sich kommt, richtet er sich auf, schnallt sich los, klettert aus dem Sitz und sucht Douglas, da der Sitz vor ihm leer ist. So schnell es geht, humpelt der Pilot (ein Bein ist verstaucht) zwischen die Felsen. Hier findet er Douglas, der sich vor dem Aufschlag losgeschnallt und hinausgebeugt hatte, um besser sehen zu können. Er wurde aus seinem Sitz geschleudert und ein Fels zerschmetterte ihm ein Bein.

Am Abend hat Butler ein Feuer entfacht und zieht den Schlußstrich unter den heutigen Tag, mit genauen Daten im Tagebuch.
Sein Flug ist gescheitert, die zerfetzten Holme und Spanten seiner Maschine sind nur noch gut genug als Brennholz, mit dem Steuerknüppel kann er in der Asche herumstochern.
Auf der anderen Seite des Feuers liegt Douglas, schwer verletzt, die meiste Zeit ohne Besinnung. Butler hat die Wunden so gut wie möglich gereinigt, das Bein geschient, hat aus den Sitzkissen ein Lager gemacht, den Kameraden darauf gebettet und ihm ein Seidentuch übers Gesicht gedeckt, als Schutz gegen den Sand.
Hinter einem Fels liegt der Notproviant, sorgfältig zugedeckt: drei Büchsen Fleisch, etwas Obst und Bisquit; daneben der Wassertank, zerbeult, aber noch dicht – etwa fünfzehn Liter Wasser, das ist nicht besonders viel im Staub des heißen Wüstensandes.
Morgen früh wird Butler losgehen, die Telegrafenlinie suchen. Er hat sich für Richtung Ost entschieden, da er glaubt, nach West abgetrieben zu sein, vielleicht zwanzig Kilometer, das wären zwei Tage mit dem verstauchten Bein. Der Sturm kam von Osten, das hat Butler ganz deutlich auf dem Sand tief unten gesehen, solange er die Erde noch sehen konnte. Wie der Wind in der Flughöhe war, in die er geklettert ist, das weiß der Pilot allerdings nicht.
Er erinnert sich an unser Gespräch in Sydney, wo wir im Kreis der

Kameraden darüber diskutierten, wie es dazu kam, daß ich über der Timorsee entgegengesetzt zur Windrichtung in Meereshöhe abgetrieben wurde. Kann es über der Wüste auch so gewesen sein? Butler weiß es nicht, möchte es nicht glauben und entschließt sich zu einem Kompromiß: Er wird Richtung Ost gehen – zwanzig Kilometer, wenn es sein muß. Sollte er nach zwei Tagen die Masten noch nicht sehen, so wird er kehrtmachen, zurück zur Notlandestelle, um dann nach Westen zu gehen, vielleicht nochmals zwanzig Kilometer. Captain Butler muß mit einer Richtung anfangen und hoffen . . .
Wir wissen heute, daß der Doppeldecker in der Höhe entgegengesetzten Wind hatte. Er wurde aber nicht nur zwanzig Kilometer abgetrieben, sondern einhundertzwanzig! Bei mir über der Timorsee waren es sogar 200 Kilometer und ich habe es erst am dreiundzwanzigsten Tag gewußt – Butler wird nie wissen, wo er gelandet ist.
Bevor Butler am nächsten Morgen aufbricht, ist Douglas zu sich gekommen. Butler hat eine Fleischbüchse geöffnet und mit ein paar Tassen Wasser eine Suppe gekocht. Er legt dem Kameraden den Notproviant griffbereit hin und verspricht ihm ganz fest, spätestens in drei Tagen zurück zu sein. Er rechnet zwei Tage bis zur Telegrafenlinie und einen Tag für A-A-P-17. Ein paar hundert Meter freie Fläche wird es für die Polizeimaschine in der Nähe geben, um sie beide ins gute Hospital nach Alice Springs zu bringen. Douglas bittet noch um eine Zigarette, dann humpelt Butler los, gestützt auf den Steuerknüppel, den ausgebauten Kompaß in der Hand. Er humpelt zwei Tage, danach hockt er sich auf einen Stein und sucht in dem verdämmernden Abend die Masten.
Es gibt keine im Osten. Captain Butler notiert es im Tagebuch.
Und jetzt? Ist es nicht möglich, daß die Telegrafenlinie dicht hinter dem Horizont liegt, nur ein paar Kilometer? Sollte er morgen früh nicht doch noch weiter Richtung Ost humpeln? Wirft er das Leben nicht weg, wenn er jetzt kehrt macht?
Es ist eine schwere Frage für Butler, und nur zu beantworten, wenn er an Douglas denkt, der in seiner unendlichen Einsamkeit auf ihn wartet.

Morgen ist der versprochene dritte Tag – Butler muß zurück und macht sich in der Nacht noch auf den Weg, der Kompaß in seiner Hand zeigt West.

Die Wunden am Bein sind vereitert, die Ränder grün und blau. Jetzt wird wohl bald der Brand dazu kommen. Butler hat die Wunden nochmals mit Benzin gereinigt, so gut er konnte – dazu war noch genug Benzin im Tank.
Den Weg zur Notlandestelle hat er leicht finden können, die Schmerzensschreie haben ihn über Kilometer hingeführt. Dazu ist die Wüste ganz ruhig geblieben, hat den Atem angehalten, den Wind, damit Butler die Schreie früh genug hört während der letzten Stunden seines Weges.
Später hat dann Butler dem Kameraden erklärt, daß er sich geirrt habe bei der Berechnung der Abtrift und daß er morgen Richtung West gehen werde. Die Richtung müßte nun stimmen und es wären sicher weniger als zwanzig Kilometer. Also nur noch zwei Tage, bis A-A-P-17 kommt.
Douglas hat Butler nur angesehen und abermals um eine Zigarette gebeten.
Butler teilt den Rest von Proviant und Wasser, stellt die eine Hälfte in Griffnähe neben Douglas, nimmt seinen Teil in einem Sack über den Rücken, danach wieder Steuerknüppel und Kompaß. Er legt dem Kameraden die Hand auf die glühendheiße Stirn, behutsam und vorsichtig, um ihn nicht aus der wohltätigen Ohnmacht zu wecken, und geht wieder hinaus in die Wüste – diesmal Richtung West.
Jeden Abend hat Butler seine Eintragungen ins Tagebuch gemacht, bis zum Schluß, auch am Abend des zweiten Tages, als er auf einem erhöhten Fels sitzt und in das Licht der untergehenden Sonne blinzelt. Die letzten Stunden hat er heute auf seinem Weg, der immer beschwerlicher wird, nicht mehr aufgesehen, bis kurz vor Sonnenuntergang. Da ist er auf den besonders großen Fels gestiegen, hat sich hingesetzt, für einen Augenblick die Hand über die Augen gedeckt, hat die Hand dann langsam weggenommen und die Masten in der untergehenden Sonne gesucht.

Es gab keine.
In sein Tagebuch hat er an diesem Abend den Kopf einer Frau und den eines Kindes gezeichnet, mit wenigen Strichen nur.
Der Rückweg dauert jetzt drei Tage und Butler hört keinen Schrei. Alles ist ruhig geblieben, auch wieder der Wind, so daß Butler auf seiner Spur gehen konnte, bei dem verstauchten Bein ist es jeweils ein Strich.
Als er das Ende des Weges erreicht hat, sieht Butler die Bewegung im Sand. Der scheint plötzlich zu leben. Sonst sieht er nicht mehr viel, nichts mehr von den Tragflächen des Flugzeugs, nichts mehr vom Holzrumpf – nur die Metallteile sind noch übrig geblieben – und von seinem Begleiter Douglas nur noch ein Skelett.
Was aber sich ringsum bewegt, sind *Termiten,* die aus der Wüste gekommen sind und alles aufgefressen haben, was es zu fressen gab – auch den Menschen. Doch der war vielleicht vorher schon tot . . .

A-A-P-17 startet jeden Tag. Militärmaschinen werden nach Alice Springs beordert. Die Flugzeuge fliegen gestaffelt parallel zur Telegrafenlinie, kämmen die Wüste ab von Alice Springs bis Port Darwin, fast zweitausend Kilometer.
Man sucht ganz systematisch und weiß, daß man vor nicht langer Zeit bei einer anderen Suchaktion Erfolg hatte, in den Kimberleys, ein paar hundert Kilometer weiter im Westen. Doch diesmal findet man nichts, und nach Wochen werden die Militärmaschinen zurückgerufen, wird die Suche als ergebnislos eingestellt.
A-A-P-17 aber gibt nicht auf, denn irgendwo im Sand da unten liegen zwei Skelette. Die Piloten C. P. Smith und Sergeant Holbert finden keine Ruhe, wenn sie an die lachenden Augen der Kameraden Butler und Douglas denken, damals, bei der Abschiedsrunde, zweihundert Kilometer nördlich von Alice Springs.
Am Morgen des 17. April findet das Polizeiflugzeug die Notlandestelle. Es ist der gleiche Tag, Ostermontag, an dem die *Atlantis* in Berlin-Tempelhof landet und ich meinen Australienflug beende.
An diesem 17. April werden für einen Augenblick ein paar Sonnenstrahlen von den übriggebliebenen Motorteilen in die

Augen des Beobachters Sergeant Holbert reflektiert, und darin hat sich Captain Butler nicht geirrt, als er zu Douglas davon sprach, daß man irgendwo hier in der Nähe eine Fläche von 200 Meter Länge finden wird – nur im voraussichtlichen Tag hat sich Butler geirrt: Douglas hätte nicht drei, er hätte einhundertunddreiundzwanzig Tage warten müssen! A-A-P-17 ist gelandet. C. P. Smith und Sergeant Holbert gehen langsam zwischen den Felsen hindurch zur Notlandestelle. Man findet ein Skelett und die Metallteile des Motors, weiß nicht, ob das hier Butler oder Douglas ist. Wir wissen es (ein Beinknochen des Skeletts ist zersplittert) – wir wissen aber auch noch nicht, wo Butler ist.

Vom Fels weg führt eine deutliche Spur durch den Sand, gut zu erkennen, auch jetzt nach Monaten noch, so breit, als sei hier ein Mensch gekrochen. Die Spur geht Richtung Süd (die Richtungen Ost und West kannte Butler bereits), eine breite Schleifspur, die nach zwei Kilometern in einem ausgetrockneten Flußbett endet, wo der Pilot vielleicht hoffen konnte, noch etwas Wasser zu finden... Im Flußbett liegt das zweite Skelett.

Eine Karawane zieht durch die Wüste, etwa sechshundert Kilometer von Alice Springs nach Norden entlang der Telegrafenlinie, danach 120 Kilometer bis zur Notlandestelle der Flieger Butler und Douglas. Von hier aus sind es nur noch zwei Kilometer nach Süden bis zu dem ausgetrockneten Flußbett, in dem die Karawane ein großes Goldfeld finden wird.

Es ist alles gut jetzt.
C. P. Smith und Sergeant Holbert haben ihre Kameraden zur letzten Ruhe gebettet, unter den Felsen an der Notlandestelle. A-A-P-17 ist nach Alice Springs zurückgeflogen, dann weiter nach Süden. An Bord des Polizeiflugzeugs ist ein Tagebuch und ein Foto, das Sergeant Holbert in dem ausgetrockneten Flußbett machte. Einen Monat nach der Landung der A-A-P-17 rüstet das »Berg- und Minenbanksyndikat Sydney« die Karawane aus, die jetzt unterwegs ist. Der Führer der Karawane trägt in seiner Brusttasche

das Foto des Sergeant Holbert – und das Foto erzählt uns, wie Captain Butler doch noch Sieger geblieben ist über die Wüste... In dem ausgetrockneten Flußbett liegt das zweite Skelett, daneben ein Kompaß und ein Steuerknüppel aus Metall. Die Fingerknochen der rechten Hand sind um ein Blechgefäß geklammert. Es ist ein Wasserbehälter, fest verschlossen und schwer, so als wären in dem Gefäß viele Liter Wasser. Doch Wasser hat die Wüste nicht gegeben.

In dem luftdicht verschlossenen Behälter ist das zerfetzte Tagebuch von Captain Butler und sind zusammengeraffte Steine aus dem Flußbett, manche von ihnen leuchten, als enthielten sie Sonnenstrahlen. Die letzte Eintragung im Buch ist das Vermächtnis des Mannes und Vaters Butler für Frau und Sohn, wie auch für die Frau des Kameraden Douglas. Butler kannte das Gesetz und wußte, welcher Anteil den Erben zufällt, wenn das Goldfeld, das er im Flußbett gefunden hat, ausgebeutet wird – eines Tages, wenn die Lebenden hierher kommen.

Der sterbende Pilot weiß auch, daß er sein Tagebuch vor den Termiten schützen muß, die jetzt seiner Spur folgen. So verschließt er die Büchse ganz sorgfältig, nachdem er Buch und Steine hineingesteckt hat.

Unter die letzte Eintragung hat er mit wenigen Strichen einen Totenkopf gezeichnet und geschrieben: *That's me – Captain Butler*.

*

»Das bin ich«, schrieb Captain Butler, als es zu Ende ging. Viele hatten am Schluß keine Möglichkeit mehr zum Schreiben. Die Opfer aber mußten gebracht werden in den Jahren der Pioniere. Das wußten die, die dabei waren.
Mein Weg nach draußen begann in China.

Bomben und Banditen

Ich wurde Flieger, als ich meinen siebten Alleinflug machte, nachdem ich sieben Minuten vorher bei meinem sechsten brennend abgestürzt war. Ich sollte, so wollte es seinerzeit mein Lehrer, beim siebten Alleinflug drei Platzrunden fliegen. Das tat ich und sah die rauchenden Trümmer unten liegen, wobei mir plötzlich klar wurde, daß ich einen gefährlichen Absturz überlebt hatte und nun dazu gehörte, sonst würde mir Paul Bäumer sicherlich nicht sein letztes Flugzeug anvertraut haben.
Schon in den nächsten Tagen kam das Schicksal meines weiteren Weges auf mich zu. Es gab einen Chinesen in der Schule, der nach Europa gekommen war, um Fliegen zu lernen. Es war ein ruhiger junger Offizier, der sehr zurückgezogen neben uns lebte. Sein Name war Wenlin Tschen, und wir wußten nicht, was er außer Fliegen tat. Er hatte ein eigenes kleines Zimmer in der Baracke und arbeitete viel.
Ein paar Tage nach dem Absturz fragte er mich, ob ich ihm vielleicht etwas helfen könnte. Er suchte Adressen, alle möglichen Adressen von Firmen und Ingenieurbüros. Dahin schrieb er Briefe – ich half ihm jetzt – und bat um Unterlagen ihrer Produktion. Später malte er stundenlang seine schönen chinesischen Schriftzeichen, verriet aber nicht, was das alles bedeuten sollte. Dann verabschiedete er sich eines Tages, als er seine Prüfung bestanden hatte und sagte beim Abschied, daß er hoffe, mich einmal wiederzusehen.
Auch ich verließ Hamburg nach Beendigung der Fliegerschule, ging zum Studium nach München, in den Semesterferien nach Berlin, um größere Flugzeuge zu fliegen und erhielt eines Tages ein Telegramm von meinem chinesischen Freund aus Moskau. Er war auf dem Wege nach Europa und wollte auch mich besuchen.
Im Ratskeller von München habe ich dann erfahren, was das Ganze

war: Chiang Kai-shek, der Nachfolger von Dr. Sun Yat-sen, jetzt Präsident in Nanking, hatte vor Jahren vier begabte Offiziere in vier Länder geschickt, um Fliegen zu lernen und einen Plan für den Aufbau der chinesischen Marineluftfahrt auszuarbeiten. Einer der vier ging nach Amerika, einer nach England, einer nach Frankreich, mein Freund nach Hamburg-Fuhlsbüttel.

Wenlin hatte das beste Entwicklungsprogramm vorgelegt und wurde beauftragt, die Marineluftfahrt für Chiang Kai-shek aufzubauen. Nachdem er mir das beim Mittagessen im Ratskeller erzählt hatte, fragte er so nebenher, ob ich Lust hätte, ihm wieder zu helfen und baldmöglichst nach China zu kommen. Noch bevor wir den Ratskeller verließen, war ich Berater der *Chinese Naval Airforce*, wobei ein Handschlag genügte als Auftakt zu meinem Weg in die weite Welt.

Man muß wohl im Leben oft sehr rasch entscheiden, welchen Weg man geht, weiß ich heute – und man kann nur hoffen, im richtigen Augenblick »Ja« gesagt zu haben.

Ich sagte »Ja« und saß ein halbes Jahr später zum erstenmal im Sibirienexpreß, der zwölf Tage brauchte über Moskau und quer durch Sibirien – Ufa, Omsk, Tomsk, Krasnojarsk, Irkutsk, Mandschuria und Charbin – bis zur Endstation Dairen am anderen Ende Asiens, von da ging es mit dem Schiff über Tsingtau und Shanghai nach Amoy, wo Freund Wenlin zu Hause war und ich meinen Dienst antrat.

Ich sollte nun »beraten« in China und brauchte in meinem jungen Leben noch selbst sehr viel Rat, um mit ihm fertig zu werden. Da ich aber mit einem Kopfsprung ins Gelbe Meer gesprungen war, mußte ich schwimmen, oder lernen, was ich noch nicht wußte.

Das Merkwürdige war, daß sich meine chinesischen Vorgesetzten – hinauf bis zum Admiral – anscheinend keine Gedanken darüber machten, wie jung ihr Berater war, wobei ich versuchte die Jugend etwas dadurch zu kaschieren, daß ich mich schlecht rasierte. Ich glaube jedoch nicht, daß ich damit Erfolg hatte, man schien einfach vorauszusetzen, daß ich alles wisse, was man von mir wissen wollte. So gab es nur eine Möglichkeit: Ich *wußte* eben alles und beschloß, daß es für alles eine Lösung geben würde. Ich lernte tatsächlich schwimmen – den Beweis sollte ich schon bald erbringen müssen. Es war ein sehr fremdes Land, in das ich gekommen war. Auch die Europäer, die schon Jahre hier lebten, machten es mir im Anfang nicht leicht, sie zu verstehen. Ich vergesse nie den ersten Abend nach meiner Ankunft in Shanghai, an dem ich aus irgendeinem Grund, den ich vergessen habe, in ein vornehmes Haus zum Abendessen eingeladen wurde und die Dame des Hauses bewunderte, die sehr schön war und mit ihren Augen die zahlreichen Diener dirigierte, die um die Tafel eilten und die Gäste bedienten. In einer Gesprächspause, die es auch in einer lebhaften Gesellschaft immer wieder mal gibt, fragte mich meine Gastgeberin über den Tisch, ob meine Verdauung in Ordnung sei. Ich glaubte zuerst nicht recht verstanden zu haben, da man ein mir fremdes Englisch sprach, bin dann rot geworden, als die Frage wiederholt wurde und ich bejahend antworten mußte, um nicht unhöflich zu sein.

»Das ist gut«, sagte die schöne Frau, gab der Bedienung mit einem Augenwink neue Anweisung und fügte hinzu: »Sie müßten sonst vor dem Frühstück Fruchtsalz nehmen, einen Eßlöffel in etwas angewärmtem Wasser.«

Damit war das Thema erledigt, und niemand hatte gelacht. Mir ist es später klar geworden, daß die Menschen hier draußen vieles tun müssen und auch darüber reden, um ihre Gesundheit zu erhalten. Das Wichtigste in allen Ländern, wo man das Wasser nicht aus dem Wasserhahn trinken kann, ist die Verdauung, habe ich als erstes gelernt. Es war eine gute Lehre, die ich über viele Jahre beherzigte.

Ich war in der Tat viele Jahre unterwegs und konnte nicht ahnen, als ich die Koffer für China packte, daß es so lange dauern sollte, bis ich sie wieder auspacken würde. Jetzt in der Rückschau stelle ich fest, daß ich über fünf Jahre aus den Koffern lebte, bis ich schließlich mit meiner *Atlantis* in Berlin landete und wieder zu Hause war. Das konnte ich im Anfang nicht wissen, als ich auf dem Bahnhof Berlin-Charlottenburg auf den Nachtexpreß nach Warschau und weiter Richtung Ferner Osten wartete. Was dann kam, schien völlig ohne Bedeutung.

Ich hatte mir eben noch eine Abendzeitung gekauft, als der Zug langsam in die Bahnhofshalle einfuhr. Es gab nur einen kurzen Aufenthalt, und ich hatte kaum meinen Waggon bestiegen, als sich der Zug bereits wieder in Bewegung setzte. Nachdem ich meine Koffer verstaut hatte, wurde mir plötzlich klar, daß das soeben die Abfahrt zu einer Reise um ein Drittel unseres Erdumfangs gewesen war. Während wir noch durch Berlin fuhren, machte ich es mir mit großer Selbstverständlichkeit in meinem Schlafwagenabteil erster Klasse bequem, als ob so etwas für mich nichts Besonderes sei. Ich fuhr jedoch zum erstenmal in einem Schlafwagen und hatte eine wertvolle Fahrkarte in der Tasche, die man mir aus China geschickt hatte.

Die Fahrt würde ich später abarbeiten müssen, das war klar, vorläufig aber unwichtig, da ich jetzt erst einmal unterwegs war und von Berlin mit seinen letzten Lichtern Abschied nehmen konnte.

Um es vorweg zu nehmen: Ich bin in Erfüllung meiner Aufgaben für China ein halbes dutzendmal von Berlin-Charlottenburg nach China gefahren, das dauerte jeweils einen halben Monat und war die schnellste Verbindung, es war aber auch immer wieder eine Tortour in den vier Wänden des rollenden Abteils, mit viel Ruß und wenig Abwechslung.

Und jedesmal, wenn ich im Sibirienexpreß saß, beschloß ich, die Rückreise mit dem Schiff zu machen. Das tat ich auch, saß aber nun mit meiner Ungeduld über einen Monat auf dem Wasser – Hongkong, Singapore, Colombo, Port Said, Marseille –, mit besserer Luft zwar als im Zug, aber auch mit doppeltem Zeitverlust.

Schließlich versuchte ich es mit Flugzeugen, mit *Freundschaft* und *Atlantis*, doch da dauerte es noch länger, weil in der Luft zwischen Europa und China gar nichts eingelaufen war.

Den größten Eindruck im Sibirienexpreß machten immer wieder der große Teekessel am Wagenende und die blinden Passagiere auf dem Dach des Zuges, die wir bei den Zwischenstationen verpflegten und Wetten abschlossen, wer am weitesten kommen würde.

Den größten Eindruck auf den Schiffen machten die ellenlangen Frühstückskarten, deren Gerichte man während einer Reise einmal runter und wieder rauf zu essen vermochte.

Das Beste beim Sibirienexpreß waren die Abfahrten. Auch wenn Freunde auf dem Bahnsteig standen, konnte es nur Minuten dauern, da der Zug seinen Fahrplan einhalten mußte. Das war gut, denn ein Abschied ist nicht schön und sollte so kurz wie möglich sein.
Bei den Schiffen war es schlimm! Wenigstens eine Stunde vor der Abfahrt mußte der Passagier an Bord sein, wegen Paßformalitäten, Gepäck – und wegen der Abschiedsparty in der Schiffsbar. Wenn auch die Freunde gleich mit an Bord gingen, so blieb doch nur die eine Stunde für die Bar, so daß man schnell trinken mußte, um von jedem einzelnen gebührend Abschied zu nehmen – man mußte also mehr und schneller trinken, je mehr mit an Bord gekommen waren.
Das Tempo wurde beschleunigt, wenn über Lautsprecher die Besucher aufgefordert wurden, von Bord zu gehen. Die Aufforderungen wurden in immer kürzeren Abständen wiederholt – die Runden in der Bar ebenso.
Wenn schließlich alle von Bord waren und am Kai standen, war es mit Trinken und Umarmen zwar zu Ende – mit dem Abschiednehmen aber noch lange nicht, das fing eigentlich erst an.
Man sollte nicht glauben, wie lange es immer dauerte, bis der letzte Nachzügler kam oder noch ein Postsack, bis die letzte Trosse losgeworfen, der letzte Anker eingeholt und schließlich auch das Fallreep vom Kai weggezogen und an der Bordwand festgemacht war.
Diese ganze Zeit stand der, der endlich unterwegs sein wollte, an der Reeling, und die, die den Abreisenden möglichst lange noch bei sich behalten wollten, am Kai. Es war ein unentwegtes Winken und Zurufen, wobei man zur Verstärkung die Hände als Trichter an den Mund legen mußte.
Wenn dann endlich die Schiffsschraube ganz langsam zu drehen anfing, fing es auch noch mit den Papierschlangen an: Die wurden vom Kai zur Reeling geworfen, man mußte sie alle fangen und festhalten, so lange, bis die Entfernung dann doch zu groß wurde, die Papierschlangen zerrissen und ins Wasser fielen.
Danach hing es vom Hafen ab, wie lange man das Schiff von der Kaimauer aus noch sehen konnte – denn daß so lange gewinkt wird

wie noch eine Hand zu erkennen ist, wissen wir auch von den Bahnsteigen, wo es so lange dauert, bis der Zug um die erste Kurve fährt.
Die Schiffsreisen wurden schlimmer, je öfter ich abfahren mußte. Bei beiden Verkehrsmitteln – beim Expreß und bei den Schiffen – lernte ich interessante Menschen kennen: Entweder fuhren sie nach einem Europaurlaub wieder für drei oder fünf Jahre hinaus, dann schimpften sie über das kleinbürgerliche Europa, oder sie fuhren endlich in Urlaub und benahmen sich oft, als ob sie einen Tropenkoller mitbrächten. Sie hatten meist viel Geld dabei, wenn sie Richtung Urlaub fuhren, und taten wilde Dinge.
Es ergab sich bei einer Fahrt, daß eine Dame an Bord war, die gerne – aber nicht gut – Klavier spielte. Das störte eine Gruppe Holländer, die von Java kamen und ihren Gin Tonic in Ruhe an der Bar trinken wollte. Die Dame saß die längste Zeit des Tages am Flügel, die Holländer noch länger an der Bar.
Das konnte nicht gut gehen, darüber war sich jeder an Bord klar, der den Zweikampf beobachtete. Und so geschah es, daß eines Morgens die Dame ihren Flügel nicht mehr fand, weil ihn die Männer in der Nacht in den Indischen Ozean geworfen hatten.
So etwas konnte im Sibirienexpreß nicht passieren, dafür gab es – wie ich schon sagte – sehr viel Ruß, und man freute sich immer auf den Endbahnhof Dairen – in der Nähe von Port Arthur –, wo im Hotel drei Wannen mit heißem Wasser für den ankommenden Passagier zur Verfügung standen.
In einem aber war die Bahn sicherer als das Schiff: Wenn sich jemand, der draußen saß und keine Zeit für Europa hatte, eine Braut über Annonce bestellte, so mußte er, um kein Risiko einzugehen, eine Fahrkarte für den Expreß schicken, da die kürzere Reisedauer und der Ruß einen gewissen Schutz boten – eine Schiffskarte war oft weggeworfenes Geld, da die Braut mit großer Wahrscheinlichkeit die lange Reise mit heißen Tropennächten nicht überstand und meist mit einem anderen in einem anderen Hafen ausstieg.
Ganz so einfach war das mit den Frauen, die von Europa in die Tropen fuhren, übrigens nicht; mochten sie draußen noch so viele Bedienstete haben – das Klima mußten sie selbst ertragen. Und für

die Frauen, die einem Mann mit anderer Hautfarbe für ihr weiteres Leben folgten, gab es echte Probleme; ich hatte ein paarmal Gelegenheit, hinter die Kulissen zu schauen. Ohne einer Seite zu nahe treten zu wollen, schildere ich folgendes:
Da studierte ein Asiate – nehmen wir an, ein Chinese – in Europa. Seine guten Manieren, seine Intelligenz, seine gepflegte europäische Kleidung machten es verständlich, daß eine europäische Frau ihr Glück darin sah, ihrem Freund nach Beendigung des Studiums als Ehefrau in seine Heimat zu folgen.
Bis zur Ankunft des Zuges im Fernen Osten oder bis zum Festmachen des Schiffes am Kai von Shanghai hatte sich nichts verändert – an Bord des Schiffes oder im Expreß lebte man wie in Europa. Nach der Ankunft aber, nach der Landung, wurde es dann ganz anders – und für viele Frauen, das mußte ich erfahren, kam plötzlich eine kaum zu ertragende Erkenntnis:
Die Europäerin hatte nicht nur einen in Europa studierenden Asiaten geheiratet, mit dem sie in Europa unter ihren Leuten und in ihrer Umgebung gut leben konnte – nach der Ankunft in der Heimat ihres Mannes mußte sie Asiatin werden, in der Familie ihres Mannes und unter dem strengen Familienrecht einer jahrtausendalten Kultur, mit der selbstverständlichen Unterwürfigkeit der Frau und unter dem unbegrenzten Willen der ältesten und damit ersten Dame des Hauses: Das war die Mutter oder Großmutter ihres Mannes, der nunmehr wieder Sohn seiner Familie war.
Die Europäerin tat gut daran, mit ihrer europäischen Kleidung auch ihre Vergangenheit voll und ganz abzulegen – das aber war für viele nicht leicht, so ehrwürdig Chinas Kultur sein mag.

Ich fuhr also einige Jahre zwischen Europa und China hin und her, nachdem ich in China ganz im Anfang einen besonders guten Rat gegeben hatte und ich danach als Anerkennung in Europa einen Teil der Dinge einkaufen durfte, die wir zum Aufbau der Marineluftfahrt benötigten. Aus dem Berater war der Organisator und Einkäufer geworden – hier meine Geschichte, wie es dazu kam.

*

Amoy, die Endstation meiner ersten Reise nach China, ist eine Hafenstadt der Provinz Fukien, zwischen Shanghai im Norden und Hongkong im Süden. Etwa 100 Seemeilen nach Osten liegt die Insel Formosa. Hauptstadt der großen und reichen Provinz Fukien ist Foochow. Hier mündet der Min-Kiang ins Gelbe Meer, die Stadt liegt zehn Meilen oberhalb der Mündung.

In Foochow war das Marinehauptquartier der Provinz, in dem Commander Wenlin Tschen arbeitete, wobei ich ihn beraten sollte. Unterhalb der Stadt, halbwegs zur Mündung des Min-Kiang, gab es eine etwas veraltete Schiffswerft. Hier wollten wir Flugzeuge bauen, Wasserflugzeuge für den Min-Kiang, das sollte der Anfang sein.

Wenlin hatte mich in Shanghai abgeholt und gab mir in Amoy ein paar Tage Zeit, mich zu akklimatisieren. Dafür war ich ihm dankbar, denn wenn ich auch bereit war, mich durch nichts überraschen oder erschrecken zu lassen nach meinem Kopfsprung ins Gelbe Meer, so war es doch ein bißchen viel, was so plötzlich über mir zusammenschlug. In den späteren Jahren habe ich mich bei den zahlreichen Reisen immer besser abschirmen können gegen zu krasse Eindrücke, ich hatte eine dicke Haut bekommen und war nicht mehr erschüttert, wenn mir ein Bettler einen von Lepra angefressenen Armstumpf vors Gesicht hielt.

In China erdrückte mich im Anfang die Masse Mensch. In den engen Gassen von Amoy, auf den Sampans im Hafen, in den zur Straße offenen Werkstätten, überall drängten sich die Menschen, daß es den Anschein hatte, als ob es keinen freien Platz mehr zwischen ihnen gäbe.

Darüber der Lärm, Tag und Nacht, vor allem in der Nacht die Fisteltöne von Instrumenten, die ich nicht erkennen konnte, und das harte Aufschlagen der Mah-Jongg-Steine, eine Art Domino, das man in jedem Haus zu spielen schien, mit den schrillen Rufen bei Gewinn und Verlust.

Am schlimmsten aber war der süßliche Geruch über Amoy, so als ob die Stadt selbst Opium rauche.

Wenlin zeigte mir alles und hatte Geduld für all meine Fragen – nur als ich ihn fragte, weshalb uns stets ein paar Soldaten begleiteten, wollte er nicht gerne antworten. Die Soldaten waren immer um uns herum, ob wir durch die Gassen gingen, in Rikschas fuhren oder bei größeren Entfernungen in Wenlins Wagen saßen. Da standen sie auf den Trittbrettern des Wagens und hatten 08-Walther-Pistolen in der Hand.

Als ich keine Ruhe ließ und wissen wollte, was hier los war, versuchte Wenlin mir zu erklären, daß das sein mußte und wir in einer Art Kriegszustand in Amoy lebten, wenn es auch keinen offenen Krieg gäbe. Um mir das verständlich zu machen und weil er wohl glaubte, daß ich als sein enger Mitarbeiter verstehen müsse, was vorging, gab mir Wenlin ein umfassendes Bild von Dingen, von denen ich bisher nichts wußte. Zusammengefaßt ergab das etwa folgendes:

Chiang Kai-shek sei ein guter Präsident, sagte Wenlin, aber leider habe auch er Schwierigkeiten, China in seiner ganzen Größe zusammenzuhalten. Gegensätze gab es schon immer in dem riesigen Land, zwischen Nord und Süd, zwischen den verschiedenen Provinzen – der Partikularismus in China geht hinunter bis zu den Städten, den Dörfern und Familien.

Was im kleinen gut und einmalig ist im Fernen Osten, der unvergleichliche Zusammenhalt in der Familie, artet zu einem Partikularismus aus, gegen den die Zentralregierung in Nanking machtlos ist. So mußte man sich damit begnügen, möglichst große Teile des Landes zusammenzufassen, etwa eine Provinz wie Fukien. Die Gouverneure der Provinzen sind weitgehend selbstherrlich, in Verwaltung und wirtschaftlicher Entwicklung – sind aber auch selbstherrlich bei der Ausbeutung ihres Machtbereiches. Solange das im Einvernehmen mit Nanking und in einer vertretbaren Größenordnung geschieht und solange ein Teil der eingetriebenen Gelder an Nanking weitergeleitet wird, ist der Gouverneur ein ehrenwerter und guter Gefolgsmann der Zentralregierung. Leider aber, muß Wenlin bedauernd erklären, leider geht das meist nur eine Zeitlang gut, solange, bis man in Nanking zur Kenntnis nehmen muß, daß die Provinzialregierung die Gelder in erster Linie in die eigene Tasche abführt und viel zu wenig an die Zentralregierung. Sind vorsichtige und höfliche Ermahnungen erfolglos, muß

Nanking versuchen, den bisherigen Gouverneur durch einen neuen zu ersetzen, der zumindest für den Anfang linientreu sein wird. Da beginnt der Zustand, in dem wir zur Zeit in Amoy und den anderen Küstenstädten der Provinz sind, nachdem es in Fukien wieder einmal so weit war. Der abgesetzte Gouverneur benahm sich wie üblich: Er widersetzte sich, holte aus den reichen Küstenstädten noch so viel wie möglich heraus und zog sich ins Hinterland zurück, als Nanking mit dem neuen Gouverneur Truppen schickte. Es gibt also zur Zeit wieder einen »Banditengeneral« im Hinterland von Fukien.

So weit habe ich alles verstanden – ich weiß aber immer noch nicht, warum die Soldaten stets um uns herum sind und gegen wen sie uns beschützen sollen.

»Eben gegen die Banditen«, erklärt Wenlin, »die wollen nicht warten, bis wir Flugzeuge haben.« Als ich ihn verständnislos ansehe, kommt für mich die Pointe der Geschichte: Der von Nanking in Foochow eingesetzte neue Gouverneur – ein Admiral – hat mit der Zentralregierung vereinbart, daß er gegen die Banditen, die sich an den Oberlauf des Min-Kiang zurückgezogen haben, ein Flugzeug einsetzen darf. Der Herr Admiral verspricht sich von dem Flugzeug eine große moralische Wirkung auf die Banditen, weil die noch keins gesehen haben – und die Wirkung wird besonders groß sein, wenn das Flugzeug ein paar Bomben werfen würde.

Das Flugzeug, damit schließt Wenlins Bericht, wäre die Maschine, die auf der Werft von Foochow gebaut wurde und darauf warte, von uns eingeflogen zu werden. Die Bomben würden später von irgendwo aus dem Norden kommen, mit ihnen ein Militärpilot aus Nanking, um sie zu werfen. Vorher aber müßte das neue Flugzeug fliegen, weshalb wir mit dem nächsten Schiff nach Foochow fahren würden.

Das taten wir dann auch, nach einem Abschiedsessen in Wenlins Familie, in die ich als Wenlins guter Freund aufgenommen wurde. Nun konnte mir in China nichts mehr passieren, nachdem ich einer Familie angehörte.

Das Flugzeug auf der alten Werft von Foochow gefällt mir. Es ist ein Doppeldecker mit zwei Sitzen nebeneinander und kommt mir im Typ bekannt vor. Es wird ein Nachbau sein – etwa der Tiger Moth –, ich nehme jedoch nicht an, daß man Lizenzgebühr bezahlt hat. Der Motor ist ein Wright Whirlwind, ein sehr guter amerikanischer Sternmotor mit Metallpropeller. Auch die Schwimmer kommen aus Amerika und passen gut zur Zelle, also zu Rumpf und Tragflächen. Alles ist aus Holz.

Wenn man aerodynamisch beim Kopieren keinen Fehler gemacht hat, so bin ich sicher, daß das Flugzeug fliegen wird. Es gibt keine besseren Holzarbeiter als meine chinesischen Flugzeugbauer, und der Lack von Foochow, mit dem man Rumpf und Tragflächen gespritzt hat, ist weltberühmt.

Das schöne Flugzeug ist schon einige Zeit fertig, war aber noch nicht in der Luft. Man wußte, daß ein europäischer Pilot kommen würde und hat gewartet. Ich fühle mich geehrt und versuche so bescheiden wie möglich zu bleiben.

So war die erste Abzahlung meiner Fahrkarte erster Klasse durch Sibirien der erste Start mit dem ersten in der Provinz Fukien gebauten Wasserflugzeug. Es ist gut gegangen, mir fiel ein Stein vom Herzen (und ich glaube, meinem Freund Wenlin auch).

Mein kleiner Doppeldecker lag gut in der Luft und reagierte leicht auf jede Steuerbewegung. Auch der Start war keine Schwierigkeit, nachdem ein Teil des Min-Kiang auf unserer Seite von Regierungsbooten abgesperrt war. Schon nach etwa 200 Metern gingen die Schwimmer auf Stufe, wir wurden schneller, und der gute Wright Whirlwind, der vielleicht ein wenig zu stark war, riß das Flugzeug richtiggehend in die Luft, ich brauchte kaum etwas zu tun, nur die Steuer ruhig und in der Mitte halten.

Danach flog ich über China, zum erstenmal in meinem jungen Fliegerleben über einem fremden Land. Um mich herum war kaum etwas anderes als zu Hause auch – da war wie immer ein Brett mit Instrumenten vor mir, wo sich Zeiger bewegten und Meldung machten, wie sich Motor und Flugzeug im Augenblick verhielten, wieviel Touren der eine und wieviel Kilometer Geschwindigkeit das andere machte; die Steuer waren auch nicht anders – Pedale für die Richtung, der Knüppel für Höhe und Verwindung. Die Spitze eines Fußes und die Bewegung eines Fingers genügten, das Flugzeug durch die Luft zu dirigieren, frei wie ein Vogel.

Nur einen Augenblick verschwendete ich daran, meinen Flug zu vergleichen mit dem Rattern des Zuges in Sibirien und dem Stampfen eines Schiffes: Der Lokomotivführer konnte seinen Zug dirigieren, ob er schneller oder langsamer sein sollte, doch konnte er nur geradeaus fahren – er hatte nur eine Richtung; der Kapitän konnte sein Schiff auf Kurs halten, konnte dazu Ruder Backbord oder Steuerbord geben – er hatte zwei Richtungen; mit meinem Flugzeug konnte ich auch noch nach oben und unten – ich hatte drei Richtungen, mehr gibt es nicht, ich war der Größte!

Nach dieser selbstherrlichen Betrachtung eines jungen Fliegers schaute ich mir nun einmal an, was es unter mir gab.

Da also war China, die fremde Welt, in die ich wollte von dem Augenblick an, als ich mein Elternhaus verließ. Jetzt lag sie zu meinen Füßen und war sehr fremd:

Der Min-Kiang – gelb, so daß man glaubte, die Schlammassen sehen zu können, die er mit sich trug; die Überseeschiffe und Dschunken – mit rauchenden Schloten die einen, die anderen mit großen Mattensegeln, die aussahen wie in die Luft gehaltene viereckige Teppiche; dazwischen die Kleinen, die Sampans und Hausboote, winzig und flink oder schwerfällig und plump, mit den hohen Lasten ihrer Fracht und dem runden Dach aus Bambus, unter dem die Familie des Bootsführers lebt.

Dann Foochow – groß wie auch andere Städte groß sind, aber so ganz anders, unbeschreiblich fremd und – um ganz ehrlich zu sein – etwas unheimlich und beängstigend. Da war sie wieder, die Masse Mensch, die mich in China so sehr bedrückte – jetzt war es ein wirbelnder Ameisenhaufen, in den ich hinein schauen konnte bis in die letzten winzigen Gassen und Winkel der Hinterhöfe, alles ausgefüllt mit Menschen.

Der Hafen – das waren zwei Welten unter mir, von Flußufer zu Flußufer getrennt durch eine lange Steinbrücke mit vielen breiten Pfeilern aus Quadersteinen und engem Durchlaß zwischen den

Pfeilern, so daß nur die Kleinen auf die andere Seite konnten. Die, die vom Meer kamen, ankerten unterhalb der Brücke, die anderen, die den Min-Kiang hinauf wollten, oberhalb. Die Brücke von Foochow machte den stärksten Eindruck auf mich – sie war es dann auch, die mir später den Anstoß gab für den vielleicht besten Rat, den ich je gegeben habe.
Ich flog bei diesem ersten Flug auch eine Ehrenrunde über dem Marinehauptquartier, unterhalb der Brücke auf der Seite der Großen, mit breiter Kaimauer, an der ein Kanonenboot lag und zahlreiche Motorboote, von denen mir einige den Start vor der Werft ermöglicht hatten. Unter den Offizieren und Matrosen auf der Kaimauer glaubte ich auch den Herrn Admiral zu erkennen, dem ich nach unserer Ankunft in Foochow vorgestellt worden war. Es war der Herr Admiral, der dann am Abend im Hauptquartier ein großes Essen gab, wobei ich neben Wenlin an seinem runden Tisch sitzen durfte.

Bei diesem Essen ging es sehr lebhaft zu, mit lauten Zurufen auch von den anderen runden Tischen herüber, wobei sich der Rufende erhob und mit einer Verbeugung einem anderen zutrank. Wenlin mußte mich immer anstoßen, wenn ich gemeint war. Dann mußte ich mich erheben, verbeugen, austrinken, mich abermals verbeugen und durfte mich wieder setzen. Zum Glück war der lauwarme Reiswein nicht schwer und das Glas so klein wie ein Fingerhut. Eine besondere Ehrung war der Zutrunk des Admirals und wenn er mit seinen Eßstäbchen ein Stückchen Fleisch oder Fisch von einer der zahlreichen Schüsseln vor uns nahm und es auf meinen Teller legte. Auch dann mußte ich mich jedesmal mit einer halben Verbeugung bedanken und das gute Stückchen mit meinen Eßstäbchen zu nehmen versuchen.
Bei der Unterhaltung brauchte ich nicht aufzupassen, da ich die Sprache nicht verstand; nur wenn Wenlin, dem auch oft zugetrunken wurde, in der heftigen Diskussion sich meiner erinnerte, warf er mir ein paar deutsche Worte zu, aus denen ich mir zusammenreimen konnte, daß es sich um das Flugzeug handele und um die Bomben, die nun bald kommen würden, man wisse nur noch nicht,

wann sie kämen. Das aber wäre nicht gut, habe ich noch verstanden, die Banditen würden sicherlich etwas unternehmen, bevor die Bomben da wären – und nachdem man das mit dem Flugzeug heute gesehen hätte, würde ohne Zweifel bald eine Antwort auf diese Demonstration gegeben werden. Der General der Banditen würde sonst sein Gesicht verlieren.

Das hatte ich inzwischen gelernt: Sein Gesicht durfte man in China nicht verlieren – ein verlorenes Gesicht war so gut wie ein böses Ende. Ich mußte auch aufpassen beim »Beraten«, wozu ich angestellt war: Ich durfte einem Vorgesetzten nie sagen, wie man etwas machen müsse, ich konnte nur immer Möglichkeiten andeuten und das, was ich wollte, im Gespräch so vorbereiten, daß der Vorgesetzte schließlich selbst darauf kam und meinen Vorschlag in eigene Worte faßte. Neben dem »Gesicht« war der »Zylinderhut« wichtig, den durfte nur der tragen, der mehr zu sagen hatte. Wenn man das aber wußte und danach handelte, so war alles gut und leicht.

Das Essen dauerte bis in die Nacht, und ich war froh, als ich im Motorboot saß und zur Werft gefahren wurde, wo ich mit Wenlin wohnte.

Mein erster Flug über Foochow mußte einen großen Erfolg haben, wenn man weiß, wie sehr es ein Chinese liebt, Drachen steigen zu lassen. Jetzt flog ein Drache ohne Leine über Foochow.
Ich hätte mich bewundern lassen können, wenn ich die Erlaubnis gehabt hätte, mich in der Stadt sehen zu lassen. Die Erlaubnis jedoch hatte ich nicht, ich durfte nicht ohne Wenlin und noch mehr verstärkten Schutz das Werftgelände verlassen und dann auch nur über den Fluß zum Hauptquartier fahren. Es wäre zum Lachen gewesen, wenn mir nicht Wenlin nach zwei oder drei Tagen ein rotes Flugblatt gezeigt hätte mit großen chinesischen Schriftzeichen, die ich nicht lesen konnte. Das Lachen verging mir, als Wenlin erklärte, daß das eine Aufforderung sei, mir den Kopf abzuschlagen, wofür eine Belohnung von 10 000 Hongkong-Dollar ausgesetzt war. Bezahlen würde der Banditengeneral, der ehemalige Herr Gouverneur.

Im Hauptquartier des jetzigen Gouverneurs wurde ich davon unterrichtet, daß die Banditen von den Plänen erfahren haben müßten, daß das neue Flugzeug in einigen Tagen, wenn die Bomben angekommen wären, diese über dem oberen Min-Kiang abwerfen würde. Der Pilot sollte ich sein, daher das Kopfgeld.
Ich war jung und in der Lage, das alles nicht so ernst zu nehmen. Im übrigen würde ja nicht ich die Bomben werfen, dafür war der Militärpilot von Nanking unterwegs. Das hätte der Banditengeneral auch wissen müssen.
Nochmals ein paar Tage später wurde es ernst: Die Banditen marschierten Richtung Foochow, und von Bomben und Militärpilot war nichts zu sehen.
An einem Abend ging es dann los – es waren, wenn ich mich recht erinnere, vier Tage seit dem ersten und einzigen Flug über Foochow vergangen, ich war insgesamt noch keinen halben Monat in Fukien, und vor etwas mehr als vier Wochen war ich noch in Berlin-Charlottenburg.
An diesem Abend wurden Wenlin und ich ohne Voranmeldung und ganz dringend ins Hauptquartier geholt, mit Vollgas den Fluß hinauf. Bevor wir an der Kaimauer, die heute noch besser bewacht schien als sonst, anlegten, sah ich zur Brücke hinüber, auf der die Lampenträger heute auch rascher zu sein schienen – die Brücke war eine zitternde Perlenkette von Licht, mit den schwarzen Öffnungen zwischen den Steinbögen.
Dahinter ging es den Min-Kiang hinauf, dachte ich, woher die Gefahr zu kommen schien, die den Alarm heute abend ausgelöst hatte.
Das wurde uns im Vorzimmer bestätigt, bevor wir, ohne warten zu müssen, ins große Arbeitszimmer des Admirals geführt wurden.
Es hatte fast den Anschein – und Wenlin hat es mir später bestätigt –, daß der Admiral sein Gesicht verlieren würde, so aufgeregt war er. Man merkte es, als wir Platz genommen hatten und er mit uns nochmals den Bericht eines Offiziers anhören mußte, der englisch sprach, damit auch ich verstehen konnte. Darauf legte der Admiral anscheinend besonderen Wert, da er seinen Offizier unterbrach, sobald dieser in seiner Erregung chinesisch sprach.

Wir erfuhren, daß die Stadt Foochow in größter Gefahr sei, von den Banditen überrannt zu werden. Noch nie vorher waren sie mit so viel Mann den Min-Kiang heruntergezogen und noch nie mit solcher Eile. Man wollte vor den Bomben in der Stadt sein. Und von den Bomben gab es noch keine Spur – wir sind zu vorzeitig geflogen und haben den Alarm ausgelöst, war das Ende des Berichtes.
Wir also waren schuld, das verstanden Wenlin und ich, als es plötzlich ruhig war im Raum und alle uns ansahen. Mein Freund Wenlin mußte antworten, ohne eine Antwort zu wissen. Und ich mußte ihm helfen, das war ganz klar, dafür hatte er mich als Berater nach China geholt. Es wurde peinlich, als Wenlin immer noch nichts sagte. Hier ging es um *sein* Gesicht. Was aber hätte er sagen sollen?
Ich wußte es nicht, hörte über die Stille im Raum nur den dumpfen Lärm von draußen. Der kam von der Brücke, über die ich die Menge der Lampenträger hatte ziehen sehen. Sicher wußten die alle, was auf Foochow zukam, deshalb liefen sie heute abend schneller – und ebenso sicher waren viele unter ihnen, die sich auf die Banditen freuten und auf ihrer Seite sein würden – jeder zweite auf der Brücke von Foochow konnte ein Spion sein und würde mir gerne den Kopf abschlagen, auch für weniger als 10 000 Hongkong-Dollar.
Ich weiß nicht, wie lange die Ewigkeit des Schweigens dauerte, bis ich es brach und höflich bat, etwas fragen zu dürfen. Dabei mußte ich mich selbstverständlich an den Herrn Admiral wenden und konnte Wenlin meinen Rat nicht in deutsch geben.
Ich fragte ja auch nur – es ging um den Zylinderhut, der hier nur dem Admiral zukam.
Der setzte ihn dann auch auf, als er nach einer überraschten Pause und weiteren Fragen plötzlich auffuhr und so energisch Befehle erteilte, daß ich Respekt bekam.
Danach ging alles sehr schnell, denn es gab noch viel zu tun in dieser Nacht.

Ich habe den Herrn Admiral völlig unterschätzt, wenn ich zu Beginn der Besprechung am Abend angenommen hatte, er würde Nerven und Gesicht verlieren. Was er in dieser Nacht mit klaren

Anweisungen, die Offiziere und Mannschaften nur mit Verwunderung ausführten, fertigbrachte, war wirklich imponierend. Ein ganzer Hafen wurde in wenigen Nachtstunden evakuiert.

Mit aufgeblendeten Scheinwerfern und heulenden Sirenen fuhren Marineboote mit Vollgas durch das Gewirr der ankernden Schiffe, drängten sich in die an den Ufern vertäuten Massen von Hausbooten und Sampans, Offiziere gingen an Bord der Großen, Matrosen kletterten über das Gewirr der Boote. Schon bald war es nicht mehr Nacht im Hafen, nachdem alles, was auf dem Min-Kiang schwamm, alarmiert war und unzählige Lampen, Fackeln und Scheinwerfer aufleuchteten.

Ich habe auf meinen späteren Reisen einmal eine Neujahrsnacht in Colombo auf Ceylon erlebt, die war sehr eindrucksvoll mit den sich kreuzenden Scheinwerfern der vor Anker liegenden Kriegschiffe und den Raketen über dem spiegelnden Wasser.

Doch das in Colombo war nichts im Vergleich zu dem aufgescheuchten chinesischen Hafen, wo zu dem Gewirr von Licht das Rasseln der unzähligen Ankerketten hinzukam, das schrille Pfeifen von Signalen, das Heulen von Nebelhörnern, das Rufen und Schreien von den an den Ufern verkeilten Booten. Es war ein Inferno und nicht zu glauben, daß es zu entwirren war.

Doch dann setzte sich alles langsam in Bewegung, mit kleinster Fahrt die Schiffe aus Übersee, mit ganz wenig Segel die Dschunken, schließlich auch Hausboote und Sampans, die sich mit dem Schlamm des Min-Kiang flußab treiben ließen.

Nach etwa drei Meilen konnten sie alle wieder ankern, so weit wie möglich an den Flußseiten, da in der Mitte eine gute Durchfahrt freibleiben mußte.

Am Ende der Nacht war der Hafen leer, auch die Uferstraßen und Lagerhäuser waren evakuiert. Nur die Brücke nicht, die Schlagader zwischen den beiden Hälften der Stadt, die Brücke wurde nicht geräumt. Zu Tausenden standen die Zuschauer auf dem alten Gemäuer, um Zeuge des grandiosen Schauspiels zu sein.

Die Brücke von Foochow war zu einem großen Balkon geworden – auch für die Anhänger des Banditengenerals, die in der Stadt sein mochten. Die Vorstellung konnte beginnen.

Sie begann bei Tagesanbruch auf der alten Werft, zu der Wenlin und ich inzwischen mit einigen Regierungsbooten zurückgefahren waren. Als erstes – noch bei Dunkelheit – wurde unser Doppeldecker auf seinem Schlitten ins Wasser gezogen und Motor, Steuerorgane und alles, was dazugehört, sorgfältig überprüft. In den Tank wurde für eine Flugstunde Benzin gefüllt, das mußte genügen, das Flugzeug durfte nicht überlastet sein. Diesmal wurde auf unserer Uferseite keine Startstrecke auf dem Fluß freigemacht, es genügte eine Durchfahrt zur Flußmitte.

Mit dem ersten Tageslicht ging ich an Bord, Wenlin konnte sich nicht auf den zweiten Sitz neben mich setzen, da war ein großer Korb festgebunden, eine Art Wäschekorb.

Wenlin stellte sich auf den rechten Schwimmer und überwachte das Schleppmanöver. Der Konvoi setzte sich in Marsch: als Vorhut, etwa fünfzig Meter voraus, ein Motorboot mit unentwegt heulender Sirene, dahinter das Boot, das unser Flugzeug schleppte, an den Seiten und als Nachhut weitere Boote, alle besetzt mit Matrosen, die ihr Gewehr unter dem Arm im Anschlag hielten.

So fuhren wir den Min-Kiang hinauf, zwischen den evakuierten und jetzt wieder verankerten Schiffen hindurch und kamen schließlich in den leeren Hafen. In der Mitte des Flusses, etwa hundert Meter unterhalb der Brücke, gingen wir an eine Boje.

Der zweite Akt des Schauspiels begann im Hauptquartier.

Zuerst kamen Matrosen, hinter ihnen eine Anzahl Kulis, die zwischen zwei langen Tragestangen eine schwere Kiste schleppten. Die Kiste wurde vorsichtig auf dem Vordeck eines größeren Motorbootes abgesetzt, die Matrosen nahmen Aufstellung um die Kiste herum, mit Blickrichtung Außenbord und untergehaltenem Gewehr.

Das Motorboot setzte sich in Bewegung, kam mit langsamer Fahrt heran, machte an der Boje fest, an der auch wir lagen und kam längsseits. Abermals übernahm Wenlin das Kommando. Er begab sich auf das Motorboot mit der großen Kiste und ließ diese mit allen Zeichen, die zur Vorsicht mahnten, öffnen.

Von der Höhe der Brücke aus mußte jede Einzelheit zu sehen und zu erkennen sein, so auch der schwarze glänzende Gegenstand, den jetzt Wenlin selbst aus der Kiste herausnahm und zum Flugzeug trug. Auch die Sonne, die eben aufgegangen und aus dem Dunst, der auf der Stadt lag, herausgekommen war, half uns: Als mir Wenlin den schwarzen Gegenstand in den Führersitz reichte, ließen ihn einige Sonnenstrahlen gefährlich aufblitzen. Ich unterstützte diese Wirkung, indem ich die Last so hoch wie möglich über mich hinweghob, um sie schließlich vorsichtig in den Korb neben mir zu legen.

Danach kam Holzwolle oder Watte – was es war, erinnere ich mich nicht mehr – in den Korb, dann wieder so ein blitzendes Ding, vor dem man selbst hätte Angst bekommen können.

Das Beladen dauerte lange. Wir mußten Zeit gewinnen.

Im Anfang, als das Blitzen begann, war es totenstill im Hafen, so daß man das Plätschern hören konnte, wenn Wellen des Min-Kiang an die Schwimmer des Flugzeuges schlugen. Auf der Brücke schienen die Zuschauer den Atem anzuhalten, bis von irgendwo ein schriller Ruf die Stille unterbrach.

Danach ging es wie ein Seufzen durch die Menge, und aus der immer stärker werdenden dumpfen Geräuschkulisse halblauter Worte kamen nun zahlreiche schrille Zurufe.

Während wir mit aller Vorsicht das Flugzeug weiter beluden, war die Masse auf der Brücke in Bewegung geraten. Wir kümmerten uns nur um unsere Arbeit, hätten auch von hier unten aus nicht erkennen können, was auf der Brücke geschah. Unsere Leute, die oben verteilt waren, berichteten uns später, was wir bereits zu wissen glaubten: Eine ganze Anzahl meist junger Burschen hatte begonnen, sich aus der Menge einen Weg zu bahnen. Sie wollten möglichst schnell zum Ufer, und keiner von unseren Leuten hinderte sie daran.

Nach etwa einer Stunde – es mag noch länger gedauert haben – waren wir mit dem Beladen fertig.

Im letzten Akt, den wir uns vielleicht hätten ersparen können, fiel es mir zu, die Hauptrolle zu spielen. Da ich inzwischen eine Ahnung davon bekommen hatte, wie wirksam in dieser mir so fremden Welt eine gute Bildinszenierung war, machte auch ich das Beste aus meiner Rolle.

Bevor wir mit einer seitlich vom Motor anzubringenden Kurbel den Propeller über die ersten Kompressionen durchdrehten, erhob ich mich, stellte mich auf meinen Sitz, schien Flugzeug und Hafen mit einem Rundblick nochmals zu überprüfen, ob auch alles in Ordnung sei, setzte meine Flughaube auf und die große Fliegerbrille, die auch in der Sonne aufgeblitzt haben mag, als ich zur Brücke hinübersah, die sich inzwischen merklich geleert hatte.

Danach setzte ich mich, schnallte mich betont langsam an, startete den Motor, rollte zum Aufwärmen eine Runde durch den leeren Hafen und war mir darüber klar, daß mir noch niemals soviele Augenpaare zugesehen hatten.

Der starke Wright Whirlwind riß meinen kleinen Doppeldecker wieder förmlich in die Luft, kaum daß ich Vollgas gegeben hatte, mit der Strömung flußab.

Über den weiter unten ankernden Schiffen drehte ich eine halbe Runde, drückte noch etwas an, um so viel Fahrt wie möglich zu bekommen und brauste tief über den Hafen, vorbei am Hauptquartier, sprang über die Brücke und flog den Min-Kiang hinauf, immer flußmitte ins »Land der Banditen«.

Erkannt habe ich nicht viel unten, wie hätte ich auch einen Banditen von einem Reisbauern unterscheiden sollen. Ich war zu sehr damit beschäftigt, nicht zu nahe zum Ufer zu kommen und eine steinige Insel zu suchen, wie sie auf der Karte vermerkt war.

Ich fand die Insel, ein unbewohnter Steinhaufen im Min-Kiang. Da warf ich die schwarzen Gegenstände nacheinander eiligst über Bord und war zufrieden, als es manchmal beim Aufschlag auf den Steinen eine kleine Rauchwolke gab.

Nachdem der Wäschekorb leer war, machte ich wieder kehrt Richtung Foochow, wobei ich leichtsinniger wurde und tief über ein Ufer flog. Dabei erkannte ich diesmal Gruppen, die Uniform und Gewehre trugen. Sie kamen aus Richtung Foochow und schienen es eilig zu haben. Die meisten duckten sich, als ich über sie hinwegflog, einzelne aber drohten mit den Gewehren und ein paar legten an.

Ich beeilte mich wieder zur Flußmitte zu kommen und war froh, als ich Stadt, Brücke und Hafen überflog, wo ich landete und zu meiner Boje rollte. Auf der Werft haben wir später festgestellt, daß der schöne Foochow-Lack an zwei Stellen am Rumpf abgesprungen war, wo sich kleine Löcher befanden.

Zum Nachspiel waren wir im Arbeitszimmer des Herrn Admiral im kleinen Kreis – er selbst, sein Adjutant, der Offizier, der gestern abend berichtet hatte, Wenlin und ich. Auch ich war in Uniform – zum erstenmal in meinem Leben – ein schmucker blauer Marineanzug, den eine Schneiderwerkstatt in Stunden genäht hatte, mit breiten Achselstücken und blanken Knöpfen.

Es war alles sehr feierlich, nachdem wir nach vielen gegenseitigen Verbeugungen Platz genommen und eine Schale Tee bekommen hatten. Daß etwas Besonderes zu erwarten war, merkte ich bereits im Vorzimmer. Während Wenlin und ich am Abend vorher formlos ins Arbeitszimmer gerufen wurden, war es diesmal schwierig durch die Tür zu kommen, nachdem uns der Adjutant überaus höflich im Vorzimmer erwartet hatte, um uns zum Herrn Admiral zu führen, wobei jeder jedem mit zahlreichen Verbeugungen den Vortritt durch die Tür lassen wollte.

Schließlich saßen wir, und der Admiral forderte den Offizier auf, auch diesmal seinen Bericht in englischer Sprache zu wiederholen. Wir erfuhren, daß die große Aktion erfolgreich abgelaufen war und als beendet angesehen werden könne: Die Banditen waren bereits weit im Inland und in Auflösung begriffen, da ihr General nicht mehr aufzufinden war. Man nehme an, daß er auf einer Dschunke den Min-Kiang hinunter gefahren und Fukien verlassen habe. Der Erfolg wären weniger die kleinen Rauchwolken über der Insel gewesen, über der ich alles, was im Wäschekorb war, abgeworfen hatte, nein, der Erfolg wäre das Gelächter gewesen, als man in Foochow und weit darüber hinaus erfahren hatte, was verständlicherweise nicht hätte verborgen bleiben können.

Dieses große Gelächter, das mit den Schiffen auch von Foochow hinausgetragen werde, habe dem Führer der Banditen die Ehre genommen. Er hatte sein Gesicht verloren, ergänzte ich für mich, bevor der Admiral den Bericht unterbrach und sich mit einer angedeuteten Verbeugung an mich wandte.
Mit sehr höflichen Worten erklärte er den Anwesenden, daß alles mein Verdienst sei, nachdem ich ihn gestern abend mit meinen Fragen auf die richtige Lösung gebracht habe. Er schilderte weitschweifend die gedankliche Entwicklung des Planes, den ich kurz zusammenfasse:
Die Banditen greifen Foochow an, weil sie in der Stadt sein wollen, bevor die Bomben kommen, deren Wirkung sie nicht kennen und wovor sie Angst haben – die Bomben mußten also schnellstens her.
Wenn man die echten Bomben nicht so schnell herbringen konnte und wenn es vor allem auf die moralische Wirkung ankam, warum könnte man dann nicht in Eile selbst Bomben herstellen, hatte ich gefragt. Für die moralische Wirkung brauchten es nicht echte Bomben zu sein, sie müßten aber wie echte aussehen, schwarz und glänzend, wie der Lack auf meinem Flugzeug.
Denn wäre es nicht so, hatte ich noch wissen wollen, daß es in der Stadt zahlreiche Anhänger der Banditen geben würde? Mußten dann nicht auch welche unter der Menge auf der großen Brücke sein, deren Lärm man bis hierher hört?
Könnte man nicht, das war die abschließende Frage, den Hafen von Foochow als Bühne für ein Spektakulum benutzen, wovon den Banditen berichtet werde, bevor sie in der Stadt sind?
Das war's: Wir nahmen leere Flaschen, möglichst große, lackierten sie schwarz, füllten sie zur Hälfte mit Benzin, und ein guter Feuerwerker von Foochow bereitete sie so vor, daß es beim Aufschlag auch noch eine Rauchwolke gab.
Mein Rat war nicht schlecht, das hatte der Erfolg bewiesen – der Zylinderhut aber gebührte mit Recht dem Herrn Admiral für seine hervorragende Inszenierung.

*

Die Auswirkung meiner Geschichte mit den Bomben und Banditen sollte bestimmend sein für meine weitere Arbeit in China und meinen weiteren Weg ins Leben.

Ich hatte nichts Besonderes geleistet, hatte nur logisch gedacht und war zu dem gestanden, was ich mir vornahm, als ich hier herauskam: für die meisten Fragen im Leben mußte es eine Lösung der Logik und des gesunden Menschenverstandes geben – das war meine ganze »Beratung« für die *Chinese Naval Airforce*, die Wenlin aufbauen sollte.

Finanzieren mußte der Herr Admiral als Gouverneur von Fukien den Aufbau in seiner Provinz selbst, dafür standen ihm Steuergelder zur Verfügung, und die Möglichkeiten, die das Land bot: so gab es beispielsweise am Oberlauf des Min-Kiang große Wälder mit starken Bäumen, die man den Fluß hinuntertreiben lassen konnte, und die sich gut eigneten zum Schälen und zur Fabrikation von Streichhölzern – also mußten Maschinen in Europa oder Amerika gekauft werden; ein gutes Geschäft versprach auch die Herstellung von pyrotechnischen Artikeln, da der Chinese es liebt, Feuerwerkskörper in die Luft zu jagen – also abermals Maschinen von Übersee. Es gab sehr viele Möglichkeiten, und es waren sehr schöne Jahre des Planens und Beginnens. Da durfte ich als junger Mensch mitmachen und fuhr unentwegt zwischen China und Europa hin und her, verantwortlich für den Einkauf. Das Vertrauen für diese große Aufgabe war der Lohn meiner Idee mit den lackierten Flaschen.

Später dann wurden im Fernen Osten richtige Bomben geworfen, als die Japaner über die Mandschurei herfielen, um daraus das unter ihrer Diktatur stehende Mandschukuo zu machen.

Das war der große Augenblick für Chiang Kai-shek, der für den Abwehrkampf Oberbefehlshaber wurde. Es war auch die gute Gelegenheit für den Marschall, China zu einen und den Partikularismus zu überwinden. Was vordem undenkbar erschien, machte der gemeinsame Feind möglich.

Weil ich ein Freund Chinas geworden war und wieder helfen wollte, beginnt hier die Vorgeschichte zu meinem »Flug in die Hölle«.

Als ich eines Tages ein Junkers-Wasserflugzeug nahm, um es rund um Asien nach China zu überführen, hatte ich an Bord ein in Leder gebundenes Buch mit leeren Blättern aus feinstem Büttenpapier. Ein chinesischer Student in Berlin, wo ich den Flug auf dem Wannsee startete, schrieb mit großer Sorgfalt auf die erste Seite des Buches, daß der Inhalt seiner Exzellenz Marschall Chiang Kai-shek zugeeignet werde, als Zeichen der Zusammengehörigkeit aller Auslandschinesen in der Abwehr des japanischen Aggressors.

Mit dem Flugzeug, auf dessen Rumpf das Wort *Freundschaft* in deutscher Schrift und chinesischen Schriftzeichen aufgemalt war, besuchte ich die Auslandschinesen, die in allen Küstenstädten Asiens sitzen und große Summen Bargeld in den schweren Geldschränken im Hintergrund ihres Büros bewahren. Mit einem Teil dieses Geldes wollte ich Flugzeuge für China kaufen, die Beträge sollten auf dem Büttenpapier meines schönen in Leder gebundenen Buches eingetragen werden.

In den Hafenstädten, wo man in chinesischen Kreisen von meiner Absicht unterrichtet war, wurden nächtliche Treffen mit den wohlhabenden Kaufleuten oder auch mit Angehörigen chinesischer Vereine organisiert. Wichtig war die erste Spende auf der ersten Buchseite, da sie den Maßstab abgab für die Zahlen auf den folgenden Seiten.

Als Norm für die Höhe einer Spende hatte ich den Anschaffungswert eines Junkersflugzeuges festgesetzt, zuzüglich der Kosten für Ersatzteile und Unterhalt für Flugzeug und Besatzung. Das Flugzeug sollte den Namen des Spenders tragen.

Da ich inzwischen einiges über chinesische Mentalität wußte, war mir klar, daß der *Chinese Club Calcutta* nicht weniger geben konnte als der von Karachi, wo ich vorher gelandet war, und die chinesische Familie Tschen hätte ihr Gesicht verloren, wenn sie hinter Familie Fu zurückgeblieben wäre.

Es war eine faszinierende Aufgabe und ein Jammer, daß bei Vizagapatam der Flug so abrupt unterbrochen wurde. Das Lederbuch verschwand mit der *Freundschaft* im Golf von Bengalen; es war nicht im geretteten Aktenkoffer, da es an Bord versteckt werden mußte, nachdem chinesische Freunde in Colombo den

Verdacht geäußert hatten, daß die englischen Behörden aufmerksam geworden waren.

Es gab nämlich ein striktes Verbot der englischen Kolonialbehörden, Geldmittel aus ihrem Kolonialbereich für eine der kriegführenden Parteien im Fernen Osten zu sammeln oder auszuführen. Wenn man mich erwischt hätte, wäre es für meinen Flug nicht ohne Folgen geblieben.

Nachdem der erste Flug gescheitert war, beeilte ich mich mit dem zweiten. Um es diesmal nicht so auffällig zu machen, verzichtete ich auf die chinesischen Schriftzeichen auf der Seite des Rumpfes und gab meinem Flugzeug den Namen *Atlantis*. Das in Leder gebundene Buch war diesmal noch größer, weil ich weiter ausholen wollte, bevor ich Kurs auf Nanking nahm. Auch der Erfolg war diesmal noch größer und das Buch zur Hälfte vollgeschrieben, als ich nach Java kam. Das sollte die Endstation sein, in Soerabaja wollte ich kehrt machen Richtung China. Das Schicksal aber wollte es anders, da der chinesische Konsul von Soerabaja vordem Vizekonsul in Sydney war und mich überredete, auch noch rund um Australien zu fliegen, wo in den Küstenstädten sehr patriotische Chinesen leben würden, die nicht übergangen werden durften.

So kam ich nach Australien, das nicht im Programm gewesen wäre, wenn nicht der chinesische Konsul in Soerabaja eine Bitte geäußert hätte. Ich startete zum Flug über die Timorsee – der Bogen ist geschlossen.

Meine Sammelaktion hatte noch eine Nachgeschichte: Als wir verschollen waren und der deutsche Generalkonsul nach Berlin gekabelt hatte, daß die Suche ergebnislos eingestellt war, gab es bei meinen chinesischen Freunden in den Häfen Asiens viele Beweise ihrer Trauer. In Versammlungen und in Nachrufen wurden lobende Worte über den Freund Chinas gesagt, der sein Leben im Einsatz für die gute Sache verloren habe.

Also erfuhren die Behörden der englischen Kolonien nun doch noch, wie sehr ich ihre Gesetze übertreten hatte – und als sich

danach herausstellte, daß wir lebten, handelten sie sehr rasch. Ich war noch nicht 24 Stunden in Wyndham, als mir der deutsche Generalkonsul aus Sydney in einem offenen Telegramm mitteilte, daß ich seitens der Engländer nicht wieder mit einem Durchreisevisum für die Kolonialgebiete rechnen dürfe.
Das Verbot wurde schließlich aufgehoben, nachdem ich mit Skotty Allan als Copilot den Rekordflug Australien–England plante.
Da der Rekordflug Schiffbruch erlitt und die *Atlantis* in Soerabaja, das zu einem Knotenpunkt meines Schicksals wurde, auf Ersatzteile warten mußte, konnte ich in der Zwischenzeit mit einem japanischen Frachter über Amoy zur Meldung nach Nanking fahren.

Mein Freund Wenlin war neben mir, als ich Marschall Chiang Kai-shek vorgestellt wurde, den ich von den Bildern, die in jedem Raum meiner chinesischen Freunde hingen, bereits gut kannte – das straffe Gesicht über dem hohen Kragen seines chinesischen Kleides. Mit großer Höflichkeit nahm mein damaliger höchster Dienstherr das inzwischen etwas mitgenommene, in Leder gebundene Buch entgegen, mit beiden Händen und leichter Verbeugung – obwohl er damals bereits wissen mußte, daß er die im Buch gesammelten deutschen Wasserflugzeuge nicht bekommen würde.
Mein Besuch in Nanking war in den Tagen und Wochen, in denen im fernen Deutschland ein Regierungswechsel stattfand, und Chiang Kai-shek wird davon unterrichtet gewesen sein – was ich erst Monate später in Berlin erfuhr –, daß diese neue Regierung sich auf die Seite Japans stellte.
Der Marschall, dessen Lebenswerk ich einige Jahre aus nächster Nähe und später aus der Entfernung von Europa mit großer Hochachtung verfolgen konnte, zeigte seine Enttäuschung nicht, wohl um meine stolze Freude nicht zu trüben. Er ließ sich lange von mir erzählen und überreichte mir bei der Verabschiedung eine sehr schöne verschlossene Schatulle, deren Inhalt ich ahnen konnte, weil es Wenlin bereits wußte und in Amoy eine Bemerkung gemacht hatte.
Nach diesem Empfang hatte ich anschließend die Ehre, in einem

anderen Gebäudekomplex des Regierungsviertels Madame Chiang Kai-shek vorgestellt zu werden.
Wir waren in einem großen Raum mit den üblichen tiefen weißen Sesseln, in denen man versank und mit aufgelegten Armen auf den eckigen Armlehnen sehr aufgerichtet sitzen mußte, und tranken Tee aus den zarten Schalen mit den durchlöcherten Deckeln, halbgefüllt mit grünen Teeblättern, über die immer wieder heißes Wasser gegossen wurde.
Von Madame kannten wir keine Bilder und bewunderten ihre Schönheit. Wir wußten, was für eine wichtige Rolle sie und ihre beiden klugen Schwestern hinter den Kulissen in Nanking spielte, die ältere Schwester – wenn ich mich recht erinnere – als Witwe von Dr. Sun Yat-sen, dem Begründer der Republik, die jüngere als Gattin des Finanzministers T. V. Sung.
Wenn ich auch in den folgenden Jahren nicht mehr für China tätig sein durfte, weil es die neue Regierung in Berlin verbot, so habe ich mit viel Anteilnahme verfolgt, wie Madame Chiang Kai-shek die beste Botschafterin ihres Gatten und ihres Landes war.

In der Schatulle lag der Schlüssel zu einem Haus in Amoy. Es war ein sehr schöner Besitz der Regierung, mit Tennisplätzen und anschließendem Golfplatz, wo ich nunmehr Wohnrecht auf Lebenszeit hatte.
In dem schönen Haus konnte ich nur eine Nacht bleiben, da mein Schiff zur Abfahrt bereit lag. Ich bin danach nie wieder nach Amoy gekommen, wurde aber über einige Jahre hindurch immer wieder daran erinnert, daß das Wohnrecht auf Lebenszeit gelten würde. Wie das heute ist, weiß ich nicht, da auch in China inzwischen die Regierung wechselte.
Ich verabschiedete mich von meinem Freund Wenlin Tschen und fuhr – abermals mit einem japanischen Frachter – nach Soerabaja zurück, wo inzwischen die Ersatzteile eingetroffen waren, um mit der *Atlantis* Richtung Heimat zu fliegen.

*

Bevor ich das Kapitel dieser fünf Jahre meiner Jugend endgültig abschließe, muß ich noch einmal in die Kimberleys von Nordwestaustralien, weil da noch einiges zu ergänzen ist und ich Fragen beantworten muß, die mir immer wieder gestellt werden. Ich weiß auch heute, weshalb die Gerüchte, wonach man uns erschlagen und wohl auch aufgefressen habe, zum Glück nur Gerüchte blieben. Es hätte anders kommen können, denn daß es in noch junger Vergangenheit in diesem Teil unserer Erdkugel immer noch Kannibalismus geben kann, wissen wir von Michael Clark Rockefeller, Sohn des damaligen Gouverneurs von New York und späteren Vizepräsidenten im Weißen Haus.

Der junge Rockefeller wurde an der Südküste von Neu-Guinea, also nicht weit weg von der Timorsee, von Kannibalen erschlagen. Man hat die Reste von Rockefeller gefunden und es blieb kein Zweifel, was mit ihm geschah.

Wie es bei uns war, wie wir unser Leben behielten und wie es überhaupt dazu kam, daß wir gefunden und gerettet wurden, weiß ich in letzten Einzelheiten erst heute. Ich hatte vordem die Polizeiberichte von Sergeant Flinders und Constable Marshall sowie die Berichte der Piloten und Offiziere von Flugzeugen und Schiffen zur Verfügung – nicht aber die Berichte der Eingeborenen selbst. In den offiziellen Unterlagen steht nichts von dem, was im Lager der *bösen* Eingeborenen wirklich passierte und was die *guten* taten, die von der Mission kamen.

Der letzte und entscheidende Rückblick beginnt für mich mit dem Telegramm, zu dem man mir viele Fragen stellte.

Das Telegramm

Ich habe es am fünfundvierzigsten Tag nach unserer Notlandung an der Nordwestküste Australiens geschrieben, nachdem uns Constable W. G. Marshall am »großen Wasser« gefunden und seinen

Bericht für Sergeant Flinders beendet hatte. Eingeborene rannten mit Bericht und Telegramm in weniger als vier Tagen durch die Kimberleys und erreichten Wyndham vor Tagesanbruch am Montag, 4. Juli. Das Telegramm wurde sofort aufgegeben und kam am gleichen Morgen nach Europa, Wuppertal-Elberfeld, aufgenommen 8 Uhr 17. Um 8 Uhr 31 wurde es meinem Elternhaus in Remscheid zugesprochen und etwas später zugestellt. Danach wurde es von der Presse meiner Vaterstadt und bald auch von der internationalen Presse im Wortlaut wiederholt.

Ich lege die Originalfassung des Telegramms, das mich mein Leben hindurch begleitet hat, nochmals im Abdruck vor, um mich im folgenden den Fragen zu stellen, die es in aller Welt heraufbeschworen hat.

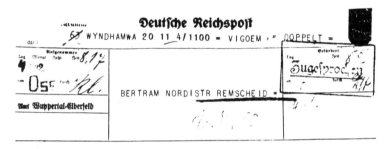

»Wie stehen Sie heute zu Ihrem Bekenntnis?« – So oder ähnlich werde ich immer wieder gefragt, oder ganz kraß: »Können Sie das, was Sie da sagen, beweisen?«

»Nein«, kann ich nur antworten, »beweisen kann ich gar nichts.« Ich kann nur, so versuche ich stets zu erklären, davon berichten, was ich erleben mußte – oder durfte. Das »durfte« warf bereits wieder die Frage auf, als ob mir jemand »erlaubt« habe, den Weg durch die Hölle zu gehen.

»Es war Zufall, alles nur Zufall«, sagte der eine, »es war Ihr Schicksal.«
Das mag sein, mußte ich zugeben.
»Es gibt eine Dramaturgie des Schicksals«, sagte der, der nichts von göttlicher Fügung wissen wollte.
Ich war nicht bereit, mit Worten zu streiten, ich will auch nicht predigen und von einer Religion sprechen. Die Ausdeutung sollte ein jeder mit sich selbst ausmachen.
Mit dem Abstand der vergangenen Jahre aber werde ich noch einmal zusammenfassen, wie es kam, daß wir nicht erschlagen wurden und ein fast verlorenes Leben wieder bekamen.
In einem riesengroßen wilden Land, in dem es wenig Wasserlöcher gibt und noch weniger Bewohner, wurden Menschen so geführt, daß die einen das Wasserloch fanden und die anderen die Höhle, in der die einen warteten.
Ich maße mir nicht an zu sagen, was das alles war – ob Zufall, Schicksal, oder göttliche Fügung.
Vielleicht ergibt es sich, daß einzelne, die von unserer Not und Errettung lesen, Erkenntnisse für ihr eigenes Leben gewinnen, vielleicht auch für ihren Glauben. Wenn das so wäre, so könnte ich darin den Sinn erkennen, daß zwei Menschen durch eine so schwere Zeit gehen mußten und gerettet wurden, um davon zu berichten.
Es fing an mit dem Pater einer Missionsstation, einem Eingeborenen der Kimberleys und einem Zigarettenetui.

*

Ich wiederhole das Kabel von Sergeant Flinders, Polizeistation Wyndham, vom 13. Juni an seine vorgesetzte Dienststelle nach Perth:
Wyndham Radio
Galup, Perth
sonntag 23 uhr läufer von mission drysdale brachten brief von father cubero datiert 1. juni lautend zwei fußspuren etwa zwei meilen nordwestlich eric und elsie island 100 meilen nordwestlich wyndham spuren verlaufen südlich stop stammen von überleben-

den des deutschen wasserflugzeugs stop zigarettenetui initialen h. b. und taschentuch gefunden stop schätzungsweise vom 26. mai stop spuren in steinigem gelände verloren eingeborene beauftragt nach den beiden männern zu suchen und in drysdale nachricht zu geben ende. flinders sgt.

Was war geschehen?
Dreißig Tage nach unserer Notlandung gab es eine Spur. Ein Zigarettenetui war gefunden worden – in einem Land von nahezu der Größe Deutschlands, in dem nur ein paar hundert Menschen leben, die Patres zweier Missionsstationen und die Aborigines der Kimberleys.
Father Cubero, von dem im Kabel die Rede ist, kommt von der Missionsstation Drysdale, das ist die einsame Station weit im Westen der Notlandestelle, Wyndham liegt weit im Osten. Da begab sich eines Tages folgendes:
Auf der Missionsstation Drysdale River gibt es ein Motorboot, klein und nicht seetüchtig. Nach Jahren aber war es nicht zu umgehen, daß das Boot zu einer Reparatur, die nicht auf der Station ausgeführt werden konnte, wieder einmal nach Wyndham mußte. So fährt Father Cubero bei gutem Wetter und ruhiger See eines Tages los, entlang der Küste nach Wyndham – ich wiederhole: zum erstenmal nach Jahren.
In Wyndham erzählt man dem Pater auch von den beiden Piloten, die seit Wochen überfällig sind, auf der Timorsee verschollen oder irgendwo an der Küste zwischen Wyndham und Port Darwin, vielleicht auch auf Melville Island im Norden. Der Pater, der die rauhe Timorsee und das wilde Land kennt, in dem er lebt, schließt sich der Meinung aller an, daß man da keine Hoffnung mehr haben dürfe.
»Die Suche ist auch eingestellt worden«, erzählt man dem Pater. Nachdem die Reparatur beendet und das Meer noch ruhig ist, macht sich Father Cubero mit seinem Boot wieder auf den Weg, Richtung West diesmal, immer dicht unter Land. Da eine Nachtfahrt für das kleine Boot riskant ist, fährt Cubero vor Einbruch der Dunkelheit in eine Bucht und wirft Anker. Es ist eine der vielen

Buchten an diesem besonders wilden und völlig unbewohnten
– auch unvermessenen – Teil der Küste der Kimberleys.
Zu seiner Verwunderung bekommt der Pater in der Nacht Besuch.
Vom Ufer ruft ein Eingeborener, der an Bord kommen will.
Als der Eingeborene durch das seichte Wasser herangewatet ist und
im Schein der Laterne vor Father Cubero steht, überreicht er diesem
ein Stück Tuch und einen flachen handgroßen Gegenstand aus
Blech. Das eine ist ein Taschentuch, das andere ein Zigarettenetui,
ein leeres, fast neues Etui, so dicht verschlossen, daß kein Wasser
eindringen konnte.

»Es lag am Ufer«, sagt der Eingeborene und erklärt, daß er heute
vom Lager im Inland – ein Tagesmarsch entfernt an einer guten
Wasserstelle – zur Küste gekommen sei, um zu fischen. Da habe er
das Tuch und das andere gefunden. Er wolle es dem Pater geben.
Dafür möchte er Tabak haben, weiß Cubero, gibt dem Schwarzen
ein Stück Preßtabak aus seinem Vorrat und sieht sich das
Zigarettenetui im Lichtschein der Laterne nochmals genauer an.
In der Ecke einer Seite sind zwei kleine Buchstaben eingraviert: ein
H und ein B. Erst gestern noch hat Cubero die Namen Bertram und
Klausmann gehört, die Vornamen kennt er nicht – aber das B . . !
Cubero weiß, daß er eine Spur der verschollenen Piloten gefunden
hat, das B ist die Abkürzung von Bertram und das Etui kann nicht
lange im Meerwasser gelegen haben, es wäre sonst verrostet.

Da fährt also zum erstenmal seit Jahren ein Motorboot entlang der
Küste.
Das Motorboot ankert für eine Nacht in einer der vielen Buchten.
Für einen Tag und eine Nacht kommt ein Eingeborener weit aus
dem Inland zur Küste, um zu fischen.
Der Eingeborene findet das handgroße Stück Blech, auf das er
aufmerksam wurde, weil ein kleines weißes Tuch daneben lag.
Der Eingeborene wäre am nächsten Morgen wieder im Inland
verschwunden, mit ihm Taschentuch und Zigarettenetui – wenn
nicht in dieser gleichen Nacht Cubero geankert hätte, und in der
gleichen Bucht.
Es war die Bucht, in der wir 13 Tage vorher (wie wir später beim

Vergleich der Daten feststellen konnten) vor den Krokodilen flüchten mußten und ich in Todesangst den Gepäcksack, den ich zum Schwimmen auf den Rücken gebunden hatte, abwarf, um besser schwimmen und mein Leben retten zu können.
Zigarettenetui und Taschentuch werden aus dem Gepäcksack, den die Krokodile zerrissen haben müssen, da er fest verschlossen war, herausgespült und ans Ufer getragen, das Tuch, weil es leicht, das Etui, weil es wasserdicht ist.
So kamen sie zusammen: der Pater der Missionsstation, der Eingeborene der Kimberleys und das Zigarettenetui.
War es Zufall, Schicksal oder göttliche Fügung?

*

Es mußte auch vieles zusammenkommen, daß wir an der Nordwestküste Australiens ein Wasserloch fanden – in einem so wilden Gebiet, wohin auch Constable Marshall nicht gehen wollte ohne Führung eines der wenigen Eingeborenen, die diesen Teil der Küste kannten, weil sie schon mal da waren.
Wir hatten die Wildheit der Küste bereits kennengelernt und wollten trotzdem mit letzter Kraft zu ihr zurück, als wir in unserem Schwimmer auf der Timorsee waren und uns die Strömung hinaustreiben wollte.
Vier Tage und Nächte mußten wir gegen die Strömung anrudern, um wieder zur Küste zu kommen. Da war es gleichgültig, wo wir an Land gehen würden, nur hinkommen wollten wir wieder, weg von der Timorsee.
Wie ein späterer Zeitvergleich mit Cubero ergab, war er in der letzten Nacht, bevor wir zur Küste kamen, quer zu unserer Richtung dicht unter Land gefahren, Richtung Drysdale. Nachdem er das Zigarettenetui erhalten und den Eingeborenen mit Briefen für Forrest River Mission und Wyndham losgeschickt hatte, nahm er Anker auf, verließ die Bucht und fuhr weiter zu seiner Mission, um auch die zu alarmieren.
Cubero konnte in der Nacht fahren, weil die See spiegelglatt war,

wie auch bei uns, da wir sonst nicht hätten rudern können. Wäre Cubero erst am Morgen gefahren, so hätten wir uns sehen müssen, weil wir an diesem vierten und letzten Tag schon nahe vor der Küste waren, an der Cubero Stunden vorher entlanggefahren war.

Es gibt in meinem Bericht immer wieder ein »wäre« und »hätte« – es mußte aber wohl alles so laufen, wie es lief, um die Lebensschule zu vollenden.

Wir also ruderten zur Küste, egal, wo wir ankommen würden.

Nachdem wir da waren und eine Nacht geschlafen hatten, krochen wir einen Hügel hinauf, um vielleicht irgendwo Rauch zu sehen. Wir waren schon wieder vierundzwanzig Stunden ohne Wasser, hatten das letzte aus der vordersten Kammer des Schwimmers verbraucht. Beim Rudern konnten wir mit dem Wasser nicht sparen, sonst wäre es nicht gegangen.

Wir waren also an Land, krochen den Hügel hinauf, durch Gestrüpp, um Felsen herum – und sahen vor uns den Wassertümpel, den die Eingeborenen das »große Wasser« nennen, weil es nie austrocknet.

Wir wußten damals noch nicht, daß es über sehr weite Entfernungen keinen anderen Tümpel in der trockenen Jahreszeit gibt. Bis der Regen anfing – das war am zweiunddreißigsten Tag am Cape Bernier, also zwölf Tage später – wären wir verdurstet, darüber besteht kein Zweifel.

Wir sind also fünf Tage auf der Timorsee, die uns am ersten Tag mit einem Brecher das Steuer zerschlug, dann aber spiegelglatt wurde und es auch über vier Tage blieb, sonst hätten wir nicht rudern können.

Eine Strömung, die vom Land wegführt, treibt uns im Anfang hinaus, bis das Land nur noch ein Strich ist.

Wir rudern vier Tage und Nächte, gegen die Strömung, senkrecht auf die Küste zu, während uns nun die Strömung quer abtreibt, Richtung West.

Wir kommen irgendwo an Land, kriechen einen Hügel hinauf und finden hinter Gestrüpp das »große Wasser«, den einzigen Tümpel, den es an diesem Teil der Nordwestküste Australiens gibt und an

dem wir in ein paar Meter Entfernung hätten vorbeikriechen können.
In fünf Tagen haben uns Strömung und Rudern und danach ein paar Meter Kriechen durch den Busch zum Wasser geführt, das wir zum Leben brauchten.
War es Zufall, Schicksal, oder göttliche Fügung?

*

Und schließlich die Rettung selbst, am vierzigsten Tag in der Höhle am Cape Bernier. Am Morgen dieses Tages stand ein Eingeborener der Kimberleys am Eingang unserer Höhle, schenkte uns einen Fisch und das Leben.
Er hat uns gerettet, die Weißen, Constable Marshall und Reverend Smith von Forrest River, kamen fünf Tage danach. Es wäre zu spät gewesen, da wir so lange nicht mehr hätten warten können – und auch nicht wollten, nachdem wir am Abend des neununddreißigsten Tages bereit waren, den Schlußpunkt zu machen. Als das letzte Stück Holz verbrannt war, wollten wir schlafen.
Klausmanns Weinen am nächsten Morgen rief mich ins Leben zurück. Ich sah den Schwarzen auf dem Fels des Cape Bernier, und Klausmann konnte schreien, so daß er uns hörte und in unserem Loch sah, bevor er von dem Fels wieder hinuntergestiegen und verschwunden war.
Er hieß Mudo-Mudo, wie ich später erfahren habe, und kam von Drysdale River Mission. Die Patres der Station hatten ihn und andere losgeschickt, nachdem Father Cubero mit seinem reparierten Motorboot von Wyndham zurückgekehrt war und vom Zigarettenetui erzählt hatte.
In den Ablauf des Geschehens um unsere dreiundfünfzig Tage im australischen Busch habe ich bisher die Polizeiberichte von Wyndham eingefügt und die Berichte von Bord der D.H. 50 und der Barkasse, die uns suchten. Es fehlte der Bericht von Drysdale, von wo aus Mudo-Mudo mit anderen loszog, um uns so lange zu suchen, bis er uns gefunden hatte.

Flugzeuge und Barkasse hatten schließlich aufgegeben, als sich Marshall von Forrest River aus auf den Weg machte quer durch die Kimberleys zur Nordwestküste, wo Mudo-Mudo und die anderen von Drysdale bereits seit Wochen suchten.
Father Thomas, der Leiter der Mission, hat ein Tagebuch geführt, das mir heute vorliegt und die Möglichkeit gibt, das letzte Zahnrad in das Geschehen einzufügen. Ich werde Teile aus dem Tagebuch nehmen und mit bereits bekannten Daten zusammenbringen, um das Bild abzurunden.

Nach Cuberos Rückkehr hatte man in der Mission drei Gruppen zu je vier Eingeborenen mit Proviant losgeschickt. Für jede Gruppe hatte Father Thomas einen kurzen gleichlautenden Brief geschrieben, in Englisch und Latein.
»Ich wußte nicht«, sagt Father Thomas in seinem Tagebuch, »ob die Verschollenen Englisch lesen können. Und wir hatten gehört, daß einer der beiden ein Priester sei, deshalb schrieb ich die Briefe auch in Latein.«
Die drei Gruppen sollen den Busch auf eine Länge von mehr als 400 Kilometer absuchen, mit unbekannter Breite von Küste zum Inland, da man nicht wissen kann, ob und wie weit wir ins Inland gegangen sind.
Schon nach wenigen Tagen kommt Mudo-Mudo mit einer alarmierenden Nachricht zurück. Es ist der 7. Juni, der vierundzwanzigste Tag nach der Notlandung. Wir haben an diesem Morgen im Inland kehrtgemacht, nachdem wir erkannt hatten, daß wir in den Kimberleys waren, gehen also den ersten Tag wieder Richtung Küste, als Mudo-Mudo den Patres folgendes berichtet:
Die Verschollenen sind in großer Gefahr und waren es von Anfang an, ohne es zu wissen.
Das Flugzeug und die beiden Weißen wurden lange Zeit von Natives aus »Bungeyes Haufen« (wie sie Constable Marshall in seinem Bericht nennt), das sind die, die nie zur Mission kommen, beobachtet. Es fing an nach der ersten Landung, als einer von ihnen – Jim Bali-Bali – vom Strand aus zum Flugzeug hinüber gerufen hatte, weil sich da nichts rührte (es war nach dem Nachtflug und wir

schliefen in den Hängematten). Zwei Weiße sind aus der Kabine gekommen, erzählt Bali-Bali, und haben ihn zum Flugzeug herangewinkt. Er war mutig genug, durch das Wasser zu waten und auf einen Schwimmer zu klettern, weil er hoffte, Tabak zu bekommen.

Als er den nicht bekam und die Weißen ihm Zeichen machten, das Flugzeug wieder zu verlassen, war Bali-Bali böse geworden (er hatte uns nicht sagen können, wo es Benzin gab und hatte uns viele Fliegen mitgebracht, von seinem Wunsch nach Tabak haben wir nichts verstanden).

»Das Flugzeug ist dann wieder aufgestiegen und weggeflogen, entlang der Küste« (»come beach and jump sky again«), berichtet Mudo-Mudo. Das hat er gehört, und weiter:
Der Bungeyes-Mann Bali-Bali, der bei der Landung zufällig an der Küste war, ist zum Lager ins Inland gelaufen und hat seinen Stamm alarmiert. Bungeye selbst und Yorgin und andere sind sofort aufgebrochen und haben nach Tagen das Flugzeug auf dem Strand in einer Bucht gefunden.

Man hat sich aber nicht an das Flugzeug herangetraut, weil da seltsame Dinge passierten: zwei »devil-devil«, eine Art »Jimy-Teufel« waren am Flugzeug und machten ein Boot.

(Die von »Bungeyes Haufen« hatten also die *Atlantis* gefunden, nachdem wir von der Krokodilbucht zurückgekommen waren und einen Schwimmer zum Segelboot herrichteten).

»Die ›jimy-devil‹ sollen riesengroße Augen gehabt haben«, erzählt Mudo-Mudo den Patres, »und keine Gesichter.«

Father Thomas weiß mit der Beschreibung nichts anzufangen, vermutet aber, daß wir unsere Fliegerbrillen getragen haben.

»Das war gut«, schreibt er in seinem Tagebuch, »es wäre sonst schlimm ausgegangen.«

(Daß wir »keine Gesichter« hatten ist auch richtig: wir trugen nicht nur die großen Fliegerbrillen und unsere Flughauben, wir hatten auch noch unsere Halstücher vor den Mund gebunden, alles, um vor den Fliegen geschützt zu sein – die Fliegen haben uns davor bewahrt, erschlagen oder gespeert zu werden!)

Mudo-Mudo berichtet weiter, daß wir mit dem Boot weggefahren sind, wohin, das haben Bungeye und seine Leute nicht gesehen, weil wir weit auf die Timorsee hinausgefahren sind und es Nacht wurde. »Bungeyes Haufen« ist inzwischen für kurze Zeit ins Inland gezogen, wo sie sich südlich von Forrest River mit anderen, die weiter aus dem Süden kamen, zu einer großen Korrobori treffen wollten. In Forrest River hat sich Bungeye Tabak geholt und der alten blinden Mooger gegenüber mit dem gebrüstet, was er hat tun wollen und sich nicht getraut hat.

So kam von Forrest River das Gerücht nach Wyndham und von da in die Welt, daß Klausmann und ich von Eingeborenen der Kimberleys erschlagen und vielleicht auch gefressen wurden.

Nach Mudo-Mudos Bericht (es war der 7. Juni) sind die Patres sehr besorgt und schicken zur Sicherheit zwei ihrer besten Boys nach Forrest River und Wyndham. Die beiden nehmen eine Abschrift des Briefes von Father Cubero mit, den dieser vor sieben Tagen schrieb und dem Eingeborenen gab, der ihm das Zigarettenetui gebracht hatte. Der Eingeborene sollte die Nachricht schnellstens nach Wyndham bringen, aber nun ist es plötzlich nicht mehr sicher, ob der nicht auch zu Bungeye gehörte und den Brief nicht überbracht hat.

Die Vermutung der Patres war richtig. So ist es zu erklären, daß im Kabel als Cuberos Absendedatum der 1. Juni genannt wird und der Bericht erst am 12. Juni nach Wyndham kam, überbracht von den beiden Boys mit der Abschrift.

Von dem Zigarettenetui, das Cubero seinem ersten Boten mitgab, um es in Wyndham als Beweis zu übergeben, hat man nie wieder etwas gehört oder gesehen.

»Der Eingeborene gehörte entweder zu ›Bungeyes Haufen‹ und ist nicht gegangen, oder er gehörte nicht dazu und man hat ihn vermutlich erschlagen«, sagte man später in Wyndham.

Vom 7. Juni, dem vierundzwanzigsten Tag nach der Notlandung, bis zum 23. Juni, dem vierzigsten Tag, an dem uns Mudo-Mudo in der Höhle fand, sind noch sechzehn Tage vergangen. Es waren gefährliche Tage, da anzunehmen war, daß Bungeye inzwischen von der Korrobori aus dem Süden zum Flugzeug zurückkommen würde.

Father Thomas schickte Mudo-Mudo schnellstens zu seinem Suchtrupp zurück, und Father Cubero machte sein kleines Boot bereit, um wieder an der Küste entlang zu fahren. Da kam das schlechte Wetter. Cubero mußte umkehren – aber auch unsere Spuren, die »Bungeyes Haufen« gesucht haben mag, wurden vom Regen weggewischt.
Und wir wurden vom Regen von der gefährlichen offenen Küste vertrieben und krochen in unsere Höhle am Cape Bernier. In der Höhle waren wir geschützt und konnten auf das Ende warten – oder auf das Leben, das uns Mudo-Mudo brachte.
War das Zufall, nichts als Zufall, oder Schicksal, eine sehr gute Dramaturgie des Schicksals – oder hat eine göttliche Hand alles geleitet, damit ich darüber berichten kann?

Ich lernte fürchten und beten

Das letzte Kapitel gehört mir und meiner Beichte.
Ich ziehe den Schlußstrich unter die fünf Jahre meiner Jugend, die am Bahnhof Berlin-Charlottenburg begannen und auf dem Flughafen Berlin-Tempelhof an einem Ostermontag endeten.
Ich war jung und unbekümmert, als ich hinauszog. Nur noch die Abendzeitung kaufte ich, setzte mich in mein Abteil, um in die Welt zu fahren und sie zu erobern. Was ich noch nicht gelernt hatte, wollte ich draußen lernen. Und niemals wollte ich sagen, daß ich etwas nicht wisse. Als »Berater« war ich in chinesische Dienste getreten, also durfte es keine Aufgaben geben, die nicht zu lösen waren.
Als das von Anfang an auch alles gut ging und ich nur Erfolg hatte, wurde ich ganz sicher und so selbstbewußt, daß ich mich oft zusammenreißen mußte, es nicht zu zeigen. Dabei half mir die Schule Chinas mit dem Zylinderhut, den man anderen aufsetzen mußte, um selbst den Erfolg verbuchen zu können.

Ich wurde in jungen Jahren mit Aufgaben betraut, die viel zu groß für mich waren. Bei meinen Flügen, die damals als Pioniertat bewundert wurden, saß ich bei den Empfängen stets auf dem Ehrenplatz und nahm das als selbstverständlich hin.
Wenn es die Flüge vorzubereiten galt – wie Expeditionen –, so war es für mich ein Leichtes, die richtigen Türen zu öffnen, bei der Beschaffung der Visa beispielsweise, man mußte nur die richtigen Telefonnummern wissen. Menschen überzeugen zu können, war für mich keine Schwierigkeit, so wie ich auch über Naturgewalten Sieger blieb, wenn es etwa galt, mit primitiven Instrumenten durch einen Sturm zu fliegen. Es gelang mir einfach alles – und ich kam sogar ohne einen Kratzer davon, als ich brennend abstürzte und ein anderes Mal mein Flugzeug im Meer versank.
Erfolg wurde für mich zu einer Selbstverständlichkeit – und alles kam aus eigener Kraft, aus eigenem Wollen. Nach vier von den fünf Jahren seit meiner Abfahrt in Berlin-Charlottenburg war ich so selbstherrlich geworden, daß ich auf dem besten Wege war, für mein späteres Leben verdorben zu sein.
Da kam Australien.

Im Anfang war auch das mit der Notlandung nichts Besonderes. Wir hatten eben Pech gehabt beim Nachtflug. Die Hauptsache war, daß wir Land erreichten und mit dem letzten Tropfen Benzin eine geschützte Bucht für unser Flugzeug.
Da bin ich mit anderen Dingen fertig geworden, sagte meine Selbstsicherheit, Benzin gibt es genug, notfalls wird es ein paar Tage dauern, und wir müssen mal ein Stück zu Fuß gehen. Also gingen wir los.
Nach drei Tagen sah es schon etwas anders aus: mit dem Gehen war es nicht so einfach, inzwischen hatten wir auch Hunger – und der Durst war richtig schlimm, nachdem der Wassersack zerrissen und das Wasser im Sand versickert war.
Aber noch gab es keinen Grund, unruhig zu werden. Wir mußten weiter, also gingen wir weiter. So war ich das aus meinem Leben gewohnt: wenn man etwas mußte, so ging es auch, wenn der Wille stark genug war. Und der war ja da.

Dann plötzlich kam es anders, noch am dritten Tag: die Krokodile machten Jagd auf uns, und ich bekam Angst – ich glaube, so richtig zum erstenmal in meinem Leben – es war Todesangst. Als wir die Krokodile hinter uns gelassen und das Ufer erreicht hatten, nackt und barfuß jetzt, war es so, wenn ich daran zurückdenke, als ob in diesem Augenblick die dünne Kruste der Zivilisation von mir abgefallen war und damit auch meine Selbstherrlichkeit.

Hier gab es nichts zu organisieren, zu disponieren, zu dirigieren – hier waren wir nackt in der Wüste und ohne Wasser – hier ging es um unser Leben.

Ich war zuerst ratlos und weiß heute, daß dieser Augenblick für mich den Beginn einer Wandlung bedeutete. Es war gut, daß ich in den hinter mir liegenden Jahren oft schon vor schwierigen Aufgaben stand, etwas Lebensschule hatte und aus anderen Situationen, die nicht ungefährlich waren, wußte, was jetzt erst einmal das Wichtigste war: Ruhe bewahren, ganz ruhig bleiben und gut überlegen, um das Richtige zu tun.

Es gibt bei einer Frage, bei einem »Entweder – Oder« wohl nur eine richtige Antwort, das hatte ich bereits gelernt. So kam es zu der logischen Überlegung, daß wir zum Flugzeug zurück mußten, weil es da Kühlwasser gab. Das war sicher – der Weg in der anderen Richtung war unsicher, also falsch.

Das Kühlwasser war ein Ziel, etwas, was ich auch schon vordem wußte: nur mit einem festen Ziel war alles zu erreichen – nur mit dem Kühlwasser vor Augen konnten wir die Tage, die wir für den Rückmarsch brauchten, ohne Wasser überleben.

Daß es mit der Ruhe, zu der ich mich zwingen wollte, bevor wir uns auf den schweren Weg zurück zum Flugzeug machten, nicht weit her war, mußte ich erkennen, als das Känguruh auftauchte, als ich vorbeischoß und nicht einmal auf den Rückschlag der Pistole vorbereitet war, so daß sie mir eine Wunde unter mein rechtes Auge schlug.

Wenn ich danach die Pistole ins Wasser der Krokodilbucht geworfen habe, so war das ein Zeichen von Unsicherheit und Angst, die noch von den Krokodilen in mir saß. Ich habe immer wieder

darüber nachgedacht – und mit mir viele, die mich später darauf ansprachen –, ob nicht manches anders gekommen wäre, wenn wir die Pistole behalten hätten.
Es ist möglich, daß wir vielleicht einmal Jagd auf ein Känguruh hätten machen können – gesehen haben wir keines mehr –, es ist aber sicher, daß mit der Pistole etwas passiert wäre, als unsere Nerven versagten, beim einen weniger, beim anderen ganz.
So etwas muß ich geahnt und in Klausmanns Blick gesehen haben, als die Pistole in meiner Hand zwischen uns lag, sonst hätte ich sie nicht ohne zu zögern mit aller Kraft weit in die Bucht geworfen.
Noch etwas wurde mir in der gleichen Stunde klar, und die Erkenntnis wurde stärker mit jedem Tag: ich, nur ich trug die Verantwortung für alles, was hier geschehen war und geschehen würde. Es war vordem schon so, daß ich mich nie vor der Verantwortung scheute, wenn mich etwas anging, wie beispielsweise an Bord des Flugzeuges und bei anderen Gelegenheiten.
So auch hier an der Krokodilbucht, wenn wir auch nur zu zweit und in der gleichen Not sind. Wir können darüber reden, wie wir hier wieder herauskommen – eine Entscheidung treffen kann nur einer, wenn die Meinungen einmal auseinander gehen sollten.
So haben wir es auch gehalten, und es war gut so. Eines aber ist mir heute bei der Rückschau auch klar: der, der die Verantwortung hat, hat es leichter. Die Verantwortung mobilisiert Kräfte, der andere muß Vertrauen haben, das ist oft schwerer.
Der Unterschied der Kraft zeigte sich schon in der folgenden Nacht, als ich den Kameraden ganz zudecken und vor den Moskitos schützen konnte, während ich ihnen meinen Arm aus dem Sandgrab überlassen mußte. Das blieb auch so in den folgenden Nächten, bis wir zum Flugzeug kamen, mit dem entsetzlichen Durst, der uns den Verstand hätten rauben können, hätten wir nicht das feste Ziel des Kühlwassers gehabt.
Als wir nach sieben Tagen von unserem Weg, den wir uns so einfach vorgestellt hatten, zum Flugzeug zurückkamen, hatte sich vieles verändert: meine Selbstherrlichkeit war dahin, und ich hatte zu begreifen begonnen, daß das Leben auch andere Aufgaben stellen konnte, als ich sie bisher kannte.

Und noch etwas lernte ich, es war am Abend des siebten Tages in der Geborgenheit der Kabine unseres Flugzeuges, ich lernte es von Klausmann, als der später, nachdem wir in die Hängematten gekrochen waren, das Vaterunser betete. Er sprach die Worte langsam und so laut, daß ich ihn hören konnte. Auch ich hatte schon oft gebetet in meinem Leben, selbstverständlich – aber noch nie aus einer so tiefen Dankbarkeit. Ich lernte an diesem Abend, wieviel Ruhe ein Gebet geben kann – und vielleicht lernte ich auch erst in dieser ruhigen Stunde, wie gut es ist, einen Kameraden zu haben.

In den nächsten Tagen war es fast wie früher. Wir hatten wieder Kleidung, etwas Wasser vom Kühler, nicht viel, da wir rationierten – eine halbe Tasse morgens, eine halbe abends –, das genügte, und wir hatten wieder ein Ziel, das war wichtiger, so wie ich immer ein Ziel haben mußte im Leben. Diesmal war es das Segelboot.

Die Lösung mit dem Schwimmer als Segelboot war gut, und ich verfiel bereits wieder in meine frühere Überheblichkeit, wenn ich mir vorstellte, was wir würden erzählen können, wenn wir in ein paar Tagen in einen Hafen einlaufen. Einen Flugzeugschwimmer als Segelboot hatte es meines Wissens noch nicht gegeben, das war etwas für die Presse. Ich war so selbstsicher – Klausmann in diesen Tagen auch –, daß wir mit unserer Leica eine Anzahl Fotos machten als Dokument für unsere Robinsonade.

Wir wären nicht so sorglos gewesen, hätten wir gewußt, daß uns aus dem Busch ringsum unentwegt Augenpaare beobachteten und daß man bereit war, uns totzuschlagen.

Zum Glück gab es immer die Unmengen von Fliegen, die wir nicht an uns heranließen, indem wir alles abdeckten, wo sie hätten hinkommen können. Erst nach der Abfahrt, draußen auf See, wo es keine Fliegen mehr gab, nahmen wir Brillen, Hauben und Halstücher ab und freuten uns über die gute und kühle Luft.

Bis dann das Unheil kam, der schwere Brecher, der das Steuer zerschlug, und die Strömung, die uns packte und all unsere Hoffnung und meine Selbstsicherheit davontrug. Es kam die Nacht, die mein Leben wandelte, von Grund auf und für alle Zukunft.

Ich mußte erkennen, daß ich mit meinem Willen nichts mehr anfangen konnte, daß hier ein Riegel vorgeschoben war und ich keinen Weg mehr wußte gegen die Strömung, zurück ins Leben. Als ich die Grenze meiner eigenen Kraft erkannte und den Weg zur Allmacht fand, an die ich mich um Hilfe wandte, war der Umbruch in einem jungen Menschen vollendet. Ich habe in jener Nacht die Kraft des Gebetes erkannt und die Hilfe, die der Glaube schenkt.

Ich weiß auch heute nicht zu sagen, welche Vorstellung ich von Allmacht habe, ich weiß nur, daß es in meinem Leben eine Allmacht gibt, die mir Kraft gab, als ich keine mehr hatte – es war die Kraft, die aus dem Glauben kam und mir den festen Glauben an die Rettung gab.

Erst in dieser Nacht lernte ich beten, wie ich es vordem nicht gekannt hatte. Es war anders als bei den Nachtgebeten meiner Kindheit oder wie es vor Tagen war in der Kabine des Flugzeuges, als Klausmann und ich mit einem Vaterunser Dank sagten für die Errettung aus großer Not.

In dieser Nacht lernte ich, mir aus einem Gebet den Glauben an die Rettung zu holen, mit einer so tiefen Verbundenheit zu einer Kraft, die hinter mir stand, daß ich – und mit mir mein Kamerad Klausmann – von der Timorsee zurückrudern und weit durch den Busch Australiens kriechen konnte.

In einem Augenblick tiefster Mutlosigkeit kam später noch einmal der Zweifel, und ich habe das Gebet verleugnet. Es war der Augenblick, als wir von der Timorsee zurück an Land gekommen waren, noch glaubten, auf der Insel Melville zu sein und nur quer durch eine Landzunge zu müssen, um den Hafen an der Südküste zu finden – der Augenblick, in dem wir nach Tagen auf einem Hügel standen und erkannten, daß wir auf dem australischen Festland gelandet sind und das da vor uns der endlose Busch der Kimberleys ist – grau und dampfend wie die Hölle selbst.

Da half auch das Gebet nicht mehr – Enttäuschung und Verzweiflung waren zu groß und die Erkenntnis, daß wir einfach nicht mehr konnten.

Es wäre das Ende gewesen, hätte es nicht das Tuch meiner Mutter gegeben, das ich trug und an das ich mich in dieser größten Not klammerte. »Gott schütze Dich, mein Junge«, hatte die Mutter in das Tuch gestickt. Als ich es in meinen Händen hielt, gab mir die Stimme der Mutter den Glauben zurück.

So ist es geblieben – das lebendige Band der Liebe, Mutter und Gebet, gaben mir die Kraft, den Weg durch die Hölle zu bestehen.

*

Das Leben gab uns Mudo-Mudo, der am vierzigsten Tag nach der Notlandung auf dem Felsen am Cape Bernier stand, mit einem Fisch in der Hand. Er und seine Begleiter hatten uns zwanzig Tage gesucht. Sie kamen von Drysdale Mission und brachten mit dem Proviant einen Brief. »Habt keine Angst oder Abscheu vor den Eingeborenen«, schrieben die Patres, und weiter, wir möchten sofort Nachricht zur Mission schicken mit genauer Ortsangabe, wo wir gefunden wurden.

Ich habe damals mit viel Mühe und zittriger Hand die Antwort geschrieben und die Boten liefen los. Das Stück Papier ist nach vielen Jahren von der Missionsstation im australischen Busch zu mir zurückgekommen, so daß ich es zum Abschluß meines Berichtes vorlegen kann.

Beim Datum habe ich mich in der Höhle am Cape Bernier um einen Tag geirrt (ich hatte einen Tag zu wenig gezählt), die Ortsangabe war richtig, wie es auch mein Bekenntnis geblieben ist.

probably the 22. June 1932

The great God is living!
To the fathers of
Drysdale River Mission!

God, god, we are saved,
I can't write, my mind
is nearly gone.
This morning four blacks found us,
I am sending two of them to
you.
The place we are is nearly ___

We are waiting and praying. I can't
write more.
I give our respect cross!
                    Bertram — Klaiusmann

etwa am 22. Juni 1932 (es ist der 23. Juni)

Gott lebt!
an die Patres der Drysdale River Mission!
Mein Gott, wir sind gerettet – ich kann nicht schreiben, mein Verstand ist fast am Ende – heute morgen fanden uns vier Schwarze – ich schicke zwei zu Ihnen – wir sind etwa hier – (die Angaben in der Skizze sind richtig) – wir warten und beten – ich kann nicht mehr schreiben – ich küsse Euer gesegnetes Kreuz!
die verschollenen Flieger

Bertram - Klausmann

*Bitte beachten Sie
die folgenden Seiten*

Mit zahlreichen Fotos und Dokumenten
430 Seiten · Leinen

Wir sind über der Küste, Saint-Ex, die Sonne blendet so, daß man es kaum sieht. Du kannst dein Bildgerät abschalten, Frankreich liegt hinter dir, du hast dein Tagewerk vollbracht. Jetzt noch das Meer, das weite Wasser, auf dem die Sonne tausendfach funkelt...
So wie bei uns. Auch vor unserer Höhle war das Meer. Und die Brecher der Brandung dröhnten in den Felsen wie Glocken.
Wir beteten, weil wir jetzt sterben würden – wie würdest du beten, Saint-Ex, wenn du sterben müßtest?
»Herr, ich komme zu Dir, denn ich habe in Deinem Namen den Acker bestellt. Dein ist die Saat.«
... Wir beteten das Vaterunser und sahen noch einmal zur Sonne hin, die eben aufging. Wir wollten noch einmal das Leben sehen... und wir sahen in der aufgehenden Sonne auf dem Felsen am Meer einen Menschen stehen – der sah auch uns, er war nackt und schwarz, er hatte einen Fisch in der Hand, als er zu uns kam...
Das ist das Wunder, das ich dir erzählen mußte, bevor wir zu Hause sind, Saint-Ex...
Saint-Ex... Wo bist du...? Saint-Ex...
Nichts mehr. Der Himmel ist leer.
So ging Saint-Ex – und ich hatte noch eine Frage an ihn, mit der ich nicht fertigwurde und die ich nicht beantworten konnte. Vielleicht wußte er die Antwort. Ich wollte ihn fragen: wie sind die Kameraden gestorben, die nicht an Gott glaubten in ihrer letzten Stunde? Ich weiß von vielen, und ich habe ihre letzten Briefe gelesen, die sie in der Stadt an der Wolga schrieben, in der sie eingeschlossen waren. Sie froren, sie hungerten, sie waren jung, sie wollten leben, sie mußten sterben...
Wie sind sie gestorben, Saint-Ex...?
Nichts mehr. Der Himmel ist leer.
War es der Jäger, der Motor, das Atemgerät, das Herz...
Ich weiß es nicht, ich weiß nur, daß Antoine de Saint-Exupéry den Kompaßkurs zu den Sternen wußte, als es soweit war.

(Aus dem letzten Kapitel von Hans Bertram »Götterwind«)

»Ich habe voller Spannung und Faszination gelesen und muß Ihnen als Autor ein großes Kompliment machen.
Über die Fliegerei wird ja ziemlich viel geschrieben. Aber es gibt nur ganz wenige Autoren, die mit diesem Thema über das rein technisch Abenteuerliche hinweg literarisch fertig werden, Saint-Exupéry gehört dazu, aber auch Charles Lindbergh, Ernest K. Gann, Rudolf Braunburg, Beaty und Pierre Clostermann. Ich glaube, daß man in Zukunft auch Hans Bertram diesem exklusiven Kreis hinzurechnen muß.
Möge der ›Götterwind‹ also erfolgreich wehen.«   *Wim Thoelke*